Hedwig Nosbers und Matthias Öhler

Einstieg polnisch

Herausgegeben von
Hedwig Nosbers und Matthias Öhler

Hueber Verlag

Fotonachweis:
Coverfotos © images.de/Dirk Hasskarl (Vordergrund), © Alex Birner, Zorneding (Hintergrund)
Alle Fotos von © Felix Eisenmeier, Berlin
außer: S. 19: © Jerzy / PIXELIO.de, S. 66: © Alexander Hauk / PIXELIO.de, S. 78: © eroth2010 / PIXELIO.de, S. 83, 97, 112, 130, 135: © Hedwig Nosbers, Bonn

6. 5. 4. | Die letzten Ziffern bezeichnen
2022 21 20 19 18 | Zahl und Jahr des Druckes.
Alle Drucke dieser Auflage können, da unverändert, nebeneinander benutzt werden.
4. Auflage 2011

Umschlaggestaltung: creative partners gmbh, München
Redaktion: Dr. Hedwig Nosbers und Matthias Öhler, Bonn
Layout: Cihan Kursuner, Hueber Verlag, Ismaning
Satz: Marc Martin DTP, Bonn, www.martin-dtp.de
Tonträger: www.homefamily.de, Wiesbaden
Druck: Firmengruppe APPL, aprinta druck GmbH, Wemding
Printed in Germany
ISBN 978–3–19–005348–3

Art. 530_14061_004_04

Inhalt

KINOTEKA
19459 TAXI
490

Ein Wort zuvor

Nachbarn im neuen Haus Europa, das gilt heute für Deutschland und Polen nach der Auflösung des Ostblocks. Lange war eine normale Nachbarschaft nicht möglich: Viele Jahre herrschte Funkstille, zu schwer lastete die Geschichte, zu sehr behinderte die Politik, zu hartnäckig störten die gegenseitigen Vorurteile. Heute ist das Vergangenheit: Man achtet die Identität des anderen, besucht sich gegenseitig, streitet auch mal miteinander und verständigt sich schließlich doch über gemeinsame Probleme. Im persönlichen Kontakt klappt die Kommunikation, sprechen doch viele Polen ganz gut Deutsch.

Und andersherum? Mehr Deutschsprachige als vermutet, interessieren sich für Polen und seine Sprache. All jene mit polnischen Wurzeln, Ehepartnern und Schwiegereltern, zunehmend auch Geschäftsreisende. Zudem wird Polen als Urlaubsland immer attraktiver und lockt Besucher mit Natur und Kultur. Wer einmal dort war, ist meist überrascht von der Freundlichkeit der Menschen und der Schönheit des Landes.

Begleiten Sie Sophie Schmitz auf ihrer Reise durch Polen und in die Welt der polnischen Sprache. Die junge Journalisten aus Köln ist dem Charme des Landes und seiner Menschen längst erlegen. Finden Sie mit ihr einen Einstieg ins Polnische. Viel Spaß und Erfolg!

G Gebrauchsanweisung

Konzipiert wurde dieser Kurs als Selbstlernkurs: All die Hinweise und Kommentare, mit denen Lehrer und Lehrerinnen normalerweise ihren Unterricht gestalten würden, finden sich in der farblich abgesetzten Randspalte – von Erläuterungen zu den einzelnen Übungen über grammatische Regeln bis hin zu griffigen Eselsbrücken.

Sie finden in diesem Buch 20 Lektionen. Jeweils vier sind zu einem Kapitel zusammengefasst. Kapitel 1 dreht sich ums Kennenlernen, Vorstellen & Grüßen. Die nachfolgenden Kapitel behandeln dann die Themen Besichtigungen & Unternehmungen, Reisen, Essen & Trinken und schließlich Plaudern & Einkaufen. Alle Lektionen sind gleich aufgebaut. Sie finden sich also immer sofort zurecht:

- Der Einführungstext: Auf der ersten Seite jeder Lektion beschreibt ein deutscher Einführungstext, was Sophie Schmitz in Polen erlebt und worum es in den beiden Dialogen der Lektion gehen wird.
- Wörter und Dialog: Auf Seite 2 wird's ernst. Zuerst werden alle neuen Vokabeln der Reihe nach vorgestellt, dann folgt der Dialog: ein kurzes Gespräch zwischen Sophie und einem der vielen Menschen, die ihr auf der Reise begegnen. Dies alles finden Sie auch auf der CD, die Sie sich am besten gleich ein paar Mal anhören. Wer mutig ist, spricht halblaut mit – so prägt sich manches besser ein.
- Übungen: Auf der dritten Seite finden Sie Übungen aller Art: Wortschatz, Verständnis, grammatische Kniffeleien, Lückentexte und Kommunikation. Einige dieser Übungen funktionieren mit CD, schulen also vor allem Ihr Hörverstehen und Ihre Aussprache. Wenn Sie bei der einen oder anderen Übung nicht weiterwissen, dürfen Sie im Schlüssel im Anhang nachschauen. Ansonsten gilt die Regel: Nur wer nichts macht, macht auch keine Fehler ...
- Das gilt für den zweiten Teil der Lektion (Dialog B und nachfolgende Übungen) entsprechend.
- Der Lesetext am Ende jeder Lektion ist die Belohnung für fleißiges Lernen. Hier finden Sie Informationen über das Leben in Polen. Je mehr Sie von Geschichte und Kultur wissen, umso leichter fällt es Ihnen, mit der Sprache vertraut zu werden.

Was Sie sonst noch erwartet

- Nach jeder Lerneinheit (nach Lektion 4, 8, 12, 16 und 20) kommt ein kleiner Test, den Sie hoffentlich mit Bravour meistern. Im Anhang finden Sie den Lösungsschlüssel.
- Der Schlüssel enthält neben den Antworten zu den Tests auch alle Lösungen zum Übungsteil, manchmal auch zusätzliche Infos.

- Ein kurzer Grammatiküberblick fasst das Gelernte zusammen: Tätigkeitswörter, Zeiten, Einzahl/Mehrzahl, Fürwörter… Hier finden Sie auch eine Übersicht der grammatikalischen Begriffe.
- Die Wörterliste beinhaltet alle polnischen Wörter, die in diesem Buch vorkommen. Wenn Sie alle Dialoge durchgearbeitet haben, entspricht diese Liste nun genau Ihrem aktiven und passiven Wortschatz.

Die Hörtexte auf CD

Die CDs sorgen für die Schulung Ihres Hörverständnisses und sensibilisieren Ihr Ohr für die richtige Aussprache. Das ist bei Polnisch besonders wichtig, denn für ungeübte Ohren klingen die unterschiedlichen Zischlaute gleich, für polnische Ohren bedeuten sie oft zwei ganz verschiedene Dinge. Aber keine Sorge: Mit den von den Sprechern gesprochenen Standards wird man Sie verstehen.
Für das Hören der CD schlagen wir vor:

- Erstes Anhören bei geöffnetem Buch. Auf die Aussprache achten: Wie hängen Schriftbild und Aussprache zusammen? Versuchen Sie sich die Bedeutung einzuprägen. Zur Not ein paar Mal hintereinander reinhören. Nach jedem Wort lassen wir eine kleine Pause, die Ihnen Zeit zum Nachsprechen gibt. Keine übertriebene Zurückhaltung: Gewöhnen Sie sich schon frühzeitig an Ihre Stimme in der Fremdsprache.
- Der Dialog sollte, nachdem Sie die Wörter geübt haben, keine großen Schwierigkeiten mehr bereiten. Alle neuen Wörter lernen Sie jetzt im Kontext kennen. Achten Sie auf Satzmelodie und Intonation. Äffen Sie guten Gewissens nach, was die Sprecher Ihnen vormachen. Ein bisschen Übertreibung schadet nicht.
- Eine oder zwei Übungen pro Lektion finden sich auch auf CD. Legen Sie das Buch mal aus der Hand, verlassen Sie sich auf Ihr Gehör. Ein kurzer Gong sagt Ihnen immer, wann Sie mit Sprechen an der Reihe sind. Die Lösung folgt dann im Anschluss.

Viel Erfolg! Oder wie's auf Polnisch heißt: *Powodzenia!*

Alle Vokabellisten, Dialoge und Übungen, die Sie sich von den CDs anhören können, sind mit diesem Piktogramm versehen:

Die beiden Ziffern geben an, auf welcher CD unter welcher Tracknummer der entsprechende Hörtext zu finden ist.

1

Was, Urlaub in Polen?

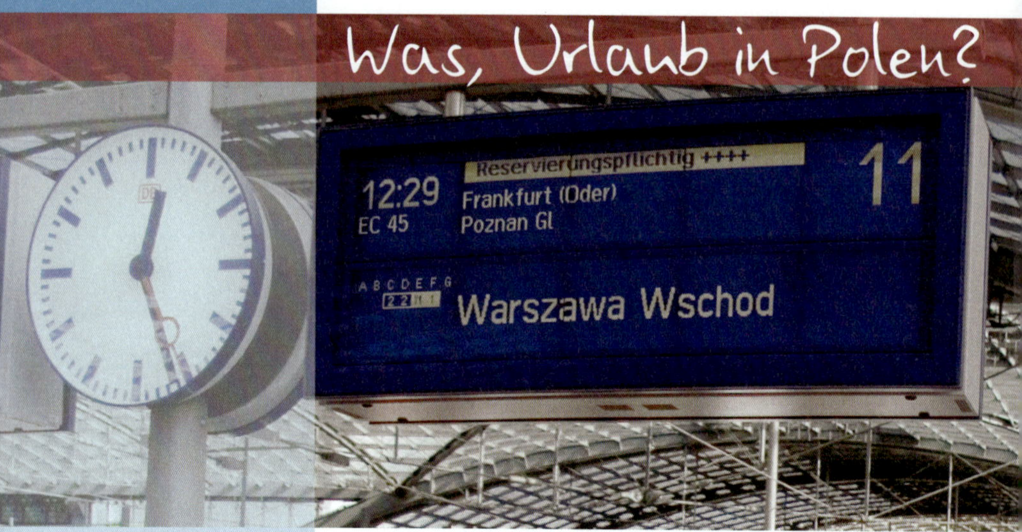

Polnische Städte (in Klammern jeweils, wie man's spricht)

Warszawa: Warschau (*sz* = sch)
Kraków: Krakau (*ó* = u)
Gdańsk: Danzig (*ń* = nj)
Wrocław: Breslau (*c* = z, *ł* = w wie engl. water)
Łódź: Lodsch (*dź* = dsch)
Poznań: Posen (*z* = s)
Toruń: Thorn
Katowice: Kattowitz
Szczecin: Stettin (*cz* = tsch, *ci* = tschi)

„Was, Urlaub in Polen?" Wenn es nach ihren Freunden ginge, würde Sophie Schmitz ans sonnige Mittelmeer fahren. Nur ihr Chef bei der Kölner Zeitung meint: „Da springt bestimmt noch ein Artikel für die Kulturseite heraus", und gewährt zusätzlich drei Tage frei.
Ihr Freund Piotr in Warschau freut sich auf ihren Besuch. Der junge Journalist hat ein Praktikum bei ihrer Zeitung in Köln absolviert. Sie haben sich sofort prima verstanden. Bei jeder Gelegenheit schwärmte er von Warschau und Krakau, von Musikkneipen, Bier, Literatur und Film. Er reagiert gleich begeistert, als sie ihm am Telefon sagt, sie wolle sich das jetzt mal alles live anschauen.
Sophie muss in Berlin umsteigen, am Hauptbahnhof nimmt sie den Berlin-Warschau-Express nach *Warszawa Centralna* (Warschaus Zentralbahnhof). Sie findet ein leeres Abteil, bleibt aber nicht lange alleine: *Dzień dobry* (Guten Tag), sagt die schicke Dame freundlich: *Czy tu jest wolne?* (Ist hier frei?) Jetzt kann Sophie ihr Polnisch trainieren, das sie seit einiger Zeit an der Volkshochschule lernt.
Schneller als erwartet ist der Zug an der Grenze. Dem polnischen Schaffner zeigt Sophie ihr Ticket. Der kontrolliert nicht wortkarg, sondern scheint gerne mit den Fahrgästen zu plaudern. Auf die Frage nach ihrem Reiseziel antwortet Sophie: *Jadę do Warszawy* (Ich fahre nach Warschau). Man wünscht ihr: *Przyjemnej podróży* (Angenehme Reise).

Jadę do Warszawy

dzień dobry	guten Tag
czy ...?	Fragepartikel (vorangestellt)
tu jest wolne	hier ist frei
tak	ja
dziękuję bardzo	danke sehr; vielen Dank
bardzo	sehr
proszę bardzo	bitte sehr
pani	Sie (zur Frau)
jedzie	er/sie/es fährt
do	nach
do Warszawy	nach Warschau
jadę	ich fahre

● Dzień dobry!	Guten Tag!
■ Dzień dobry!	Guten Tag!
● Czy tu jest wolne?	Ist hier frei?
■ Tak.	Ja.
● Dziękuję bardzo!	Vielen Dank!
■ Proszę bardzo!	Bitte sehr!
● Czy pani jedzie do Warszawy?	Fahren Sie nach Warschau?
■ Tak, jadę do Warszawy.	Ja, ich fahre nach Warschau.

Aussprache
1. Vokale *(a, e, i, o, u)* immer **kurz** aussprechen!
2. Vorletzte Silbe betonen: *Warszawa*

zi* = *ź + Vokal: **sch** (zwischen **sch** und **ch**)
***ń*:** **gn** (Co**gn**ac)
***r*:** gerolltes Zungenspitzen-**r**
***y*:** dumpfes **e** (wart**e**)
***cz*:** **tsch** (**Tsch**üss)
***z*:** **s** (**R**o**s**e)
ę: nasales **in** (franz. Bass**in**), am Wortende eher wie **e** (wart**e**)
***sz*:** **sch** (**Sch**ule)

Fragen
Einfach ***czy*** (sprich: tsche) an den Satzanfang:
Tu jest wolne (Hier ist frei)
***Czy** tu jest wolne?*
(wörtl.: Hier ist frei?)

Höfliche Anrede
zum Mann: ***pan***
zur Frau: ***pani***
*Czy **pan/pani** jedzie?*
(Fahren **Sie**?; wörtl.: Der Herr/die Dame fährt?)

Die Endung macht's
Ich, du, er, sie ... können wegfallen. Die Verb-Endung macht klar, wer etwas tut:

jadę	**ich** fahre
jedzie	**er/sie/es** fährt

do (nach, zu) + Genitiv

Genitiv
feminine Nomen:
-wa/-ca/-ka* → *-wy/-cy/-ki:
*Warsza**wa** → do Warsza**wy***
(nach Warschau)
*Pols**ka** → do Pols**ki***
(nach Polen)

Übungen

In welche Stadt fahren Sie? Vergleichen Sie mit der Liste auf Seite 8. Das ę in *jadę* ist zwar ein Nasal, wird am Wortende aber unbetont wie e in „ich fahre" ausgesprochen.

1. Sprechen Sie einfach nach

1/4

1. Warszawa – Jadę do Warszawy.
2. Kraków – Jadę do Krakowa.
3. Poznań – Jadę do Poznania.
4. Gdańsk – Jadę do Gdańska.
5. Wrocław – Jadę do Wrocławia.
6. Łódź – Jadę do Łodzi.

Richtig zusammengefügt, ergeben sich: bitte sehr, Sie fahren, vielen Danke, guten Tag.

2. Was passt zusammen?

1. dziękuję	a ☐ jedzie
2. dzień	b ☐ bardzo
3. pani	c ☐ bardzo
4. proszę	d ☐ dobry

Ordnen Sie die Wörter zu Sätzen! Zur Not können Sie auf der vorigen Seite Rat holen.

3. Eins nach dem anderen

1. jest – Czy – wolne – tu – ?
2. do – jedzie – Warszawy – Czy – pani – ?
3. Warszawy – jadę – Tak, – do – ?

Pfeilchen ziehen und dann im Lösungsschlüssel checken, ob auch alles korrekt gelöst ist.

4. Was gehört zusammen?

1. Dziękuję bardzo!	a ☐ Ist hier frei?
2. Tak.	b ☐ Bitte.
3. Czy tu jest wolne?	c ☐ Vielen Dank!
4. Jadę do Warszawy.	d ☐ Sie fahren nach Warschau?
5. Proszę.	e ☐ Ja.
6. Czy pani jedzie do Warszawy?	f ☐ Ich fahre nach Warschau.

Der Setzer ist verzweifelt: Im Manuskript fehlen Buchstaben. Helfen Sie ihm aus der Misere.

5. Ergänzen Sie

1. C_y tu jes_ wo_ne?
2. Ta_.
3. Dzi_kuj_ bard_o!
4. Pros_ę.
5. C_y pan_ jed_ie do War_zawy?
6. Ta_, jad_ do War_zawy.

Witamy w Polsce

paszport	Pass
nazywa się	er/sie/es heißt
nazywam się	ich heiße
dokąd?	wohin?
stolica	Hauptstadt
do stolicy	in die Hauptstadt
Przyjemnej podróży!	Angenehme Reise!
i	und
witamy	willkommen
Polska	Polen
w Polsce	in Polen

● Dzień dobry, paszport proszę!	Guten Tag, den Pass bitte!
■ Proszę bardzo!	Bitte sehr!
● Pani nazywa się Schmitz?	Sie heißen Schmitz?
■ Tak, nazywam się Sophie Schmitz.	Ja, ich heiße Sophie Schmitz.
● Dokąd pani jedzie?	Wohin fahren Sie?
■ Jadę do Warszawy.	Ich fahre nach Warschau.
● Ach, do stolicy.	Ach, in die Hauptstadt.
■ Tak, do stolicy.	Ja, in die Hauptstadt.
● Przyjemnej podróży i witamy w Polsce!	Angenehme Reise und willkommen in Polen!
■ Dziękuję bardzo!	Vielen Dank!

Nomen-Endungen
1. Maskulina (m) meist auf Konsonant: *paszport* (Pass)
2. Feminina (f) meist auf ***-a***: *stolic**a*** (Hauptstadt) *Polsk**a*** (Polen)

Keine Artikel
paszport:
1. **der** Pass
2. **ein** Pass

się (sich) wird nicht verändert:
*nazywam **się*** (ich nenne **mich** = ich heiße)
*nazywa **się*** (er/sie/es nennt **sich** = er/sie/es heißt)

Groß geschrieben
1. Namen:
Warszawa
Polska
2. Angehörige eines Volkes:
Polak (Pole)
Polka (Polin)

Fragen
Wie im Deutschen: Einfach die Stimme am Satzende heben:
Pani nazywa się Schmitz?

Aussprache
si = ***ś*** + Vokal: ähnlich wie **schi** (**schi**eben)
ą: nasales **on** (franz. Ball**on**)
s: **ss** (da**ss**)
c: **tz** (Ka**tz**e)
rz (= ***ż***): weiches **j** (franz.: **J**ournal)
ó: u (K**u**tter)

Übungen

Diese Polinnen und Polen sind echt berühmt. Ein Blick in den Lösungsschlüssel hilft Ihnen auf die Sprünge.

1. Ich heiße ...

1/6

Nazywam się *Wisława Szymborska.*

1. Wisława Szymborska
2. Krzysztof Penderecki
3. Aleksander Kwaśniewski
4. Lech Wałęsa
5. Karol Wojtyła
6. Tadeusz Kościuszko
7. Czesław Miłosz
8. Maria Skłodowska-Curie
9. Krzysztof Kieślowski
10. Marzena Szczypułkowska

Fragesätze einfach mit *czy* beginnen. Wem das zu kompliziert ist, der lässt es weg und geht am Ende des Satzes mit der Satzmelodie nach oben: *Tu jest wolne????*

2. Stellen Sie Fragen

Czy *tu jest wolne**?***

1. Tu jest wolne.
2. Pani jedzie do stolicy.
3. Pan jedzie do Warszawy.
4. Pani nazywa się Schmitz.

Länder und Städte ganz schön anders: *Niemcy* ist Polens westlicher Nachbar und *Włochy* das Land, wo die Zitronen blühen, *Rzym* dessen Hauptstadt.

3. Was gehört zusammen?

1. Austria	a ☐ Berlin
2. Włochy	b ☐ Paryż
3. Niemcy	c ☐ Berno
4. Francja	d ☐ Wiedeń
5. Szwajcaria	e ☐ Rzym

Nur eine Antwort macht Sinn. Welche wohl, a oder b? Wenn die Logik nicht weiterhilft, kann man sich immer noch im Dialog auf Seite 11 Rat holen.

4. Welche Erwiderung passt?

1. Paszport proszę!	a ☐ Proszę bardzo!
	b ☐ Do stolicy.
2. Dokąd pani jedzie?	a ☐ Jadę do Warszawy.
	b ☐ Tu jest wolne.
3. Przyjemnej podróży!	a ☐ Dziękuję bardzo!
	b ☐ Dzień dobry.
4. Czy pani jedzie do stolicy?	a ☐ Witamy w Polsce.
	b ☐ Tak, jadę do Warszawy.

Ein galantes Volk

1

Witamy w Polsce! (Willkommen in Polen!) Am Flughafen prangt dieser freundliche Gruß und auch in Hotels, Restaurants oder von Geschäftspartnern wird man mit *serdecznie witamy* (herzlich willkommen, wörtl.: wir heißen herzlich willkommen) und einem netten Lächeln begrüßt. Überhaupt stehen höfliches Benehmen und ein ausgesprochen liebenswürdiger Umgangston bei vielen Polen noch hoch im Kurs: Man bedankt und entschuldigt sich bei vielen Kleinigkeiten, hält sich gegenseitig die Tür auf, und sogar Jugendliche bieten älteren Leuten oder Müttern mit Kindern im Bus freiwillig ihren Platz an.
Frauen profitieren am meisten von den galanten Landessitten: Man hilft ihnen in den Mantel oder trägt ihre schweren Taschen. In auserwählten Momenten gibt es als Krönung sogar einen formvollendeten Handkuss! Diese besondere Hochachtung darf man geschmeichelt entgegennehmen ohne die Hand erschrocken wegzuziehen. Ein herzliches Lächeln und Dankeschön mag helfen gegen das Erröten!
Freundliche Fragen haben nichts mit Indiskretion zu tun, sondern bekunden echtes Interesse an Person, Arbeit, Familie oder Reise. Und noch etwas macht Mut: Jeder Brocken Polnisch wird freudig gewürdigt. Die Polen wissen nämlich, dass ihre Sprache nicht gerade zu den einfachsten gehört.

Höflichkeiten
dziękuję bardzo:
(danke sehr, vielen Dank)
proszę bardzo:
(bitte sehr)
przepraszam:
(Entschuldigung)
bardzo mi miło:
(sehr angenehm)

2

Ein schönes Land

Auch in Polen mag man Autos. Kamen im Jahr 2000 erst 260 Pkw auf 1000 Einwohner, so sind es nun bereits 420. Immer noch deutlich weniger als die 570 in Deutschland.
Mit 900.000 Fahrzeugen pro Jahr produziert Polen mittlerweile mehr als Italien. Kein Wunder: Den gößten Anteil, 70 %, fertigt das FIAT-Werk in Bielsko-Biała. VW baut in Poznań, Opel in Gliwice.
Die Deutschen kaufen jährlich 350.000 der 1.2 Mio. Fahrräder, die in Polen hergestellt werden.

Ratternd rollt der Zug über die Oderbrücke. Das herzliche *Witamy w Polsce!* (Willkommen in Polen!) des Grenzbeamten hat Sophie gefallen. Jetzt schaut sie gespannt aus dem Abteilfenster. Sieht hier doch ganz gemütlich aus, denkt sie: weite Felder, bunte Wälder, kleine Dörfer. An den kleinen Bahnhöfen, durch die der Intercity braust, stehen rotbemützte Bahnhofsvorsteher und quittieren mit einem Wink der Eisenbahnerkelle stolz die Durchfahrt. An den Bahnübergängen warten Autos, Traktoren und im Hof eines Bauernhauses leuchten weiße, wohlgenährte Gänse. Kinder unterbrechen ihr Spiel und schauen auf den vorbeifahrenden Zug.
Czy pani jest po raz pierwszy w Polsce? (Sind Sie zum ersten Mal in Polen?) Die Dame gegenüber reißt Sophie aus ihren Betrachtungen. Sie kommen ins Gespräch. Auf die Frage nach ihrem Beruf antwortet Sophie: *Piszę artykuły do gazety* (Ich schreibe Artikel für eine Zeitung). Bald weiß sie auch, dass ihre Reisebekanntschaft Sohn und Enkel in Berlin besucht hat. Die Zeit verfliegt.
Polska to piękny kraj (Polen ist ein schönes Land), stellt Sophie nach einer Weile fest. Sie sagt das nicht nur aus Höflichkeit, sondern weil sie sich kaum satt sehen kann an der Weite der Wiesen und Wälder.

Po raz pierwszy

po raz pierwszy	zum ersten Mal
jestem	ich bin
mam nadzieję, że …	ich hoffe, dass …
podoba się	er/sie/es gefällt
to	das, das ist
kraj	Land
piękny/-a/-e	schön
miasto	Stadt
miasta	Städte
są	sie sind
nie	nicht, nein
też	auch

● Czy pani jest po raz pierwszy w Polsce?	Sind Sie zum ersten Mal in Polen?
■ Tak, jestem po raz pierwszy w Polsce.	Ja, ich bin zum ersten Mal in Polen.
● Mam nadzieję, że podoba się pani w Polsce.	Ich hoffe, dass es Ihnen in Polen gefällt.
■ Tak, Polska to piękny kraj.	Ja, Polen ist ein schönes Land.
● Och tak, kraj jest bardzo piękny.	Oh ja, das Land ist sehr schön.
■ Czy miasta nie są piękne?	Sind die Städte nicht schön?
● Tak, miasta też są piękne.	Ja, die Städte sind auch schön.

Plural der Neutra
*miast**o*** (die Stadt)
*miast**a*** (die Städte)

Nicht …
nie kommt vors Verb:
Miasta są piękne →
*Miasta **nie** są piękne* (wörtl.: Die Städte **nicht** sind schön)

być	**sein**
jestem	**ich** bin
jest	**er**/**sie**/**es** ist
pan/pani jest	**Sie** sind
są	**sie** sind

Sparsam
jest fällt nach ***to*** oft weg:
***To** piękny kraj* =
***To jest** piękny kraj*
(**Das ist** ein schönes Land)

Adjektivendungen
Singular:
(m) *piękn**y** kraj*
(schönes Land)
(f) *piękn**a*** Polska
(schönes Polen)
(n) *piękn**e** miasto*
(schöne Stadt)
Plural:
(n) *piękn**e** miasta*
(schöne Städte)

2 A

Übungen

Manch einer behauptet, nicht „nein“ sagen zu können. Sie gehören hoffentlich nicht dazu.

1. Sprachfehler

Miasta ***nie*** *są piękne.*

1. Miasta są piękne.
2. To jest piękny kraj.
3. Pani jest po raz pierwszy w Polsce.
4. Jadę do Warszawy.

Hier hat jemand die fremden Buchstaben falsch eingesetzt. Welche Übersetzung ist richtig geschrieben?

2. Fehlerteufel

1. sie sind
   - a ☐ są
   - b ☐ sę
2. ein schönes Land
   - a ☐ piąkny kraj
   - b ☐ piękny kraj
3. vielen Dank
   - a ☐ dziękuję bardzo
   - b ☐ dziąkują bardzo
4. ich hoffe, dass ...
   - a ☐ mam nadzieję, że ...
   - b ☐ mam nadzieją, će ...

Denken Sie daran: Vokale immer kurz aussprechen! Außerdem liegt die Betonung auf der vorletzten Silbe. Alles klar? Versuchen Sie es einfach.

3. Nachplappern

1/9

1. Polska
2. podoba się
3. do stolicy
4. bardzo
5. dobry
6. po raz pierwszy
7. proszę
8. Warszawa
9. paszport
10. witamy

Was gehört zusammen? Die kleinen Wörtchen sind nicht zu unterschätzen.

4. Klein, aber fein

1. to
2. też
3. i
4. w
5. do

- a ☐ und
- b ☐ das
- c ☐ in
- d ☐ nach
- e ☐ auch

Ergänzen Sie die richtige Form von *być* (sein). Einmal kann es wegfallen.

5. Was fehlt?

jest – jestem – są – (jest) – jest

1. __________ w Warszawie.
2. Pani ______ w Polsce.
3. Miasta ___ piękne.
4. Tak, to _____ stolica.
5. Pani ______ po raz pierwszy w Polsce?

Piszę artykuły

dlaczego?	warum?
chcę	ich will
tu	hier
pracować	arbeiten
zwiedzać	besichtigen
Kim pani/pan jest z zawodu?	Was sind Sie von Beruf?
piszę artykuły	ich schreibe Artikel
gazeta	Zeitung
do gazety	für eine Zeitung
czyli	also
dziennikarka	Journalistin
jestem dziennikarką	ich bin Journalistin

● Dlaczego pani jedzie do Polski?	Warum fahren Sie nach Polen?
■ Chcę tu pracować i zwiedzać kraj.	Ich will hier arbeiten und das Land besichtigen.
● Kim jest pani z zawodu?	Was sind Sie von Beruf?
■ Piszę artykuły . do gazety.	Ich schreibe Artikel für eine Zeitung.
● Czyli jest pani dziennikarką?	Also sind Sie Journalistin?
■ Tak, jestem dziennikarką.	Ja, ich bin Journalistin.

Instrumental Nomen (f)
Diesen Fall gibt es im Deutschen nicht!
być + **Nomen** im **Instrumental** drückt aus, was man ist:
(f) ***-a*** → ***ą***
*dziennikark**a*** →
*jestem dziennikark**ą***
(ich bin Journalistin)
*Polk**a*** → *jestem Polk**ą***
(ich bin Polin)

Trick: Lässt man *jest* hinter *to* weg, braucht man auch keinen Instrumental:
*Sophie, **to** dziennikark**a***
(Sophie, das ist eine Journalistin)
*Sophie **jest** dziennikark**ą***
(Sophie ist Journalistin)

Aussprache
ć + Vokal = ***ci***, ähnlich wie schnelles **„tch"**:
*praco**wać*** (wie pratzowa**tch)**
*Szcze**cin*** (wie Schtschä**tchi**n).

2 B

Übungen

Hier hat die Frau das Wort. *Niemka* heißt die/eine Deutsche. Wenn's hakt: Vgl. Sie auf Seite 17 und die Ländernamen auf Seite 12, Übung 3.

1. Was bin ich?

1/11

***Jestem** Polką.*

1. Polka
2. Niemka
3. dziennikarka
4. Szwajcarka
5. Austriaczka

Bitte zuerst denken, dann ankreuzen.
3. co? [kur] = was?

2. Welche Antwort passt?

1. Kim pani jest z zawodu?
   a ☐ Jestem gazetą.
   b ☐ Jestem dziennikarką.
2. Pani jest Polką?
   a ☐ Tak, jestem Polką.
   b ☐ Tak, jestem dziennikarką.
3. Co pani pisze?
   a ☐ Piszę artykuły.
   b ☐ Piszę miasta.
4. Czy Polska jest piękna?
   a ☐ Tak, kraj jest piękny.
   b ☐ Tak, paszport jest piękny.

Falls es nicht auf Anhieb klappt, schlagen Sie einfach im Dialog nach.

3. Was passt zusammen?

1.	Chcę tu	a ☐	dziennikarką
2.	zwiedzać	b ☐	z zawodu?
3.	Jestem	c ☐	artykuły
4.	Kim pani jest	d ☐	kraj
5.	Piszę	e ☐	pracować

Am Wortende wird aus *-ę* ein kurzes „e". Vor *k* klingt *ę* wie „en" (nur leicht nasal).

4. Sprechen Sie nach

1/12

1. chc**ę**
2. nazywam si**ę**
3. prosz**ę** bardzo
4. si**ę**
5. mam nadziej**ę**
6. pi**ę**kny
7. dzi**ę**kuj**ę**
8. pisz**ę** artykuły
9. podoba si**ę**
10. jad**ę**

Ost und West

2

Wo liegt das Herz Europas? Aus westeuropäischer Perspektive auf alle Fälle nicht im „wilden Osten" jenseits von Oder und Neiße. Für die meisten Deutschen liegt Polen immer noch weit weg. Nur der kleine Grenzverkehr, die Butterfahrt von hüben nach drüben ist zur Normalität geworden. Andere zählen zu den Medizintouristen oder den sozialen Auswanderern: Für eine steigende Zahl von Familien ist die kostengünstigere Unterbringung in polnischen Seniorenresidenzen oder -heimen die Möglichkeit, einen höheren Lebensstandard im Alter zu halten.

Doch für viele aus Weißrussland, Russland und der Ukraine fungiert Polen als Schnittstelle zwischen den eigenen wirtschaftlich mäßigen Zuständen und westlichem Wohlstand.

Seit 2004 gehört das NATO-Mitglied Polen zur Europäischen Union. Trotz aller Freude, „wieder" zu Europa zu gehören, üben sich die 38 Millionen Polen im Spagat. Das 312.679 qkm große Land soll die Auswirkungen der wirtschaftlichen Misere der weiter östlich liegenden Länder zurückhalten. Viele Probleme wie illegale Einwanderung und Schmuggel haben sich an Polens Ostgrenze, mittlerweile die Außengrenze der EU, verschoben. Dort profitieren einige Polen aber auch von der Grenze: Billige Einkäufe, Tanken und auch ein bisschen Schmuggel – v. a. Zigaretten und Benzin – bessern manche Haushaltskasse auf in dieser strukturschwachen Region. Gar nicht so sehr anders als an der deutsch-polnischen Grenze.

Natürliche Grenzen
Norden: Ostsee
Süden: Sudeten, Karpaten
Westen: Oder und Neiße
Osten: Bug

Ausdehnung
West-Ost: 689 km
Nord-Süd: 649 km
Fläche: 312.679 qkm
46 % Ackerland
28 % Wald
8 % Wiesen
5 % Weiden

Bevölkerung
38 Mio., davon ca. 3 % nationale Minderheiten (Deutsche, Weißrussen, Ukrainer).

Vorliebe West
Etwa 20 Mio. Polnischstämmige leben im Ausland (10 Mio. in den USA, 2 Mio. in Deutschland). Die meisten Auslandspolen leben in Chicago. Detroit, New York, das Ruhrgebiet, Paris, London und Berlin sind weitere Hochburgen der Exilpolen.

3

Willkommen in Warschau

Begrüßung
Die Polen sind eigentlich Südländer, auch bei der Begrüßung: Treffen sich Bekannte oder Freunde, begrüßen sich Frauen untereinander oder Mann und Frau mit drei herzlichen Wangenküssen. Männer untereinander sowie ältere Personen begrüßen sich meist mit Handschlag. Das gilt auch für alle, mit denen man nicht befreundet ist.

Grußformeln
dzień dobry
(guten Tag, guten Morgen)
dobry wieczór
(guten Abend)
cześć (hallo, tschüss; wörtl.: Ehre)
witam/witamy
(willkommen; wörtl.: ich/wir grüße/-n)

Als alle Reisenden ihre Sachen zusammensuchen, weiß Sophie, dass ihr Ziel nicht mehr weit sein kann. Schon fährt der Zug durch graue Hochhaussiedlungen und Vorortbahnhöfe. Als auch sie beschließt, den Mantel anzuziehen, liest sie vor dem Abteilfenster *Warszawa Centralna* (Warschau Zentral), schon verschwindet der Zug im Tunnel.
Kurz darauf steht Sophie auf einem zugigen Bahnsteig des modernen unterirdischen Hauptbahnhofs. Ein wenig verloren versucht sie sich in diesem hektischen Getümmel zu orientieren, doch da hört sie zwischen unverständlich krächzenden Lautsprecheransagen schon ihren Namen: *Cześć Sophie!* (Hallo, Sophie!) Piotr begrüßt sie mit drei Wangenküssen und einem herzlichen *Witamy w Warszawie!* (Willkommen in Warschau!) Auf der Rolltreppe hoch ans Tageslicht sagt Piotr: *Cieszę się, że jesteś* (Ich freue mich, dass du da bist).
Sie beginnen zu plaudern, und Sophie findet sofort den ironischen Ton wieder, den sie aus Piotrs Kölner Zeit kennt. Auf seine Frage: *Idziemy najpierw do hotelu, ok?* (Wir gehen zuerst zum Hotel, o.k.?), kokettiert sie gleich: *Jeżeli poniesiesz moją walizkę* (Wenn du meinen Koffer trägst). Den hat sich Piotr – ganz polnischer Edelmann – schon unten auf dem Bahnsteig geschnappt. Und so kontert er mit gespielter Entrüstung: *Sophie, jesteśmy w Polsce!!!* (Sophie, wir sind in Polen!!!)

Cieszę się

3 A

cześć	hallo
w Warszawie	in Warschau
jak?	wie?
masz	du hast
Jak się masz?	Wie geht's dir?
dobrze	gut
cieszę się	ich freue mich
że ...	dass ...
jesteś	du bist
ja	ich
pewnie	klar doch
mamy	wir haben

● Cześć Sophie!	Hallo, Sophie!
■ Ach, cześć Piotr!	Ach, hallo, Piotr!
● Witamy w Warszawie!	Willkommen in Warschau!
■ Dziękuję bardzo! Jak się masz?	Danke sehr! Wie geht's dir?
● Dobrze, dziękuję. Cieszę się, że jesteś.	Gut, danke. Ich freue mich, dass du da bist.
■ Tak, ja też się cieszę. I cieszę się, że jestem w Warszawie.	Ja, ich freue mich auch. Und ich freue mich, dass ich in Warschau bin.
● Pewnie, mamy piękną stolicę.	Klar doch, wir haben eine schöne Hauptstadt.

Keine Angst vor ***cześć*** (sprich: tschäschtsch).

***w* + Lokativ (in)**
Der Lokativ ist uns ebenfalls unbekannt:
Lokativ (f)
1. ***-wa* → *-wie***
*Warszaw**a*** → ***w** Warszaw**ie***
(**in** Warschau)
2. ***-ka* → *-ce***
*Pols**ka*** → ***w** Pols**ce***
(**in** Polen)

Jak się masz?
(Wie geht's dir?; wörtl.: Wie hast du dich?)
się kann vor und nach dem Verb stehen, aber nie am Satzanfang.

mieć	**haben**
*ma**m***	ich habe
*ma**sz***	du hast
ma	er/sie hat
*ma**my***	wir haben
*ma**cie***	ihr habt
*ma**ją***	sie haben

Was man hat, steht mit dem Akkusativ:
Akkusativ (f)
1. Adjektiv: ***-a* → *-ą***
*piękn**a*** → *piękn**ą***
(schon)
2. Nomen: ***-a* → *-ę***
*stolic**a*** → *stolic**ę***
(Hauptstadt)
*Mamy piękn**ą** stolic**ę***
(Wir haben eine schöne Hauptstadt)

Übungen

Das Handy klingelt und jemand will wissen, wo Sie gerade stecken.
Der Lokativ nach *w* ist gefragt. Zur Erinnerung:
-wa → *-wie*
-ka → *-ce*

1. Handymania

Jestem w *Warszawie.*

1. Warszawa
2. Polska
3. Afryka
4. Ameryka

Und jetzt geht's am Handy darum, wohin Sie fahren. Dafür brauchen Sie *do* + Genitiv. Und wie der geht, steht auf S. 9.

2. Ich fahre nach…

Jadę do ***Warszawy.***

1. Warszawa
2. Polska
3. stolica
4. Ameryka

Üben Sie die Begrüßungsformeln!

3. Ordnen Sie zu

1. guten Abend
2. guten Tag
3. hallo
4. willkommen
5. tschüss

a □ cześć
b □ cześć
c □ dzień dobry
d □ dobry wieczór
e □ witamy

Mal ein wenig Zungengymnastik. Nicht vergessen: Das Zungenspitzen-*r* immer schön rrrrollen.
Und was *najpierw* in 1. heißt, erfahren Sie auf der nächsten Seite.

4. Sprechen Sie nach

1/15

1. najpie**r**w
2. Wa**r**szawa
3. p**r**acować
4. k**r**aj
5. po **r**az pie**r**wszy
6. ba**r**dzo
7. dzień dob**r**y
8. dziennika**r**ka
9. K**r**aków
10. p**r**oszę ba**r**dzo

Najpierw do hotelu

idziemy	wir gehen
najpierw	zuerst
do hotelu	zum/ins Hotel
daleko stąd	weit von hier
możemy	wir können
iść pieszo	zu Fuß gehen
w porządku	in Ordnung
jeżeli	wenn
poniesiesz	du trägst
moją walizkę	meinen Koffer
jesteśmy	wir sind

● Jesteś po raz pierwszy w Warszawie?	Bist du zum ersten Mal in Warschau?
■ Tak, i bardzo się cieszę.	Ja, und ich freue mich sehr.
● Dobrze. Idziemy najpierw do hotelu, ok?	Gut. Wir gehen zuerst zum Hotel, o. k.?
■ Czy to daleko stąd?	Ist das weit von hier?
● Nie, możemy iść pieszo.	Nein, wir können zu Fuß gehen.
■ W porządku, jeżeli poniesiesz moją walizkę.	In Ordnung, wenn du meinen Koffer trägst.
● Sophie, jesteśmy w Polsce!!!	Sophie, wir sind in Polen!!!

iść	**gehen**
idę	ich gehe
idziesz	du gehst
idzie	er/sie geht
idziemy	wir gehen
idziecie	ihr geht
idą	sie gehen

Genitiv Nomen (m)
1. -***a*** (Personen)
Piotr → do Piotra
(zu Peter)
2. -***u*** (Dinge und Tiere)
hotel → do hotelu
(zum/ins Hotel)
Leider ist das nicht die ganze Regel, das Polnische hält dazu noch jede Menge Ausnahmen bereit.

mein
(m) *mój*
mój hotel (mein Hotel)
(f) *moja*
moja walizka (mein Koffer)
(n) *moje*
moje miasto (meine Stadt)

mój, moja, moje funktionieren wie ein Adjektiv:
1. Nominativ:
To moja walizka
(Das ist mein Koffer)
2. Akkusativ:
Poniesiesz moją walizkę
(Du trägst meinen Koffer)

Übungen

Setzen Sie die passende Form von *iść* (gehen) ein.

1. Ab ins Hotel!

***Idziesz** do hotelu.*

1. (Du) ____________ do hotelu.
2. (Wir) ____________ do hotelu.
3. (Ihr) ____________ do hotelu.
4. (Sie – die Dame) ____________ do hotelu.
5. (Ich) ____________ do hotelu.

Seien Sie ein Ja-Sager, aber in der richtigen Form, bitte!
Hast du?
Geht ihr?
Bist du (da)?
Gehst du?

2. Welche Antwort passt?

1. Masz?
   a ☐ Tak, mam.
   b ☐ Tak, mamy.
2. Idziecie?
   a ☐ Tak, idą.
   b ☐ Tak, idziemy.
3. Jesteś?
   a ☐ Tak, jestem.
   b ☐ Tak, jesteśmy.
4. Idziesz?
   a ☐ Tak, idę.
   b ☐ Tak, idzie.

Ordnen Sie *mój, moja, moje* und *moją* dem passenden Nomen zu.

3. Mein – mein – mein

1. mój
2. moja
3. moje
4. moją

a ☐ miasto
b ☐ walizkę
c ☐ paszport
d ☐ Polska

Bekommen Sie den Nasallaut *-ą* schon gut durch die Nase?

4. Sprechen Sie nach

1/17

1. jestem dziennikark**ą**
2. miasta s**ą**
3. jestem Polk**ą**
4. dok**ą**d
5. maj**ą**
6. w porz**ą**dku
7. masz moj**ą** walizkę
8. daleko st**ą**d
9. id**ą**
10. mamy piękn**ą** stolicę

Setzen Sie das fehlende Wort ein.

5. Lückentext

daleko – najpierw – jeżeli – chcę – idziemy

1. To nie daleko. ________ pieszo.
2. Czy to _______ stąd?
3. Idziemy _________ do hotelu?
4. _____ zwiedzać kraj.
5. W porządku, ________ poniesiesz moją walizkę.

Schraube und Scheibe

3

„Abgesehen von Wortschatz, Satzbau und Grammatik sind Polnisch und Deutsch ein und dieselbe Sprache", meinte einmal der polnische Philosoph Leszek Kołakowski. Beruhigend, nicht wahr? Und tatsächlich: Die polnischen und deutschen Nachbarn verständigten sich schon immer. Irgendwie. Drei- bis viertausend Wörter stammen aus dem Deutschen. Vor allem im Mittelalter brachten deutsche Handwerker und Händler ihre Begriffe ins Polnische ein. So wurde aus dem „Maurer" der *murarz*, aus „Ziegel" *cegła* und aus „Waage" *waga*. Das „Dach" blieb *dach*, „Handel" *handel*, und „Miete" bedeutet auf Polnisch *czynsz* (Zins). Der *burmistrz* (Bürgermeister) sitzt mit dem *rada* (Rat) im *ratusz* (Rathaus). Weitere deutsche Ausdrücke aus dem Alltagsleben sind: *druk* (Druck), *prasa* (Presse), *śruba* (Schraube), *szuflada* (Schublade) und *szyba* (Scheibe).

Doch die polnischen Intellektuellen bevorzugten das Französische als Sprache der Kultur und Wissenschaft – auch als Protest gegen deutsche Repression. So wurde bereits Anfang des 16. Jhs. angeordnet, die Predigten in der Krakauer Marienkirche auf Deutsch zu halten. Wenn die Polen also nur „Bahnhof" verstanden, dann sagten sie: *jak na niemieckim kazaniu* (wie in einer deutschen Predigt). Polnische Ausdrücke hingegen wurden vor allem nach Osten weitergereicht. Nach Westen kamen nur wenige Wörter. Überwiegend handelt es sich dabei um Essbares wie Gurke *(ogórek)*, Bigos *(bigos)*, Borschtsch *(barszcz)* oder Piroggen *(pierogi)*. Aber auch die Grenze *(granica)* und der schöne Stieglitz *(szczygieł)* haben es zu uns geschafft.

Polnisch international
bandyta: Bandit
bar: Bar
biznesmen: Geschäftsmann
butelka: Flasche
cytryna: Zitrone
czekolada: Schokolade
dżem: Marmelade
dżentelmen: Gentleman
fryzjer: Friseur
kapitan: Kapitän
komputer: Computer
kserokopia: Kopie
mecz: (Fußball-)Spiel
muzyka: Musik
pomidor: Tomate
porcelana: Porzellan
president: Präsident
reklama: Reklame
strajk: Streik
telewizja: Fernsehen
tort: Torte
weekend: Wochenende
wino: Wein

4

Zuerst zum Hotel

Der *Palac Kultury* wird geliebt und gehasst. Dieses 1952–1955 erbaute „Geschenk“ Stalins war mit seinen 234 m Höhe jahrelang Inbegriff der ungeliebten Abhängigkeit von der Sowjetunion. Auf 43 Stockwerken und einer Fläche von 123.000 qm befinden sich über 3000 Räume: Büros von Firmen und Institutionen, Theater-, Kino- und Kongresssäle.
Wo ist Warschau am schönsten? „Auf der Spitze des Kulturpalastes!“ (Weil man ihn dort nicht sieht). Spaß beiseite: Die Aussichtsetage im 30. Stock ist einen Besuch wert! Heute wirkt das einst höchste Gebäude Polens fast klein zwischen den neu errichteten Wolkenkratzern.

Als Sophie aus dem Bahnhofsgebäude tritt, empfängt Warschau sie mit den Lichtern der Großstadt, kühlem Herbstwind, dem Hupen der Autos und Rattern der Straßenbahnen. Sophie schlängelt sich mit Piotr zwischen den Autos durch, als ihr Blick auf einen monströsen Turm im Zuckerbäckerstil fällt: *A co to za budynek?* (Und was ist das für ein Gebäude?), fragt sie. *To Pałac Kultury* (Das ist der Kulturpalast), antwortet Piotr und erzählt, was es mit dem Gebäude auf sich hat.
Auf dem Weg zum Hotel fragt Piotr nach diesem und jenem, nach gemeinsamen Bekannten aus Köln und der Arbeit in der Redaktion. Vor lauter Plauderei kommt Sophie gar nicht dazu, die Stadt richtig wahrzunehmen. Als die beiden dann vor dem Hotel stehen, versucht sie sich schnell an ein paar brauchbare Vokabeln zu erinnern. Zeit zur Besinnung hat sie aber keine: *Dobry wieczór pani!* (Guten Abend, die Dame!), grüßt die Rezeptionistin. Auf die Frage nach dem Namen antwortet Sophie: *Nazywam się Sophie Schmitz* (Ich heiße Sophie Schmitz). Nach einigem Suchen und Blättern bekommt sie den Zimmerschlüssel ausgehändigt: *Ma pani pokój numer siedem* (Sie haben Zimmer Nummer sieben) und wünscht ein freundliches *Przyjemnego pobytu!* (Angenehmen Aufenthalt!)

ale	aber
duży/-a/-e	viel, groß
ruch	Verkehr
zawsze	immer
wieczorem	abends
długo	lange
niedługo	nicht lange, bald
co to za ...?	was ist das für ein ...?
budynek	Gebäude
Pałac Kultury	Kulturpalast
może	vielleicht
ciekawy/-a/-e	interessant
mi	mir

● Och, ale tu duży ruch.	Och, hier ist aber viel Verkehr.
■ Tak, jak zawsze wieczorem.	Ja, wie immer abends.
● Jak długo idziemy do hotelu?	Wie lange gehen wir zum Hotel?
■ Niedługo.	Nicht lange.

● A co to za duży budynek?	Und was ist das für ein großes Gebäude?
■ To Pałac Kultury. Może jest duży, ale nie jest piękny.	Das ist der Kulturpalast. Vielleicht ist er groß, aber schön ist er nicht.
● Ale ciekawy – podoba mi się.	Aber interessant – mir gefällt er.
■ Hmh ...	Hmh ...

Instrumental
(m/n) → *-em*
(f) *-a* → *-ą*

Tages- und Jahreszeiten
werden auch mit dem Instrumental ausgedrückt:
wieczór (Abend) →
*wieczor**em*** (abends)
Das *ó* in *wiecz**ó**r* wird zu *o* in *wiecz**o**rem*.

Zweimal *może*
1. er/sie kann
2. vielleicht

Adjektivendungen
bleiben auch in prädikativer Stellung:
*Co to za duż**y** budynek?*
(Was ist das für ein **großes** Gebäude?) →
*Może jest duż**y** ...*
(Vielleicht ist es **groß** ...)

Adverbien
enden meist auf ***-o*** oder ***-e***:
*dług**o*** (lange)
*dobrz**e*** (gut)
(vgl. Adjektiv *dobry/-a/-e)*

Komposita
1. Nomen + 2. Nomen im Genitiv:
*Pałac Kultur**y*** (Kulturpalast; wörtl.: Palast der Kultur)
kultura (Kultur) →
*kultur**y*** (der Kultur)

Übungen

Podoba mi się (gefällt mir) ist eine Freundlichkeit, die in vielen Situationen das Eis bricht.

1. Eisbrecher

***Podoba mi się** hotel.*
1. hotel
2. Polska
3. Pałac Kultury
4. Warszawa
5. budynek
6. Piotr

Üben Sie *cz*, wird wie „tsch" in „tschüss" ausgesprochen.

2. Nachsprechen

1. dobry wie**cz**ór
2. **cz**eść
3. **cz**y
4. **cz**ekolada
5. Sz**cz**ecin
6. dla**cz**ego
7. me**cz**
8. wie**cz**orem
9. barsz**cz**
10. **cz**yli

Sollten Sie Probleme mit den Adjektivendungen haben, auf Seite 27 sind sie aufgelistet.

3. Übersetzen Sie

1. Das ist ein schönes Gebäude.
2. Das ist eine große Stadt.
3. Das ist ein interessantes Land.
4. Das ist ein großer Koffer.

Es fehlt die richtige Adjektivendung!

4. Nicht ..., aber ...

*Walizka nie jest piękn**a**, ale duż**a**.*
1. Walizka nie jest piękn_, ale duż_.
2. Piotr nie jest piękn_, ale ciekaw_.
3. Pałac Kultury nie jest piękn_, ale duż_.
4. Miasto nie jest duż_, ale ciekaw_.

Przyjemnego pobytu!

jeszcze	noch
wolny/-a/-e	frei
pokój	Zimmer
jeden	ein, eins
nazwisko	Name
zostaje	er/sie/es bleibt
wiem	ich weiß
trzy	drei
albo	oder
cztery dni	vier Tage
numer siedem	Nummer sieben
Przyjemnego pobytu!	Angenehmen Aufenthalt!

● Dobry wieczór!	Guten Abend!
■ Dobry wieczór pani!	Guten Abend, die Dame!
● Czy jest jeszcze wolny pokój?	Gibt es noch ein freies Zimmer?
■ Ależ oczywiście. Mamy jeszcze jeden bardzo piękny pokój.	Aber natürlich. Wir haben noch ein sehr schönes Zimmer.
● Dobrze.	Gut.
■ Jak pani nazwisko?	Wie ist Ihr Name?
● Nazywam się Sophie Schmitz.	Ich heiße Sophie Schmitz.
■ Jak długo zostaje pani w Warszawie?	Wie lange bleiben Sie in Warschau?
● Jeszcze nie wiem. Trzy albo cztery dni.	Ich weiß noch nicht. Drei oder vier Tage.
■ W porządku, ma pani pokój numer siedem. Przyjemnego pobytu!	In Ordnung, Sie haben Zimmer Nummer sieben. Angenehmen Aufenthalt!

ależ
Das ***-ż*** dient der Verstärkung.

Zustimmung
dobrze (gut, o. k.)
oczywiście (selbstverständlich)
tak (ja)
w porządku (in Ordnung)
zgadzam się (ich bin einverstanden)
zgoda (einverstanden)

Zahlen von 0 bis 10

0: *zero*
1: *jeden*
2: *dwa*
3: *trzy*
4: *cztery*
5: *pięć*
6: *sześć*
7: *siedem*
8: *osiem*
9: *dziewięć*
10: *dziesięć*

Die polnischen Zahlen – ein hartes Kapitel!
jeden (ein, eins) hat Adjektiv-Endungen:

jeden pokój	1 Zimmer
jedna walizka	1 Koffer
jedno miasto	1 Stadt

4 B

Übungen

Hier gibt's alles nur ein Mal. Falls es nicht sofort klappt, blättern Sie einfach wieder zurück auf Seite 29.

1. Die richtige Endung

1. jed_ _ walizka
2. jed_ _ miasto
3. jed_ _ wieczór
4. jed_ _ Polka
5. jed_ _ pokój

Ordnen Sie die richtige Zahl bzw. das richtige Wort zu. Bei 2. macht ein einziger Buchstabe den Unterschied, bei 4. ein einziger Zischlaut. Wie die Polen das nur immer auseinander halten???

2. Qual der Zahl

1. acht — a ☐ osiem / b ☐ jedno
2. zehn — a ☐ dziewięć / b ☐ dziesięć
3. zwei — a ☐ dwa / b ☐ dobrze
4. sechs — a ☐ cześć / b ☐ sześć

Hoffentlich gibt es das alles noch. Wenn Ihnen auf die erste Frage mit *Nie ma* (Gibt es nicht) geantwortet wird, dann haben Sie ein Problem – wenigstens für die nächste Nacht.

3. Gibt es noch ...?

Czy jest jeszcze *wolny pokój?*

1. wolny pokój
2. duży ruch
3. dobra walizka
4. piękna Polka

Oh Gott, was sagt der Portier? Wenn Sie ihn nicht verstehen, dann fragen Sie einfach mit *Przepraszam?* (Entschuldigung?) nach. Zum Herrn sagt der Portier übrigens: *Pan ma ...*

4. Welches Zimmer, bitte?

Pani ma pokój *numer* ***pięć****.*

1. numer 5
2. numer 3
3. numer 9
4. numer 1
5. numer 4
6. numer 10
7. numer 7
8. numer 6
9. numer 8
10. numer 2

Ist ja sooo aufregend hier. Da bleibt man gerne etwas länger.

5. Wie lange bleibt sie?

Pani zostaje ***trzy*** *dni.*

1. Pani zostaje _ _ _ _ (drei) dni.
2. Pani zostaje _ _ _ _ _ _ (vier) dni.
3. Pani zostaje _ _ _ _ (fünf) dni.
4. Pani zostaje _ _ _ _ _ (sechs) dni.
5. Pani zostaje _ _ _ _ _ _ (sieben) dni.

Polen hat's

„Was Sie an Ihrem Urlaub so lieben – Polen hat's". Mit diesem Slogan versuchte das Land jahrelang Touristen anzulocken. Tatsächlich fahren jährlich rund 2 Mio. Deutsche als Urlauber ins Nachbarland, seit einigen Jahren stagnieren die Zahlen jedoch. Familienbesuche haben den früheren Heimwehtourismus abgelöst. Das Land bleibt eher ein Geheimtipp oder ein Urlaubsziel für Neugierige. Wer sich jedoch auf den Weg macht, der sucht oft neben günstigen Preisen sportlich Außergewöhnliches, merkt aber bald, dass auch kulturell einiges los ist und kulinarisch mehr geboten wird als Kartoffeln und Kohl.

Freunde von Natur und Freizeitaktivitäten sind in Polen gut aufgehoben. Fast 500 km weiße Sandstrände locken Badegäste an die – inzwischen wieder – weitgehend saubere Ostsee. Die Masurischen Seen bilden ein fast grenzenloses Segelparadies. Im Winter kann man sich dem Geschwindigkeitsrausch des Eissegelns hingeben, oder – ganz beschaulich – Schlittschuh laufen oder Eisstock schießen. Ausgedehnte Urwälder und Naturschutzgebiete überraschen mit seltenen Tier- und Pflanzenarten. Wander- und Skispaß versprechen die Berge der Sudenten sowie die Tatra (bis 2500 m hoch). Auch Reiter, Fischer und Jäger finden hier besonders reizvolle Regionen für ihre Hobbys.

„Polen – Move Your Imagination" präsentiert sich das Land nun offiziell und zieht damit immerhin eine jährlich steigende Touristenzahl an. Unter jungen Leuten gehört ein Warschau-Trip zu den „coolen" Zielen, z. B. an Silvester. Massentourismus wird es hier aber wohl nie geben, denn wer kommt schon an gegen Mittelmeersonne und „Ballermann"-Erholung?

Und wohin fahren die Polen in Urlaub? Nach Polen: in die Berge oder an die See. Auslandsreisen sind für den, der es sich leisten kann, populär: Natürlich fährt man nach Italien, auf Pilgerfahrt nach Rom, oder als Kulturtourist in die Toskana und nach Venedig. Außerdem stehen Kroatien und Spanien hoch im Kurs.
Doch auch Deutschland ist ein beliebtes Reiseziel – nicht nur für Verwandtenbesuche.

Der **kleine Grenzverkehr** mit Deutschland bringt rund 21 Mio. deutsche Tagesbesucher nach Polen. Hiervon profitieren Kaufleute und Dienstleister auf polnischer Seite: Friseure, Automechaniker, Dentisten.

T Test 1

Es geht um die Begleittexte, die Informationen zum Alltag in Polen vermitteln. Ein bisschen Hintergrundwissen hat noch nie geschadet.

1. Welche Antwort stimmt?

1. Beim *Pałac Kultury* handelt es sich um ...
   a ☐ die Konditorenverbandszentrale im „Zuckerbäckerstil".
   b ☐ den Sitz des letzten polnischen Königs Paweł Kulturski II.
   c ☐ ein „Geschenk" Stalins an das „sozialistische Brudervolk".
2. In Polen leben ...
   a ☐ 38 Millionen Skispringer.
   b ☐ 38 Millionen Menschen.
   c ☐ 38 Millionen Gänse.
3. *Jak na niemieckim kazaniu* bedeutete ...
   a ☐ „du kannst aber toll deutsche Prediger zitieren".
   b ☐ reich sein („wie in einer deutschen Kasse").
   c ☐ „versteh' nur Bahnhof" („wie in einer deutschen Predigt").
4. Wenn ein Mann einer Frau die Hand küsst, so ist das ...
   a ☐ ein raffinierter Versuch, ihre Ringe zu stehlen: Obacht!!!
   b ☐ ein Ausdruck besonderer Hochachtung.
   c ☐ eine Relikt aus sozialistischer Zeit, um Servietten zu sparen.
5. Die Polen übernahmen deutsche Wörter aus den Bereichen ...
   a ☐ evangelische Theologie.
   b ☐ Weinbau und Altenpflege.
   c ☐ Handel, Handwerk und Verwaltung.
6. *Warszawa Centralna* ist der Name ...
   a ☐ des Warschauer Hauptbahnhofs.
   b ☐ des erfolgreichsten polnischen Fußballvereins.
   c ☐ der brachialsten Ultra-Death-Metal-Band .

Auf jeden Topf passt ein Deckel. Wissenschaftlich ausgedrückt: Wir überprüfen hier Ihre kommunikative Kompetenz.

2. Fragen und Antworten

1. Czy pani jedzie do Warszawy?	a ☐ To Pałac Kultury.
2. Dlaczego pani jedzie do Polski?	b ☐ Jadę do Warszawy.
3. Jak się masz?	c ☐ Nie, możemy iść pieszo.
4. Podoba się pani w Polsce?	d ☐ Chcę zwiedzać kraj.
5. Jak długo idziemy do hotelu?	e ☐ Tak, jadę do Warszawy.
6. Co to za budynek?	f ☐ Dobrze, dziękuje.
7. Dokąd pani jedzie?	g ☐ Tak, Polska to piękny kraj.
8. Czy to daleko stąd?	h ☐ Niedługo.

3. Was fehlt?

1. Jadę __ Warszawy.
   a ☐ to
   b ☐ do
   c ☐ no
2. Nazywam __ Sophie Schmitz.
   a ☐ szą
   b ☐ są
   c ☐ się
3. Kraj jest bardzo piękn__.
   a ☐ y
   b ☐ e
   c ☐ ę
4. Dlaczego pani __ do Polski?
   a ☐ jedzieś
   b ☐ jedziemy
   c ☐ jedzie
5. Witamy __ Warszawie.
   a ☐ ś
   b ☐ w
   c ☐ z
6. Poniesiesz moj__ walizkę.
   a ☐ ę
   b ☐ ą
   c ☐ a
7. Co to __ duży budynek?
   a ☐ za
   b ☐ co
   c ☐ od

Hier heißt es: nochmal genau überlegen. Nachschlagen gilt nicht, dies ist ein Test!

4. Wie sagt man das auf Polnisch?

1. Guten Tag.
2. Ist hier frei?
3. Bitte sehr!
4. Wohin fahren Sie?
5. Angenehme Reise!
6. Ich bin Journalistin.
7. Wie geht's dir?
8. Ich freue mich sehr.

Ziel des Lernprozesses ist, dass Sie so eine kleine Übersetzung mit links hinkriegen. Sie können auch einfach drauflos übersetzen, mit Hilfe des Schlüssels korrigieren und in zwei Tagen – wenn nötig besser vorbereitet – sich erneut und dann noch erfolgreicher der Mühe unterziehen.

5

Charme der Altstadt

***śniadanie* (Frühstück)**
chleb (Brot)
bułka (Brötchen)
dżem (Marmelade)
herbata (Tee)
jajko (Ei)
kawa (Kaffee)
miód (Honig)
parówki (Pl.) (Würstchen)
sok pomararańczowy (Orangensaft)
ser (Käse)
serek (Frischkäse)
szynka (Schinken)

Polen sind klassische Teetrinker, mussten sich aber jahrzehntelang mit der Teeernte zweiter Wahl des sozialistischen Bruders aus China begnügen. Heute sind Tchibo, Jacobs und Co. Konkurrenten des Tees. Kaffee wird heiß geliebt und gern getrunken. Im Winter geht jedoch nichts über Tee, so stark und so viel man mag.

Piotr will heute mit Sophie die Stadt erkunden. Sie freut sich schon auf ein volles Programm. Beim Blick auf den Stadtplan und in den Reiseführer wird ihr mulmig zumute. Schließlich ist Warschau eine Millionenstadt und es gibt bestimmt jede Menge Pflaster zu treten. Also braucht Sophie erst mal eine gute Grundlage.
Im Frühstücksraum des Hotels überrumpelt die Kellnerin Sophie mit der Frage: *Co pani sobie życzy na śniadanie?* (Was wünschen Sie zum Frühstück?) Verlegen schielt sie auf die Teller der Nachbartische. Zu ihrem Schrecken verspeisen dort Leute genussvoll Würstchen und belegen sich ihre Brote mit mehreren Lagen Schinken und Käse, gekrönt von sauren Gurken. Das ist ihr nun aber doch zu viel des Guten: *Poproszę francuskie śniadanie* (Ich bitte um ein französisches Frühstück), bringt sie hervor. Und während die Kellnerin notiert, fügt sie das Wichtigste hinzu: *I poproszę jeszcze kawę* (Und ich bitte noch um Kaffee).
Gestärkt trifft sich Sophie mit Piotr, der gleich die Drohungen des Vortages in die Tat umsetzt und fragt: *Idziemy zwiedzać miasto?* (Gehen wir die Stadt besichtigen?) Sophie erkundigt sich nach den Namen der Straßen und Plätze. Ihr gefällt alles ausgesprochen gut, doch auf dem *Rynek Starego Miasta* (Altstadtmarkt) kommt sie richtig ins Schwärmen: *Och, jak tu pięknie!* (Ach, wie ist das hier schön!) Piotr hat noch eine Menge anderer Trümpfe in der Hand, doch schon hier hat er bei Sophie gewonnen.

Na śniadanie

co?	was?
życzy sobie	er/sie/es wünscht sich
śniadanie	Frühstück
na śniadanie	zum Frühstück
polski/-a/-ie	polnisch
francuski/-a/-ie	französisch
poproszę	ich bitte
więc	also
tak więc	dann also
kawa	Kaffee
poproszę kawę	ich bitte um Kaffee

● Dzień dobry. Co pani sobie życzy na śniadanie?	Guten Tag. Was wünschen Sie zum Frühstück?
■ Dzień dobry. Hmh, jeszcze nie wiem ...	Guten Tag. Hmh, ich weiß noch nicht ...
● Polskie śniadanie, czy może francuskie?	Ein polnisches Frühstück, oder vielleicht ein französisches?
■ Polskie śniadanie? Nie, dziękuję. Poproszę francuskie.	Ein polnisches Frühstück? Nein, danke. Ich bitte um ein französisches.
● Dobrze, tak więc: francuskie śniadanie.	Gut, dann also: ein französisches Frühstück.
■ Tak. I poproszę jeszcze kawę.	Ja. Und ich bitte noch um Kaffee.

życzy sobie
(er/sie wünscht (sich))
sobie ist ein reflexives Personalpronomen im Dativ

***na* + Akkusativ**
***na** śniadanie*
(**zum** Frühstück)

***poproszę* + Akkusativ**
(ich bitte um ...)
Poproszę śniadanie
(Ich bitte um ein Frühstück)

Akkusativ Nomen
(m/n) Nomen verändern sich nicht:
dżem (Marmelade) →
Poproszę dżem
(Ich bitte um Marmelade)
*śniadani**e*** (Frühstück) →
*Poproszę śniadani**e***
(Ich bitte um ein Frühstück)
(f) *-a* → *-ę*
*kaw**a*** (Kaffee) →
*Poproszę kaw**ę***
(Ich bitte um Kaffee)

Adjektive auf ***-g/-k*** enden auf ***-i/-a/-ie:***
(m) *pols**ki** budynek*
(polnisches Gebäude)
(f) *pols**ka** kawa*
(polnischer Kaffee)
(n) *pols**kie** śniadanie*
(polnisches Frühstück)

Übungen

1. Frühstück, bitte

1/25

Um was bitten Sie die Kellnerin? Stellen Sie sich ein ordentliches Frühstück zusammen. Denken Sie dabei daran: *poproszę* + Akkusativ.

***Poproszę** kawę.*

1. kawa
2. ser
3. francuskie śniadanie
4. dżem
5. czekolada

2. Wiedervereinigung

Hier hat jemand Unordnung geschaffen. Führen Sie zusammen, was zusammengehört.

1. dzień	a ☐	dobry
	b ☐	dobrze
2. jeszcze nie	a ☐	wiem
	b ☐	więc
3. na	a ☐	szuflada
	b ☐	śniadanie
4. tak	a ☐	więc
	b ☐	wino

3. Was wünschen Sie zum Frühstück?

Die Kellnerin fragt, was Sie frühstücken möchten. Auf Seite 34 haben Sie eine kleine Auswahl.

*Czy pani sobie życzy **miód** na śniadanie?*

1. miód
2. szynka
3. sok pomarańczowy
4. herbata
5. serek

4. Nachsprechen

Tschitschitschi: Üben Sie *ć/-ci*. Weiteres steht auf den Seiten 8 und 17. Verzweifeln Sie nicht an der Zischelei, 5. 9. und 10. bereiten Sie auf die Meisterschaft vor.

1. mie**ć**
2. **ci**ekawy
3. idzie**cie**
4. pracowa**ć**
5. Szcze**cin**
6. iś**ć**
7. zwiedza**ć**
8. ma**cie**
9. cześ**ć**
10. **ci**eszę się

5. Übersetzen Sie

Hier geht's um Adjektive auf *-ki/-ka/-kie.*

1. französische Kultur
2. polnische Stadt
3. polnisches Brot
4. französischer Kaffee
5. polnischer Gentleman

zwiedzać	besichtigen
ulica	Straße
Krakowskie Przedmieście	Krakauer-Vorstadt-Straße
ładny/-a/-e	hübsch
a	und
teraz	jetzt, nun
na Plac Zamkowy	zum Schlossplatz
na Stare Miasto	zur Altstadt
Rynek Starego Miasta	Altstadtmarkt
stary/-a/-e	alt
szybko	schnell
taki/-a/-ie	so ein, so eine
no	nun
Nowe Miasto	Neustadt

■ Cześć Sophie, idziemy zwiedzać miasto?	Hallo, Sophie, gehen wir die Stadt besichtigen?
● Cześć Piotr. Tak, idziemy. Co to za ulica?	Hallo, Piotr. Ja, gehen wir. Was ist das für eine Straße?
■ To Krakowskie Przedmieście.	Das ist die Krakauer-Vorstadt-Straße.
● Aha, ładne!	Aha, hübsch!
■ A teraz idziemy na Plac Zamkowy i Stare Miasto.	Und jetzt gehen wir zum Schlossplatz und zur Altstadt.
● Och, jak tu pięknie!	Och, wie ist es hier schön!
■ To Rynek Starego Miasta.	Das ist der Altstadtmarkt.
● Nie tak szybko, Rynek jest taki piękny.	Nicht so schnell, der Markt ist so schön.
■ No tak, ale Nowe Miasto też jest piękne.	Nun ja, aber die Neustadt ist auch schön.

Zweimal „und"
1. ***i***: verbindendes „und":
*To Piotr **i** Sophie*
(Das sind Piotr **und** Sophie)
2. ***a***: gegensätzliches „und":
*To Piotr **a** to Sophie*
(Das ist Piotr **und** das ist Sophie)

na **+ Akkusativ**
Zur Richtungsangabe für Plätze, freie Flächen etc.:
*Idziemy **na** Plac Zamkowy*
(Wir gehen zum Schlossplatz)
Aber ***do*** **+ Genitiv** bei geschlossenen Räumen etc.:
*Idziemy **do** hotel**u***
(Wir gehen ins Hotel)

Komposita
Nomen + Adjektiv:
Plac Zamkowy
(Schlossplatz; wörtl.: Platz schlossiger)

Genitiv Adjektive (m/n)
-(i)ego
stary hotel →
*Idę do star**ego** hotelu*
(Ich gehe ins alte Hotel)
stare miasto →
*Rynek Star**ego** Miasta*
(Markt der alten Stadt = Altstadtmarkt)

taki, taka, takie (so ein) funktioniert wie ein Adjektiv:
*Tak**a** piękn**a** ulica*
(So eine schöne Straße)

5 B

Übungen

Stellen Sie *taki, taka* oder *takie* voran. Leider ist immer nur eine Form korrekt.

1. So ein – so eine

1/28

***Taka** ciekawa ulica.*

1. ciekawa ulica
2. stare miasto
3. piękny Plac Zamkowy
4. ciekawe śniadanie
5. piękny kraj

Wohin gehen Sie? *do* braucht immer den Genitiv, *na* den Akkusativ. Finden Sie die richtige Form bei a oder b!

2. Besichtigungsprogramm

1. Idę na	a ☐ Placu Zamkowego. b ☐ Plac Zamkowy.
2. Idę na	a ☐ Stare Miasto. b ☐ Starego Miasta.
3. Idę do	a ☐ pięknego hotelu. b ☐ piękny hotel.
4. Idę na	a ☐ Nowe Miasto. b ☐ Nowego Miasta.

Üben Sie die schwierige Aussprache von *-ś/-si*. Nicht verwirren lassen: Obwohl es zwei Schreibweisen gibt, wird's genau gleich ausgesprochen.

3. Sprechen Sie nach

1. **ś**niadanie
2. cze**ść**
3. cieszę **si**ę
4. ponie**si**esz
5. i**ść**
6. jeste**ś**
7. jak **si**ę masz?
8. **si**edemna**ś**cie
9. **ś**ruba
10. Krakowskie Przedmie**ś**cie

Füllen Sie die fehlenden Buchstaben dieser zusammengesetzten Wörter auf.

4. Ergänzen Sie

1. Now_ Miasto
2. sok pomarańczow_
3. Pałac Kultur_
4. Plac Zamkow_
5. Rynek Star _ _ _ Miasta

Auferstanden aus Ruinen

5

Warschau ist eine gebeutelte Stadt und musste im Lauf seiner Geschichte viele üble Machthaber ertragen. Die schlimmste Zeit brach aber am ersten September 1939 an: 1,3 Millionen Bewohner erlebten einen Monat lang die Bombardierung ihrer Stadt. Damit begann das Leid.
Systematisch plünderten die deutschen Besatzer. Das Ghetto wurde errichtet, eine halbe Million Juden aus ganz Polen zusammengepfercht und später in die Vernichtungslager abtransportiert. 1943 wollten junge Aktivisten nicht mehr tatenlos der Vernichtung zusehen und wagten den Ghetto-Aufstand. Nach dessen Niederschlagung meldete der verantwortliche SS-Major Stroop nach Berlin: „Es gibt keinen jüdischen Wohnbezirk in Warschau mehr."
Ein Jahr später stand die Rote Armee schon auf dem rechten Weichsel-Ufer vor den Toren der Stadt. Im Warschauer Aufstand versuchten die Bewohner die Besatzer zu vertreiben, doch die Sowjetarmee kam den Polen nicht zu Hilfe. Nachdem auch dieser verlustreiche Kampf gescheitert war, verwüsteten die deutschen Truppen systematisch die Stadt. Bei der Befreiung im Januar 1945 war Warschau menschenleer und zu 82 % zerstört.
Die ganze Altstadt mit zahlreichen Palästen wurde nach Gemälden von Canaletto (1697–1768) wiederaufgebaut. „Die ganze Nation baut ihre Hauptstadt", lautete der damalige Slogan. Stalinistische Städtebauer konnten nur einen kleinen Teil ihrer Pläne verwirklichen. Und so lässt sich das Ergebnis sehen: Warschaus Zentrum hat heute nicht nur Geschichte, sondern auch jede Menge Charme …

Die wichtigsten Sehenswürdigkeiten Warschaus liegen alle entlang einer Achse: Den Reiz von Neutstadt und Altstadt erkunde man am besten schlendernd zu Fuß. Die schicken Geschäftsstraßen *Krakowskie Przedmieście* (Krakauer Vorstadt) und *Nowy Świat* (Neue Welt) laden zum Shoppen und Flanieren ein – inklusive einer Pause im Café. Für den weiteren Weg besteigt man besser einen Bus, ein Auto oder Taxi und unterbricht die Fahrt, wo's gefällt: Die Aleje Ujazdowskie führt vorbei an Botschaftsresidenzen und dem Łazienki-Park bis hinaus zum Schloss Wilanów.

6

Kaffee und Kuchen

Kuchen ist eine Leidenschaft der Polen und zum Glück gibt es sie noch, die kleine *cukiernia* (Konditorei), die – oft versteckt in Innenhöfen oder hinter unscheinbaren Eingängen – das köstlichste Angebot bereit hält. Tradition haben kleine Küchlein *(ciastko)*, und meist schmeckt es wie bei Muttern. Da die Kuchen in kleine mundgerechte Stücke geschnitten sind, kann man verschiedene Sorten probieren, z. B.:
babeczka: Napfküchlein
jabłecznik: Apfelkuchen
pączek: Krapfen
sernik: Käsekuchen
sękacz: Baumkuchen

Sophies Befürchtungen haben sich bewahrheitet: Das Kopfsteinpflaster der Warschauer Altstadt tut ihren Füßen schon seit einer ganzen Weile nicht mehr gut. Doch Piotr erzählt unermüdlich Geschichte um Geschichte und schleppt sie von einem idyllischen Winkel zum nächsten. Er entpuppt sich aber auch als Fachmann für das leibliche Wohl, genau im richtigen Moment erlöst er Sophie: *Idziemy do kawiarni* (Lass uns in ein Café gehen).
In einer altmodischen *kawiarnia* (Caféhaus) bestellen sie Kaffee bei einer stämmigen Dame. Deren jüngere Kolleginnen fischen kleine Kuchen und Törtchen mit silbernen Zangen aus der Glastheke und platzieren sie geschickt auf kleinen Tellerchen. Piotrs Vorschlag: *Musisz też spróbować polskiego ciasta* (Du musst auch polnischen Kuchen probieren), weckt Sophies Gelüste.
Als der Kaffee schließlich seine Wirkung entfaltet, ist auch wieder Zeit, neue Pläne zu schmieden: *Co chcesz robić w Warszawie?* (Was willst du in Warschau machen?), fragt Piotr. Sophie hat Lust auf richtig viel Kultur, auf Theater, Museum, Kino und Konzerte. *Nie ma problemu* (Kein Problem), winkt er ab. Er freut sich schon auf seine Aufgabe als Sophies persönlicher Kulturbeauftragter: *Kupimy gazetę z programem* (Wir kaufen eine Zeitung mit Programm).

Idziemy do kawiarni

mam ochotę na …	ich habe Lust auf …
dobry/-a/-e	gut
pomysł	Idee, Einfall
do kawiarni	ins Café/Kaffeehaus
dla mnie	für mich
z mlekiem	mit Milch
to samo	dasselbe
poczekaj!	warte mal!
musisz	du musst
spróbować	versuchen, probieren
ciasto	Kuchen
ci	dir
smakuje	er/sie/es schmeckt
jabłecznik	Apfelkuchen

● Stare Miasto jest takie ładne, ale teraz mam ochotę na kawę.	Die Altstadt ist so schön, aber jetzt habe ich Lust auf Kaffee.
■ Dobry pomysł! Idziemy do kawiarni!	Gute Idee! Gehen wir ins Café!
● Oh, to taka piękna kawiarnia, bardzo mi się podoba.	Oh, das ist so ein schönes Café, gefällt mir sehr gut.
■ Dla mnie kawa z mlekiem, proszę.	Für mich Kaffee mit Milch, bitte.
● Dla mnie to samo, proszę.	Für mich dasselbe, bitte.
■ Poczekaj, musisz też spróbować polskiego ciasta.	Warte mal, du musst auch polnischen Kuchen probieren.
● Oczywiście. Oh, jabłecznik.	Selbstverständlich. Oh, ein Apfelkuchen.
■ Mam nadzieję, że ci smakuje.	Ich hoffe, dass es dir schmeckt.
● Ależ oczywiście, Piotr! Ciasto w Polsce jest takie dobre!	Aber natürlich, Piotr! Kuchen in Polen ist so gut!

Aufforderung
1. Person Plural:
idziemy (wir gehen = lass uns gehen!)

Genitiv Nomen (f)
1. ***-i/-ia*** → ***-i***
pani → ***do*** *pani*
*kawiarn**ia*** (Café) → ***do*** *kawiarni*
2. ***-ca/-wa*** → ***-y***
*stoli**ca*** → ***do*** *stolicy*
*Warsza**wa*** → ***do*** *Warszawy*

dla **+ Genitiv** (für)
ja (ich) → ***dla mnie*** (für mich)

z **+ Instrumental** (mit)

Instrumental (m/n)
-k/-ko → ***-kiem***
1. *budyne**k*** → ***z*** *budyn**kiem*** (mit dem Gebäude)
Achtung, das ***e*** in *budyne**k*** fällt weg!
2. *mlek**o*** (Milch) → ***z*** *mle**kiem*** (**mit** Milch)

spróbować **+ Genitiv**
*pols**kie** ciast**o*** (polnischer Kuchen) → *Musisz **spróbować** pols**kiego** ciast**a*** (Du musst polnischen Kuchen probieren)

Dativpronomen

mi	mir
ci	dir

Verben auf *-ować*

*spró**bować***	probieren
*spró**buję***	ich probiere
*spró**bujesz***	du probierst
*spró**buje***	er/sie probiert
*spró**bujemy***	wir probieren
*spró**bujecie***	ihr probiert
*spró**bują***	sie probieren

6 A

Übungen

Zur gepflogenen Kenntnisnahme: *-i/-ia* → *-i*, *-ka* → *-ki*, *-ca/-wa* → *-cy/-wy*
Jetzt heißt es nur noch, die Regel für den Genitiv (f) richtig anwenden.

1. Lass uns gehen

1/31

***Idziemy do** kawiarni.*

1. kawiarnia
2. Warszawa
3. stolica
4. pani

Auf *dla* (für) folgt immer der Genitiv; soweit klar. Versteckt sich der Übeltäter hinter a oder b? Vergleichen Sie auch die Randspalten auf Seite 23 und 41.

2. Der Genitiv lauert (fast) überall

1. dla — a ☐ mnie / b ☐ mi
2. dla — a ☐ Piotr / b ☐ Piotra
3. dla — a ☐ pana / b ☐ pa
4. dla — a ☐ Polska / b ☐ Polski

ó ist im Vergleich zu den Zischlauten sehr leicht: Einfach „u" aussprechen.

3. Sprechen Sie nach

1. spr**ó**bować
2. mi**ó**d
3. Krak**ó**w
4. Ł**ó**dź
5. par**ó**wki
6. m**ó**j
7. pok**ó**j
8. przyjemnej podr**ó**ży
9. wiecz**ó**r
10. m**ó**j Krak**ó**w

Setzen Sie die richtige Form der lustigen Verben ein: *spróbować* (+ Genitiv) oder *smakować* (+ Akkusativ), das ist hier die Frage.

4. Probieren geht über schmeckieren

1. Musisz __________ jabłecznika.
2. Polskie ciasto bardzo mi __________.
3. Sophie __________ jabłecznika.
4. Polskie śniadanie ci nie __________?
5. Ja __________ francuskiego śniadania.

Ganz einfach:
Bei Fragen fehlt das „dir",
bei Aussagen das „mir".

5. Mir oder dir?

1. Smakuje ___ jabłecznik?
2. W Polsce ___ się podoba.
3. Polskie ciasto bardzo ___ smakuje.
4. Podoba ___ się w Warszawie?
5. Kawa z mlekiem ___ smakuje?

Co chcesz robić?

chcesz	du willst
robić	machen, tun
iść	gehen
do teatru	ins Theater
do muzeum	ins Museum
codziennie	täglich
do kina	ins Kino
na koncert	ins Konzert
nie ma problemu	kein Problem
kupimy	wir kaufen, lass uns kaufen
z programem	mit Programm

■ Co chcesz robić w Warszawie?	Was möchtest du in Warschau machen?
● Chcę iść do teatru i do muzeum.	Ich möchte ins Theater und ins Museum gehen.
■ Ah, to ciekawe.	Ah, das ist interessant.
● No, i chcę jeszcze iść do kina i na koncert.	Nun, und ich möchte noch ins Kino und ins Konzert gehen.
■ Codziennie???	Täglich???
● No, oczywiście.	Nun, natürlich.
■ Nie ma problemu.	Kein Problem.
● Nie?	Nein?
■ Kupimy gazetę z programem.	Lass uns eine Zeitung mit Programm kaufen.

Genitiv Nomen (n)
-o/-e* → *-a
*kin**o*** → ***do** kin**a*** (ins Kino)

Aber: Neutra auf ***-um*** (Fremdwörter) ändern sich im Singular nicht:
*muze**um*** → ***do** muze**um***
*centr**um*** → ***do** centr**um***

nie ma **+ Genitiv**
(es gibt nicht .../kein ...)
problem (Problem) →
nie ma** problem**u
(kein Problem; wörtl.: nicht hat des Problems)

Verben auf *-ić*

*kup**ić***	kaufen
*kup**ię***	ich kaufe
*kup**isz***	du kaufst
*kup**i***	er/sie kauft
*kup**imy***	wir kaufen
*kup**icie***	ihr kauft
*kup**ią***	sie kaufen

Ebenso: *robić* (machen)

*Idę **na** koncert*
(Ich gehe **auf/in** ein Konzert)
*Idę **na** kawę*
(Ich gehe **auf** einen Kaffee = Ich gehe Kaffee trinken)

Übungen

Diese Zeiten sind vorbei! *nie ma ...* (... gibt es nicht) – eine gängige Floskel im sozialistischen Polen, als die Speisekarte wirklich „unverbindlich" war. Nicht vergessen: Was es nicht gibt, steht im Genitiv.

1. Sozialistisches Frühstück

Czy jest chleb? ***Nie ma*** *chleb**a**!*

1. chleb
2. kawa
3. szynka
4. ser
5. herbata

Eine Übung zum Instrumental der Maskulina und Neutra. Sollten Sie Probleme haben, auf Seite 41 finden Sie die Theorie dazu.

2. Mit wem oder was?

1. Kupimy gazetę z program_____.
2. Idę do teatru z pan_____.
3. kawa z mlek_____.
4. Jestem w Polsce z Piotr_____.
5. Idę do kina z Polak_____.

Kein leichter Laut, das *-dź/-dzi*. Muss auch nicht beim ersten Mal klappen!

3. Sprechen Sie nach

1. co**dzi**ennie
2. **dzi**esięć
3. **dzi**ękuję bardzo
4. i**dzi**emy
5. Łó**dź**
6. mam na**dzi**eję, że ...
7. **dzi**eń dobry
8. je**dzi**e
9. **dzi**ewięć
10. **dzi**ennikarka

Hier hat *na* die Bedeutungen von „ins", „zum", „auf". In diesen Konstruktionen mit *na* steht der Akkusativ.

4. Na, wie wär's?

1. Idę __ koncert.
2. Co pani sobie życzy __ śniadanie?
3. Mam ochotę __ kawę.
4. Idziemy __ herbatę?
5. Idziemy __ kawę?

Sonntags im Park

6

Sonntags pilgert Warschau zu Fryderyk Chopin: Die fünfköpfige Arbeiterfamilie aus der Vorstadt teilt sich eine Bank im *Łazienki*-Park mit der alten Dame, die gleich mit Sonnenschirm, Sitzkissen und Häkeldecke angerückt ist. Das leise Murmeln der wachsenden Menschenmenge schlägt um in tosenden Applaus, sobald der Pianist unter dem Chopin-Denkmal erscheint. Natürlich ist das kostenlose Openair-Konzert immer gut besucht und selbstverständlich wird ausschließlich Chopin gespielt.
Chopin wird in seinem Heimatland geliebt, verehrt und gemeinsam mit anderen Exilanten wie den Dichtern Mickiewicz, Słowacki oder Krasiński ungefragt in die nationale Ahnengalerie der romantischen Volkshelden eingereiht. Während der Zeit der Unfreiheit im 18./19. Jahrhundert, als Polen zwischen Österreich, Preußen und Russland geteilt war, sicherten die polnischen Exilanten das Überleben der polnischen Sprache, Literatur und Kultur. Doch nicht nur das, sie riefen auch zu Aufständen auf und beteiligten sich unter dem Motto *Za wolność naszą i waszą* (Für eure und unsere Freiheit) aktiv an den europäischen Nationalbewegungen des 19. Jahrhunderts. Unfreiheit und Fremdherrschaft ziehen sich wie ein roter Faden durch die polnische Geschichte. Kein Wunder also, dass Schreiben unter und gegen die Zensur zur Nationaltugend wurde. Auch Theater konnte subversiv sein, wenn man in historischen Stücken aktuelle Probleme thematisierte oder bekannte Personen charakterisierte. Auch wenn billige Fernsehunterhaltung längst die Regel ist, Kultur ist nachwievor Kult in Polen.

„Präsent, dennoch unbekannt" – diese Formel gilt trotz zahlreicher Übersetzungen eigentlich immer noch für die polnische Literatur in Deutschland. Sie wird zwar von Kritikern gelobt, verkauft sich aber selten wirklich gut. Ausnahmen sind die Werke des bereits verstorbenen Science-Fiction-Autors Stanisław Lem. Auch Andrzej Stasiuk, Olga Tokarczuk, Wojciech Kuczok oder der Krimiautor Marek Krajewski haben ihre Liebhaber. Doch schon die Nobelpreisträger Czesław Miłosz (1980) und Wisława Szymborska (1996) sind nur wenigen vertraut. Schade, denn: „In Polen lebt man schlecht. Ohne Polen auch schlecht. Am besten, man liest etwas über Polen." (Kazimierz Brandys: Tagebücher, 1982).

7

Zeitung und Postkarten

Tageszeitungen
Gazeta Wyborcza
1989 als Wahlkampfzeitung der Opposition gegründet, hohe Auflage, links-liberal
Rzeczpospolita
Zu 49 % in Staatsbesitz, gediegen
Dziennik Gazeta Prawna
Viel Business und Recht
Nasz Dziennik
National-katholisch

Boulevard
Fakt
Super Express

Wochenzeitungen
Polityka
Kritisches Traditionsblatt
Newsweek Polska
Wprost
Liberal-konservativ
Tygodnik Powszechny
Liberal-katholisch
Warsaw Voice
Englischsprachig

Was es hier alles zu kaufen gibt! Mit so einem Kiosk kann man schon überleben, denkt Sophie: Seife und Shampoo, Fahrkarten für Bus und Bahn, Spielzeug und Schokoriegel, Stadtpläne und Landkarten, Strumpfhosen und Zahnpasta, Zigaretten und Streichhölzer sowie jede Menge Zeitungen und Zeitschriften. Schon ist sie an der Reihe: *Poproszę Gazetę Wyborczą i pocztówki* (Bitte eine Gazeta Wyborcza und Postkarten). Sie wählt ihre beiden Lieblingsmotive: *Plac Zamkowy* und *Nowe Miasto*.
Dann suchen sich Sophie und Piotr ein ruhiges Plätzchen und studieren den Veranstaltungskalender der Zeitung: *Popatrz, mam tu program* (Schau mal, ich habe hier das Programm), sagt Piotr: „Theater, Kino, Konzerte, Museen ..." und Sophie will gleich wissen: *Od której do której muzea są otwarte?* (Von wann bis wann sind die Museen geöffnet?)
Ruckzuck hat sie den ganzen Tag verplant. So viel Kulturhunger kommt Piotr allmählich spanisch vor, und als sie auch noch fragt, was man abends machen könnte, interveniert er: *Program wieczorny należy do mnie!* (Das Abendprogramm gehört mir!), und lächelt dabei vielsagend.

Które pocztówki?

7A

Gazeta Wyborcza	(wörtl.:) Wahl-Zeitung
pocztówka	Postkarte
które?	welche?
razy	Male
razem	zusammen
znaczki	Briefmarken
ile?	wie viel?
kosztuje	er/sie/es kostet
złoty	Zloty (Währung), golden
coś	etwas
wszystko	alles
wynosi ...	das beträgt ..., das macht ...

● Dzień dobry. Poproszę Gazetę Wyborczą i pocztówki.	Guten Tag. Bitte eine Gazeta Wyborcza und Postkarten.
■ Proszę bardzo. Które pocztówki?	Bitte sehr. Welche Postkarten?
● Plac Zamkowy, mh, jedenaście razy – i Nowe Miasto, dwanaście razy.	Den Plac Zamkowy, mh, elf Mal – und die Nowe Miasto, zwölf Mal.
■ To razem dwadzieścia trzy pocztówki. Ma pani znaczki?	Das sind zusammen dreiundzwanzig Postkarten. Briefmarken haben Sie?
● Tak, mam. Ile kosztuje jedna pocztówka?	Ja, habe ich. Wie viel kostet eine Postkarte?
■ Jedna pocztówka kosztuje jeden złoty. Jeszcze coś?	Eine Postkarte kostet einen Zloty. Noch etwas?
● Nie, dziękuję. To wszystko.	Nein, danke. Das ist alles.
■ Dobrze, wszystko razem wynosi dwadzieścia pięć złotych.	Gut, alles zusammen beträgt fünfundzwanzig Zloty.

Komposita
Nomen + Adjektiv:
*gazet**a*** (Zeitung) +
*wyborczy/**-a**/-e* (Wahl...) →
*Gazet**a** Wyborcz**a***
(Wahl-Zeitung)

Nomen Plural
(f) ***-ka*** → ***-ki***
*pocztów**ka*** (Postkarte) →
*pocztów**ki*** (Postkarten)
(m) ***-k*** → ***-ki***
*znacze**k*** (Briefmarke) →
*znacz**ki*** (Briefmarken)
Das ***e*** in *znacz**e**k* fällt weg.

Pronomen
*któr**y/-a/-e*** (der, die, das; welcher/-e/-es) funktioniert wie ein Adjektiv:
*Pocztówka, któr**a** ...*
(Eine Postkarte, **die** ...)
*Któr**a** pocztówka?*
(**Welche** Postkarte?)

Anhängsel ***-ś*** (irgend...)
co was
*co**ś*** **irgend**etwas, ein wenig

Zahlen 11 bis 25
1/36
11: *jedenaście*
12: *dwanaście*
13: *trzynaście*
14: *czternaście*
15: *piętnaście*
16: *szesnaście*
17: *siedemnaście*
18: *osiemnaście*
19: *dziewiętnaście*
20: *dwadzieścia*
21: *dwadzieścia jeden*
22: *dwadzieścia dwa*
23: *dwadzieścia trzy*
24: *dwadzieścia cztery* usw.

Wann man *złoty* oder *złotych* benutzt, wird auf S. 73 erklärt.

7 A

Übungen

Fragen kostet bekanntlich nichts. Diese Übung ist zum Zurücklehnen, Sie brauchen nur ein *Ile kosztuje jedna* voranstellen. (*Jedna*, weil es hier nur um weibliche Substantive geht stehen.)

1. Was kostet eine …?

1/37

Ile kosztuje jedna *pocztówka?*

1. pocztówka
2. kawa
3. walizka
4. gazeta

Immer schön höflich: mit *poproszę* + Akkusativ werden Ihre Bitten bestimmt erfüllt.

2. Übersetzen Sie

1. Ich bitte um eine schöne Postkarte.
2. Ich bitte um zwei Postkarten.
3. Ich bitte um eine Gazeta Wyborcza.
4. Ich bitte um eine Briefmarke.
5. Ich bitte um vier Briefmarken.

Sollten Sie diese höchst anspruchsvollen Rechenoperationen meistern, ist Ihnen dennoch kein Lehrstuhl für Mathematik in *Łódź* garantiert.

3. Adam Riese

1.	5 + 7	a ☐	dwadzieścia sześć
2.	8 + 6	b ☐	dziewiętnaście
3.	9 + 10	c ☐	dwanaście
4.	11 + 15	d ☐	szesnaście
5.	4 + 12	e ☐	czternaście

Der Laut *ł* klingt wie das „w“ im englischen „water“. Es hat nichts mit dem normalen „l“ zu tun.

4. Sprechen Sie nach

1/38

1. u**ł**an
2. peg**ł**a
3. Wroc**ł**aw
4. jab**ł**ecznik
5. pomys**ł**
6. Lech Wa**ł**ęsa
7. z**ł**oty
8. **Ł**ódź
9. d**ł**ugo
10. bu**ł**ka

Hier geht's nicht um die Wurst, sondern um *złoty*. Nehmen Sie sich etwas Zeit, dann sind die Zahlen gar nicht so schwer.

5. Alles zusammen beträgt …

Wszystko razem wynosi dwadzieścia dwa *złote.*

1. 22 złote
2. 11 złotych
3. 15 złotych
4. 24 złote
5. 19 złotych

Od której do której?

popatrz!	schau mal!
od	von
od której do której?	von wann bis wann?
otwarty/-a/-e	geöffnet
muzea	Museen
od dziesiątej	von zehn (von der zehnten)
do piętnastej	bis fünfzehn (bis zur fünfzehnten)
jutro	morgen
program wieczorny	Abendprogramm
należy	er/sie/es gehört
do mnie	mir, zu mir

- ● Sophie, popatrz, mam tu program. — Sophie, schau mal, ich habe hier das Programm.
- ■ Od której do której są otwarte muzea? — Von wann bis wann sind die Museen geöffnet?
- ● Muzea są otwarte od dziesiątej do piętnastej. — Die Museen sind geöffnet von zehn bis fünfzehn (Uhr).
- ■ Dobrze, jutro pójdę do muzeum. — Gut, morgen werde ich ins Museum gehen.
- ● Jak chcesz. Ale program wieczorny należy do mnie! — Wie du willst. Aber das Abendprogramm gehört mir!

Uhrzeit
godzina (Stunde) muss nicht genannt werden:
Która jest (godzina)?
(Welche ist (Stunde)? = Wie viel Uhr ist es?)
Jest pierwsza (godzina)
(Es ist die erste (Stunde) = Es ist ein Uhr)

Die Uhrzeit wird mit Ordnungszahlen gebildet.

Ordnungszahlen funktionieren wie Adjektive:

1. *pierwszy/-a/-e*
2. *drugi/-a/-ie*
3. *trzeci/-ia/-ie*
4. *czwarty/-a/-e*
5. *piąty/-a/-e*
6. *szósty/-a/-e*
7. *siódmy/-a/-e*
8. *ósmy/-a/-e*
9. *dziewiąty/-a/-e*
10. *dziesiąty/-a/-e*
11. *jedenasty/-a/-e*
12. *dwunasty/-a/-e*
13. *trzynasty/-a/-e*
14. *czternasty/-a/-e*
15. *piętnasty/-a/-e*

Von ... bis ...
od (+ Genitiv) ... do (+ Genitiv)

Genitiv Adjektive (f)
-a* → *-ej
*Jest dziesiąt**a** (godzin**a**)*
(Es ist die 10. Stunde = Es ist 10 Uhr)
***Od** dziesiąt**ej** (godzin**y**) **do** piętnast**ej** (godzin**y**)*
(Von der 10. Stunde bis zur 15. Stunde = Von 10 Uhr bis 15 Uhr)

wieczór (Abend)
wieczorny/-a/-e (Abend...)

Übungen

Vom *od* zum *do* – und beides immer mit Genitiv. Funktioniert übrigens nicht nur mit Uhrzeiten wie hier, sondern auch mit Personen, Orten etc.

1. Von … bis

Od *pierwszej* ***do*** *czwartej.*

1. pierwszej – czwartej
2. piątej – dziewiątej
3. siódmej – jedenastej
4. ósmej – dwunastej
5. szóstej – czternastej

Man braucht die Ordnungszahlen. Denn „ein Uhr" ist im Polnischen die „erste Stunde".

2. Wie viel Uhr ist es?

Jest ***pierwsza*** *godzina.*

1. jeden
2. dwa
3. trzy
4. cztery
5. pięć
6. sześć
7. siedem
8. osiem
9. dziewięć
10. dziesięć
11. jedenaście
12. dwanaście

Wenn Sie die Paare zusammenfügen, haben Sie plötzlich neue Wörter – oder ausgesprochenen Blödsinn.

3. Ordnen Sie zu

1. Plac
2. Gazeta
3. Nowe
4. program
5. sok

a ☐ wieczorny
b ☐ Zamkowy
c ☐ pomarańczowy
d ☐ Miasto
e ☐ Wyborcza

sz ist leicht! Einfach wie das „sch" in „Schule". Aber, auch die anderen Laute bitte nicht vernachlässigen.

4. Sprechen Sie nach

1/42

1. ko**sz**tuje
2. w**sz**ystko
3. chce**sz**
4. War**sz**awa
5. je**sz**cze
6. musi**sz**
7. poniesie**sz**
8. przepra**sz**am
9. **sz**eść
10. **Sz**czecin

Welche Präposition gehört wohin?
Kommt danach Genitiv (od, do), Akkusativ (na) oder Lokativ (w)?

5. Klein, aber oho!

3 x do – 2 x od – w – na

1. Idę ____ muzeum.
2. Sophie idzie ____ Plac Zamkowy.
3. Muzea są otwarte ____ dziesiątej ____ siedemnastej.
4. ____ której ____ której są otwarte muzea?
5. ____ Polsce mi się podoba.

Ins Grüne

Wohin am Wochenende? – Auf alle Fälle raus. Solange das Wetter es erlaubt, geht man spazieren, fährt in einen Park, besucht Bekannte oder genießt den Garten. Wer es sich leisten kann oder irgendwo eine Datscha hat, verlässt die Stadt und steht spätestens bei der Rückfahrt am Sonntagabend im Stau. Das ganze Jahr über geht man Eis essen: auch bei 15 °C minus. Pilze und Beeren sammeln oder Fischen sind sehr beliebt. Bei Anglerglück kann man abends den Grill anwerfen. Sonst kommen Fleisch und Gemüse auf den Rost beim liebsten Schönwetter-Essen der Polen.
Oft sieht man sonntags Familien mit Kind, Kegel und einem Blumenstrauß auf dem Weg zum Sonntagsschmaus bei den Schwiegereltern. Mit Sicherheit hatte irgendein Bekannter kürzlich Namenstag und lädt aus diesem Anlass ein. Der Sonntag gehört der Familie, den Freunden und natürlich dem lieben Gott. Vormittags finden in allen Kirchen mehrere Messen statt. Ein Pole, der sonntags nicht in die Kirche geht, war lange unvorstellbar.
Heute suchen viele aber bei Sport und Freizeit Entspannung vom stressigen Alltag denn religiöse Erbauung. Was würde wohl die Muttergottes von Tschenstochau zu diesen modernen Zeiten sagen?

Im katholischen Polen feiert man *imieniny* (Namenstag), *urodziny* (Geburtstag) ist eher Nebensache. Da man sich auch unter Kollegen mit *pan/pani* und dem Vornamen anspricht, ist man immer auf dem Laufenden, wann man wem zum Namenstag gratulieren darf. Zu weit verbreiteten Namen wie *Andrzej* und *Maria* halten die Blumenhändler besonders viele Sträuße bereit. Eine Rose oder Nelke, mit einem Namensband geschmückt und am richtigen Tag überreicht, sichert für ein ganzes Jahr das Wohlwollen von Sekretärinnen und Nachbarinnen. Auch Konditoreien sorgen mit reichlich Kuchen vor.
Die aktuellen Lieblingsvornamen sind übrigens *Julia*, *Wiktoria* und *Zuzanna*. Bei den Jungs *Jakub*, *Kacper* und *Mateusz*.

8

Zum Museum

Berühmt ist die polnische Grafik, vor allem die Plakatkunst. In einem Nebengebäude des Schlosses im Warschauer Stadtteil Wilanów ist das *Muzeum Plakatu* (Polnisches Plakatmuseum) untergebracht. Wer dort Lust auf ein Werk von Jan Lenica, Jan Młodożeniec oder Tadeusz Trepkowski bekommen hat, der wird bestimmt in einer der Plakatgalerien fündig.

In Warschau gibt es auch ein kleines, aber feines *Muzeum Karykatury* (Karikatur-Museum). Polen hat große Meister der „Kunst der spitzen Feder" hervorgebracht. Der Vorteil an diesem Museum: Man muss nicht viel Polnisch können, um die Titel zu verstehen. Diese Kunst spricht für sich.

Es ist Sonntag, unbeständiges Wetter und Piotr hat erst am Abend Zeit. Was bleibt Sophie da anderes übrig als ein Besuch im Museum? Das Nationalmuseum interessiert sie am meisten, also macht sie sich auf den Weg. Sophie traut ihren Stadtplanstudien nicht und fragt zur Sicherheit eine junge Frau, die gerade aus einer Kirche kommt: *Przepraszam, gdzie jest Muzeum Narodowe?* (Entschuldigung, wo ist das Nationalmuseum?) Prompt erhält sie eine umfassende Wegbeschreibung: *Najpierw pójdzie pani prosto przez to skrzyżowanie. Potem skręci pani w lewo* (Zuerst gehen Sie geradeaus über diese Kreuzung. Dann biegen Sie nach links ab). Ohne Probleme findet sie das nüchterne Museumsgebäude und ordert an der *kasa* (Kasse) erst einmal: *Poproszę jeden bilet* (Ich bitte um eine Eintrittskarte). Ihre Frage nach dem Eingang erwidert die Angestellte genervt: *No, proszę pani. Wejście jest tam* (Nun bitte, die Dame. Der Eingang ist dort). Dabei fällt Sophie aber wieder ihr Kölner Chef ein, der etwas von einem Artikel über Moderne Kunst gemurmelt hatte. Also fragt sie gleich weiter: *A gdzie jest wydział sztuki nowoczesnej?* (Und wo ist die Abteilung der Modernen Kunst?) Die Antwort fällt noch unwilliger aus. Sophie bedankt sich höflich: *Bardzo dziękuję za informację* (Vielen Dank für die Information), und bringt sich schnell in Sicherheit.

Pójdzie pani prosto

1/43

gdzie?	wo?
narodowy/-a/-e	national
pójdzie	er/sie/es geht/wird gehen
prosto	geradeaus
przez	über
skrzyżowanie	Kreuzung
potem	dann
skręci	er/sie/es biegt ab
w lewo	nach links
w kierunku	in Richtung
Most Poniatowskiego	Poniatowski-Brücke
dokładnie	genau, eben

● Przepraszam, gdzie jest Muzeum Narodowe?	Entschuldigung, wo ist das Nationalmuseum?
■ Muzeum Narodowe? Najpierw pójdzie pani prosto przez to skrzyżowanie.	Das Nationalmuseum? Zuerst gehen Sie geradeaus über diese Kreuzung.
● Tak, a potem?	Ja, und dann?
■ Potem skręci pani w lewo, w kierunku Mostu Poniatowskiego.	Dann biegen Sie nach links ab, in Richtung Poniatowski-Brücke.
● Skręcić w lewo, w kierunku Mostu Poniatowskiego?	Nach links abbiegen, in Richtung der Poniatowski-Brücke?
■ Dokładnie!	Genau!
● Dziękuję pani bardzo!	Ich danke Ihnen sehr!
■ Proszę bardzo.	Bitte sehr.

***przez* + Akkusativ** (über)
***przez** skrzyżowanie*
(**über** die Kreuzung)

***w* + Akkusativ** (nach)

lewo	(links)
***w** lewo*	**nach** links
prawo	rechts
***w** prawo*	**nach** rechts

***w* + Lokativ** (in)
kierunek (Richtung)
w** kierunk**u (**in** Richtung)
Das ***e*** in *kierun**e**k* fällt weg.

Lokativ Nomen (m)
-k/-g* → *-u
*porząd**e**k* (Ordnung) →
w** porządk**u (**in** Ordnung)
Auch hier fällt das ***e*** im Lokativ weg.

Bei Straßen, Plätzen etc., die nach Personen benannt sind, steht die Person im Genitiv:
Bolesław Prus →
*Ulica Bolesław**a** Prus**a***
(Boleslaw-Prus-Straße)
Józef Poniatowski →
*Most Poniatowsk**iego***
(Poniatowski-Brücke)

8 A

Übungen

Hier müssen Sie „nur“ die fehlenden Präpostionen einsetzen.

1. Was fehlt?

w (2 x) – przez (3 x) – na

1. Najpierw pójdzie pani _______ to skrzyżowanie.
2. Potem skręci pani __ lewo, __ kierunku Mostu Poniatowskiego.
3. Sophie idzie _______ Plac Zamkowy.
4. Idziemy _______ Stare Miasto.
5. Piotr idzie _______ Most Poniatowskiego.

Üben Sie den Lokativ und die Präposition *w*.

2. Was passt?

1. Gdzie jest Sophie?
   - a ☐ Sophie jest w Polsce.
   - b ☐ Sophie jest do Polski.
2. Idziemy do kawiarni?
   - a ☐ W porządku.
   - b ☐ W porządek.
3. Gdzie jest Pałac Kultury?
   - a ☐ Od Warszawy.
   - b ☐ W Warszawie.
4. Najpierw pójdzie pani
   - a ☐ w kierunce mostu.
   - b ☐ w kierunku mostu.

Pfadfinder brauchen diese Übung nicht zu machen. Pfadfinder verlaufen sich nicht.

3. Verlaufen

1/44

Przepraszam, gdzie jest *Hotel Europejski?*

1. Hotel Europejski
2. Most Poniatowskiego
3. Muzeum Narodowe
4. Stare Miasto
5. Pałac Kultury
6. Nowe Miasto
7. Rynek Starego Miasta
8. kiosk

ż = *rz* schmeckt schön weich auf der Zunge wie 40 Jahre alter Kognak.

4. Sprechen Sie nach

1/45

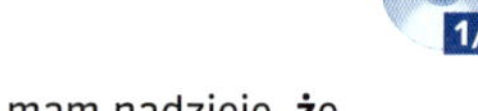

1. sk**rzyż**owanie
2. t**rz**ynaście
3. dob**rze**
4. du**ży**
5. popat**rz!**
6. mam nadzieję, **że** ...
7. mo**że**
8. p**rz**epraszam
9. je**ż**eli
10. po**rz**ądek

Poprosze jeden bilet

8 B

bilet	Eintrittskarte, Fahrkarte
wejście	Eingang
tam	dort
po prostu	einfach
wydział	Abteilung
sztuka	Kunst
nowoczesny/-a/-e	modern
znajduje się	er/sie/es befindet sich
w sali	im Saal
za informację	für die Information

● Dzień dobry pani. Poproszę jeden bilet.	Guten Tag, die Dame. Ich bitte um eine Eintrittskarte.
■ Pięć złotych, proszę. Wejście jest tam.	Fünf Zloty bitte. Der Eingang ist dort.
● Przepraszam panią. Gdzie tu jest wejście?	Entschuldigung, die Dame. Wo ist hier der Eingang?
■ No, proszę pani. Wejście jest tam. Idzie pani po prostu prosto.	Also bitte, die Dame. Der Eingang ist dort. Gehen Sie einfach geradeaus.
● Ach, a gdzie jest wydział sztuki nowoczesnej?	Ah, und wo ist die Abteilung der Modernen Kunst?
■ Wydział sztuki nowoczesnej znajduje się w sali numer sześć.	Die Abteilung der Modernen Kunst befindet sich im Saal Nummer sechs.
● Bardzo dziękuję za informację.	Vielen Dank für die Information.
■ Proszę bardzo.	Bitte sehr.

pani
ist unregelmäßig:
Nom./Gen./Dat.: *pani*:
Proszę pani! (Bitte, die Dame!)
Akk./Instr.: *panią*
Przepraszam panią
(Entschuldigung, die Dame)
Proszę panią o informację
(Ich bitte die Dame um eine Information)

Genitiv Nomen (f)
-ka/-la* → *-ki/-li
sztuka (Kunst) →
wydział sztuki
(Abteilung der Kunst = Kunstabteilung)

Lokativ Nomen (f)
1. ***-la* → *-li***
sala (Saal) →
w sali (im Saal)
-ia* → *-i
kawiarnia (Café) →
w kawiarni (im Café)
2. ***-wa* → *-wie***
Warszawa → *w Warszawie*
3. ***-ka* → *-ce***
Polska → *w Polsce*

***za* + Akkusativ** (für)
*dziękować **za*** (danken für):
*Dziękuję **za** informację*
(Ich danke für die Information)

8 B

Übungen

Und mal wieder was in Sachen Knigge. Gekonnt bedanken mit *dziękuję za* + Akkusativ kommt bei den höflichen Polen immer gut an.

1. Vielen Dank

1/47

Bardzo dziękuję za *informację.*

1. informacja
2. kawa
3. herbata
4. gazeta
5. walizka

Wieder etwas für Handybesitzer! Hier üben Sie die Antwort auf die meistgestellte Handy-Frage. Denken Sie daran: *w* + Lokativ.

2. Hallo, wo bist du?

Teraz jestem ***w Polsce****.*

1. Polska
2. muzeum
3. sala
4. kawiarnia
5. Warszawa

j ist mal wieder ein einfacher Laut und klingt wie das deutsche „j", taucht allerdings weitaus häufiger auf.

3. Sprechen Sie nach

1. we**j**ście
2. zna**j**du**j**e się
3. **j**eden
4. spróbu**j**ę
5. na**j**pierw
6. dzięku**j**ę za informac**j**ę
7. pokó**j**
8. pó**j**dzie
9. fryz**j**er
10. ma**j**ą

Egal, wohin Sie gehen, nach *w kierunku* ... (in Richtung ...) folgt immer der Genitiv.

4. Wohin des Wegs?

Idę w kierunku ***Mostu Poniatowskiego****.*

1. Most Poniatowskiego
2. Stare Miasto
3. Hotel Europejski
4. Muzeum Narodowe
5. Plac Zamkowy

Mutter Polens

8

Wer es nicht gesehen hat, glaubt es nicht: Überall liebevoll geschmückte Wegkreuze, sonntags mehrere Gottesdienste hintereinander, Klöster ohne Überalterung, Bilder vom polnischen Papst und der Madonna von *Częstochowa* (Tschenstochau). Die Polen sind nach den Iren am katholischsten in Europa und exportieren ihre Priester und Küster auch in deutsche Kirchengemeinden.
Katholizismus war jahrhundertelang eine nationale Sache, bedeutete Widerstand und Wahrung der eigenen Identität –, denn die Besatzer waren protestantisch wie die Schweden und Preußen, oder orthodox wie die Russen. Polnischsprachige Messen und Kirchenlieder sicherten auch der Sprache das Überleben. Als Katholiken fühlten sich die Polen als Teil des Westens und als Verteidiger abendländischer Werte und Kultur.
Katholisch sein hieß jahrzehntelang Opposition, denn die Kirchen blieben Anlaufstationen für Untergrundkämpfer und Dissidenten. Schon die Nazis verfolgten Tausende Geistliche – Maximilian Kolbe ist nur einer der bekanntesten. Auch die Kommunisten konnten den Einfluss der Kirche nicht brechen. Sie scheiterten daran, in Polen ein atheistisches System zu etablieren. In den Kirchen sammelten sich viele kritische Geister, die z. B. die Arbeiteraufstände unterstützten oder Auslandskontakte pflegten. Und als 1979 Karol Woityła zum Papst gewählt wurde, war das der Anfang vom Ende des real existierenden Sozialismus: Ein Jahr später unterschrieb Lech Wałęsa – immer mit der Muttergottes am Revers – die Danziger Verträge, zehn Jahre später war er Präsident des demokratischen Polen.

Mutter Polens
Das Bild der Muttergottes von *Częstochowa* (Tschenstochau) haben Millionen Kerzen im Laufe der Jahre geschwärzt. Es ist Nationalheiligtum und soll 1655 die schwedischen Truppen abgewehrt haben. Seitdem pilgern jährlich Hunderttausende Gläubige zu Fuß durch das ganze Land zum Kloster auf dem *Jasna Góra* (Weißer Berg, eigtl. Heller Berg), das den Schatz hütet.
Die Madonna soll das heutige Polen aber auch vor den Geißeln der Moderne hüten. Das katholische *Radio Maryja* wettert gegen Unmoral, Abtreibung und die allgemeine Verweltlichung.

T

Test 2

Also so viel *bzdury* (Blödsinn) kann sich selbst der verrückteste Pole nicht ausdenken. Finden Sie bitte nicht die ausgefallensten Antworten, sondern schlicht die richtigen.

1. Welche Antwort stimmt?

1. *Mickiewicz, Słowacki* und *Krasiński* ...
   a ☐ bilden die Dreierkette bei Hutnik Nowa Huta.
   b ☐ sind die bedeutendsten Dichter der polnischen Romantik.
   c ☐ sind beliebte Namen für Katzen.
2. Die Warschauer gehen sonntags traditionell ...
   a ☐ in den Stadtwald zur Meerschweinchenjagd.
   b ☐ in die umliegenden Berge zur Weinlese.
   c ☐ in den Łazienki-Park zum Chopin-Konzert.
3. Bei der *Gazeta Wyborcza* handelt es sich um ...
   a ☐ die einzige europäische Gazellenart („Wybortscher Gazelle“).
   b ☐ ein Aphrodisiakum aus Pilzen, Kraut und Weihwasser.
   c ☐ die meist gelesene Tageszeitung Polens.
4. *Plac Zamkowy* ist ...
   a ☐ Warschaus geschlossener Platz (für Nichtkatholiken verboten).
   b ☐ der Warschauer Schlossplatz mit der Sigismund-Säule.
   c ☐ im masurischen Dialekt ein Ausdruck für „Platzregen“.
5. Polnische Plakate ...
   a ☐ sind weltweit berühmt.
   b ☐ sind wegen ihrer unleserlichen Aufschriften gefürchtet.
   c ☐ werden in Mali gerne als Tischdecken benutzt.
6. Die Madonna von *Częstochowa* ...
   a ☐ ist der Titel eines Weltbestsellers von Adam Mickiewicz.
   b ☐ ist der Schrecken aller Schweden.
   c ☐ hält schützend ihre Hand über Polen.

Wären Sie ein Pole und würden gerade Deutsch lernen, hieße diese Übung *pytania i odpowiedzi*.

2. Fragen und Antworten

1. Co pani sobie życzy?	a ☐ To Krakowskie Przedmieście.
2. Idziemy zwiedzać miasto?	b ☐ Ależ oczywiście smakuje.
3. Co to za ulica?	c ☐ Jeden złoty.
4. Smakuje ci?	d ☐ Wejście jest tam.
5. Ile kosztuje jedna pocztówka?	e ☐ Od dziesiątej.
6. Znaczki pani ma?	f ☐ Tak, mam.
7. Od której są otwarte muzea?	g ☐ Poproszę śniadanie.
8. Gdzie tu jest wejście?	h ☐ Idziemy.

3. Was fehlt?

1. Co jest _ _ śniadanie?
   a ☐ no
   b ☐ na
   c ☐ nu
2. To polsk_ _ śniadanie.
   a ☐ ij
   b ☐ ie
   c ☐ ii
3. Idę na Plac Zamkow_.
   a ☐ e
   b ☐ y
   c ☐ a
4. Dla mnie kawa _ mlekiem.
   a ☐ z
   b ☐ c
   c ☐ w
5. Nie ma problem_.
   a ☐ y
   b ☐ o
   c ☐ u
6. Muzea są otwarte _ _ dziesiątej _ _ piętnastej.
   a ☐ od ... od
   b ☐ do ... od
   c ☐ od ... do
7. Dziękuję _ _ informację.
   a ☐ ci
   b ☐ za
   c ☐ od

Hier geht's nicht um Haarspaltereien, sondern um kleine, aber feine Unterschiede.
Also bitte genau hinschauen, überlegen, den Bleistift spitzen und dann das Richtige hinschreiben.

4. Wie sagt man das auf Polnisch?

1. Lass uns gehen!
2. Jetzt habe ich Lust auf Kaffee.
3. Kein Problem.
4. Nun, natürlich.
5. Entschuldigung, wo ist das Nationalmuseum?
6. Zuerst gehen Sie (m/w) geradeaus.
7. Wo ist hier der Eingang?
8. Vielen Dank für die Information.

Wer Hindi, Suaheli, Wolhynisch oder nur Chinesisch kann, der kommt hier leider nicht weiter. Wie gut, dass Sie es schon bis hierhin geschafft haben. Polnisch ist gar nicht so schwer.

9

Jazz im Club

Polnischer Jazz ist fast ein Markenname und weit über die Grenzen Polens bekannt. In den 1950er- und 1960er-Jahren entwickelte sich um Größen wie Krzysztof Komeda, Zbigniew Namysłowski oder Tomasz Stańko eine eigenständige Jazzszene. Festivals und regelmäßige Radioprogramme machten den polnischen Jazz populär. Dazu beigetragen hat, dass er konträr zur offiziellen Kulturpolitik stand und als verrucht und subversiv galt. Vom hohen Niveau kann man sich am besten mit eigenen Ohren in einem der Clubs in Warschau oder Krakau überzeugen.

Für heute Abend hat sich Piotr das Programm ausgedacht. Als er Sophie im Hotel abholt, fragt sie neugierig: *Co robimy dzisiaj wieczorem?* (Was machen wir heute Abend?) Aus Piotrs Antwort: *Idziemy do Akwarium na koncert* (Wir gehen ins Akwarium zu einem Konzert), schließt Sophie, dass es um Jazz geht. Oft genug hat er ihr von diesem legendären Club vorgeschwärmt.

Im Akwarium bleibt den beiden erst mal die Luft weg – es ist vollgepropft und stickig. Zum Glück finden sie einen freien Tisch: *Popatrz, tam jest wolny stolik* (Schau mal, dort ist ein freies Tischchen). Sogar die Sicht auf die Bühne ist okay. Dort bauen die Musiker gerade ihre Instrumente auf oder plaudern mit Bekannten. Bevor es losgeht, kümmert sich Piotr um die Getränke: *Powiedz, co chesz do picia?* (Sag, was möchtest du zum Trinken?) Da muss Sophie nicht lange überlegen: *Duże piwo, proszę* (Ein großes Bier, bitte), ordert sie. Piotr kommt gerade rechtzeitig mit zwei großen Gläsern zurück – der erste Akkord erklingt ...

So ein Abend ist genau nach Sophies Geschmack: Die Musik ist ausgezeichnet und das Bier schmeckt hervorragend. In einer kleinen Pause sorgt Piotr für Nachschub. Als er zurückkommt, meint Sophie anerkennend: *Polskie piwo i polski jazz są świetne* (Polnisches Bier und polnischer Jazz sind ausgezeichnet). Piotr spielt den Enttäuschten: *Tylko piwo i jazz?* (Nur das Bier und der Jazz?) Sophie muss lachen: *Nie, nie tylko* ... (Nein, nicht nur ...)

Idziemy na koncert

dzisiaj	heute
czy to nie ...?	ist das nicht ...?
ten, ta, to	dieser, diese, dieses
klub jazzowy	Jazzklub
o którym	von dem, über den
ciągle	ständig, andauernd
mówisz	du redest
będzie	er/sie/es wird sein
na pewno	sicher
świetnie	ausgezeichnet
na miejscu	da, hier

● Piotr, co robimy dzisiaj wieczorem?	Piotr, was machen wir heute Abend?
■ Idziemy do Akwarium na koncert.	Wir gehen ins Aquarium zu einem Konzert.
● Czy to nie ten klub jazzowy, o którym ciągle mówisz?	Ist das nicht dieser Jazzklub, von dem du ständig redest?
■ Dokładnie. Koncert na pewno będzie dobry.	Genau. Das Konzert wird sicher gut.
● Świetnie! Już się cieszę na dobry jazz.	Ausgezeichnet! Ich freue mich schon auf guten Jazz.
■ Poczekaj, jesteśmy na miejscu.	Warte mal, wir sind da.

Demonstrativpronomen

ten, ta, to (dieser/-e/-es)
ten *klub* dieser Klub
ta *gazeta* diese Zeitung
to *muzeum* dieses Museum

***mówić o* + Lokativ**
(reden über ...)

Lokativ
Adjektive, Pronomen
(m/n) *-ym*
który → ***o którym***
(m) *Który klub jazzowy?*
(Welcher Jazzklub?)
Ten klub, ***o którym*** *mówię*
(Der/Dieser Klub, **über den** ich rede)
(n) *Które kino?*
(Welches Kino?)
To kino, ***o którym*** *mówię*
(Das/Dieses Kino, **über das** ich rede)

Zukunft von *być*

będę	ich werde sein
będziesz	du wirst sein
będzie	er/sie wird sein
będziemy	wir werden sein
będziecie	ihr werdet sein
będą	sie werden sein

cieszyć się na + Akkusativ
(sich freuen auf ...)

miejsce (Ort/Platz) →
na *miejscu* (wörtl.: am Ort = da, hier)
na miejscu steht im Lokativ

9 A

Übungen

Man muss nur wissen, ob maskulin, feminin oder neutral, dann sind *ten, ta, to* kein Problem.

1. Ist das nicht dieser ...?

***Czy to nie ten** klub jazzowy?*

1. klub jazzowy
2. dziennikarka
3. Piotr
4. kino
5. Polka
6. muzeum
7. Pałac Kultury
8. kawiarnia
9. jabłecznik
10. Sophie

Hier geht's nicht um fernöstliche Weisheit, sondern um Demonstrativpronomen. Ordnen Sie *ten, ta, to* (dieser/-e/-es) dem entsprechenden Substantiv zu.

2. Ten – ta – to

1. ta
   - a ☐ ruch
   - b ☐ Gazeta Wyborcza
2. to
   - a ☐ miasto
   - b ☐ stolica
3. ten
   - a ☐ klub jazzowy
   - b ☐ kawiarnia
4. to
   - a ☐ budynek
   - b ☐ muzeum

Zurück in die Zukunft! Setzen Sie die passende Futurform von *być* ein.

3. Was passt wo?

będzie – będziemy – będę – będą – będziecie – będziesz

1. (Wir) _ _ _ _ _ _ _ _ w Warszawie.
2. (Ich) _ _ _ _ w Polsce.
3. Koncert _ _ _ _ _ _ dobry.
4. (Du) _ _ _ _ _ _ _ _ w muzeum.
5. (Sie, Plural) _ _ _ _ w kawiarni.
6. (Ihr) _ _ _ _ _ _ _ _ _ _ w sali.

Das polnische *y* klingt wie ein dumpfes „i" oder ein kurzes „e" wie im deutschen „warte".

4. Sprechen Sie nach

1. o któr**y**m
2. zrobim**y**
3. b**y**ć
4. pom**y**sł
5. wsz**y**stko
6. ż**y**cz**y**
7. w**y**borcz**y**
8. prz**y**jemnej podróż**y**
9. czter**y** raz**y**
10. w**y**dział

Polskie piwo i polski jazz

stolik	Tischchen
krzesła	Stühle
głośno	laut
widać	es ist zu sehen, man sieht
powiedz!	sag!, sag mal!
do picia	zum Trinken, zu trinken
piwo	Bier
to samo co ...	dasselbe wie ...
idę po	ich hole
świetny/-a/-e	ausgezeichnet
tylko	nur

● Popatrz, tam jest wolny stolik i dwa krzesła.	Schau mal, dort ist ein freies Tischchen und zwei Stühle.
■ Świetnie. Tam na pewno nie jest tak głośno i wszystko widać.	Ausgezeichnet. Dort ist es sicher nicht so laut, und alles ist zu sehen.
● Powiedz, co chcesz do picia?	Sag, was willst du zu trinken?
■ Duże piwo, proszę.	Ein großes Bier, bitte.
● Czyli to samo co ja.	Also dasselbe wie ich.
■ No, tak!	Aber ja!
● Dobrze, więc dwa piwa. Poczekaj tu, a ja idę po piwo.	Gut, also zwei Biere. Warte hier, und ich hole das Bier.
■ Mmh, polskie piwo i polski jazz są świetne!	Mmh, polnisches Bier und polnischer Jazz sind ausgezeichnet!
● Tylko piwo i jazz???	Nur das Bier und der Jazz???
■ Nie, nie tylko ...	Nein, nicht nur ...

Verkleinerungsform (m)
Grundform + ***-ik***:
stół (Tisch) → *sto**lik***
(Tisch**chen,** kleiner Tisch)

widać (es ist zu sehen, man sieht) gibt es nur im Infinitiv.

Substantivierungen
Infinitiv des Verbs + ***-e***,
Infinitiv-***ć*** + ***-e*** → ***-cie***:
*pi**ć*** (trinken) →
*pi**cie*** (das Trinken) →
do** pi**cia (zum Trinken)

jest tak ... (es ist so ...):
Jest tak głośno (Es ist so laut)

iść po + **Akkusativ** (holen):
Idę po *piwo* (Ich hole Bier; wörtl.: Ich gehe nach Bier)

Nomen Plural (n)
Nominativ, Akkusativ
-o/-e/-um → ***-a***
*krzes**ło*** → *krzes**ła*** (Stühle)
*miejsc**e*** → *miejsc**a*** (Orte)
*muze**um*** → *muze**a*** (Museen)

Adjektive Plural
Nominativ, Akkusativ
(außer männl. Personen)
-y/-a/-e → ***-e***
(m) *dobr**e** znaczki*
(gute Briefmarken)
(f) *dobr**e** pocztówki*
(gute Postkarten)
(n) *dobr**e** piwa*
(gute Biere)

9 B

Übungen

Bitten Sie jemanden, all die nebenstehenden Dinge zu holen. Aber Vorsicht: Nach *iść po* (holen) folgt immer der Akkusativ.

1. Holst du?

1/52

***Idziesz po** piwo?*

1. piwo
2. kawa
3. gazeta
4. chleb
5. ciastko

Wenn Sie nicht für einen deutschen Prediger gehalten werden wollen, sollten Sie bei a oder b die richtige Pluralform suchen.

2. Wer suchet, der findet

1. Mam dwa — a ☐ piwi. b ☐ piwa.
2. Hmh, to są świetne — a ☐ ciastka. b ☐ ciastce.
3. Chcę zwiedzać piękne — a ☐ miasto. b ☐ miasta.
4. Tam są trzy — a ☐ krzesła. b ☐ krzesły.

Adjektivendungen: Achtung – ein Adverb hat sich ebenfalls eingeschmuggelt. Über Adverbien steht was auf Seite 27.

3. Was gehört wohin?

1.	Tam jest	a ☐	świetne.
2.	Poproszę	b ☐	głośno.
3.	Polskie piwo jest	c ☐	ciekawe miasta.
4.	Uh, tu jest tak	d ☐	wolny stolik.
5.	Chcę zwiedzać	e ☐	dobrą kawę.

Hören Sie den Unterschied? *i* ist mal „i“, mal eher „j“ und macht *c, s, z* weich, also zu *ci (ć), si (ś), zi (ź)*.

4. Sprechen Sie nach

1. stolik
2. widzieć
3. powiedz!
4. do picia
5. świetny
6. idziecie
7. kawiarnia
8. wynosi
9. pani idzie
10. wydział

Nicht ganz leicht, diese Übersetzung. Gefragt sind Pluralformen. Vgl. Sie auf den Seiten 47 und 63.

5. Übersetzen Sie

1. Dort sind freie Stühle.
2. Ich will schöne Postkarten kaufen.
3. Ich hole polnische Briefmarken.
4. Das sind gute Biere.
5. Ich will ausgezeichnete Städte besichtigen.

Lebenselixier

Im Märchen *Jak diabeł wódkę robił* (Wie der Teufel den Wodka machte) heißt es: „Der Teufel brachte den *wódka* (Wodka; wörtl.: Wässerchen) – und mit ihm die Sünden – nach Polen." Bis heute streiten sich Russland und Polen, in wessen Territorium der Teufel zuerst sein finsteres Werk vollendete. Der erste schriftliche Beleg über einen Wodkabrand von 1405 findet sich immerhin im südost-polnischen Sandomierz.

Was wir als Wodka bezeichnen, entspricht dem 40-prozentigen *czysta wódka* (reines Wässerchen), meist Roggen- oder Kartoffel-spiritus, der zu 2/3 mit Wasser aufgefüllt wird. Hinzu kommen viele Sorten, die mit Kräuteressenzen u. Ä. geschmacklich verfeinert werden wie z. B. der mit einem Halm Duftendes Mariengras versehene *Żubrówka*, in Deutschland als „Grasovka" bekannt.

Obwohl die Polen überwiegend Bier trinken, gibt es trotzdem genügend Anlässe für ein *kieliszek wódki* (Gläschen Wodka), das traditionell 100 ml fasst, mittlerweile aber meist im „europäischen" 25ml-Maß gereicht wird. Dazu gibt es Brot, Wurst und eingelegte Gurken oder Paprika, damit die wohltuende und kommunikative Wirkung des Wodkas ohne unangehmen Rausch bleibt.

Und den meinte Pablo Picasso wohl nicht, als er 1948 nach einem Besuch in Wrocław nüchtern konstatierte: „Die drei erstaunlichsten Errungenschaften des letzten halben Jahrhunderts sind Blues, Kubismus und polnischer *wódka*."

Zu viel
Pro Kopf und Jahr konsumieren die Polen laut WHO mit 13,3 l reinen Alkohol mehr als die Deutschen (12,8 l) und ein Durchschnittseuropäer (12,2 l).

Trinksprüche 1/54

1. nihilistisch
Co to jest „nic"? – Pół litra na dwóch.
(Was ist „nichts"? – Ein halber Liter für zwei.)

2. praktisch
Zdrowie wasze, w gardła nasze! (Euch die Gesundheit, uns in den Rachen!)

3. historisch
Jedna seta, druga seta, i Kopernik też kobieta.
(Einmal 100 ml, ein 2. Mal 100 ml, und Kopernikus ist auch eine Frau.)

10

In der Redaktion

Literatur und Kultur werden in Polen in Ehren gehalten. Viele Polen haben ihre Klassiker sogar gelesen. Nach der Wende schwappte allerdings eine Flut Triviales über Polen, und internationale Unterhaltungsstandards hielten Einzug in polnische Wohnzimmer. Heute liegen in den Schaufenstern der Buchhandlungen wenige gute Bücher neben den üblichen Ratgebern, Kochbüchern, Liebesromanen ...

Sophie hat gründlich verschlafen. Für heute hat sie sich nicht viel vorgenommen, also schlendert sie gemütlich durch die Altstadt. Mittags macht sie ausgiebig Pause in einem Café, schreibt Postkarten und blättert in der Zeitung. Als sie auf die Uhr schaut, ist es schon zwei – nachmittags wollte sie Piotr in der Redaktion besuchen, da sollte sie sich langsam mal auf den Weg machen.
Im Redaktionsgebäude trifft Sophie auf eine junge Frau. Bei der erkundigt sie sich: *Gdzie mogę znaleźć Piotra Głowackiego?* (Wo kann ich Piotr Głowacki finden?) Die nette Dame telefoniert Piotr herbei und bietet Sophie sogar einen Tee an, um die Wartezeit zu verkürzen.
Lange muss Sophie aber nicht warten, da steht Piotr schon vor ihr und führt sie in sein Büro. Neugierig schaut sie sich um: *Więc tak wygląda twoje biuro* (Also so sieht dein Büro aus). Am meisten wundert sie sich über den Fernseher. Was hat der am Arbeitsplatz eines Kulturredakteurs zu suchen, fragt sie sich und meint: *Ale u nas redakcja wygląda inaczej* (Aber bei uns sieht eine Redaktion anders aus). Piotr kontert mit einem seiner ironischen Seitenhiebe: *Tak, tak. U was czyta się Woltera i Szekspira na śniadanie* (Ja, ja. Bei euch liest man Voltaire und Shakespeare zum Frühstück).

Proszę usiąść

1/55

mogę	ich kann
znaleźć	finden
z nim	mit ihm
umówiony/-a/-e	verabredet
usiąść	sich setzen
go	ihn
poszukać	suchen werden
zaraz	gleich, sofort
przyjdzie	er/sie/es wird kommen
napije się	er/sie/es wird trinken
w tym czasie	in dieser Zeit, währenddessen
chętnie	gerne

● Przepraszam, gdzie mogę znaleźć Piotra Głowackiego?	Entschuldigung, wo kann ich Piotr Głowacki finden?
■ Czy jest pani z nim umówiona?	Sind Sie mit ihm verabredet?
● Tak, jestem z nim umówiona.	Ja, ich bin mit ihm verabredet.
■ Proszę usiąść. Pójdę go poszukać.	Bitte sich zu setzen. Ich werde ihn suchen gehen.
● Dobrze, dziękuję bardzo.	Gut, danke sehr.

■ Pan Piotr zaraz przyjdzie.	Herr Piotr wird gleich kommen.
● Dziękuję.	Danke.
■ Napije się pani w tym czasie herbaty?	Trinken Sie in dieser Zeit einen Tee?
● Bardzo chętnie, dziękuję.	Sehr gerne, danke.

Männliche Personen enden im Genitiv und Akkusativ auf ***-a***:
Genitiv: *To piwo Piotr**a***
(Das ist Piotrs Bier)
Akkusativ: *Gdzie mogę znaleźć Piotr**a**?*
(Wo kann ich Piotr finden?)

Adjektive zu (m) Personen und adjektivische Namen enden im Genitiv und Akkusativ auf ***-(i)ego***:
Genitiv:
*To piwo Głowack**iego***
(Das ist Głowackis Bier)
Akkusativ: *Gdzie mogę znaleźć Głowack**iego**?*
(Wo kann ich Głowacki finden?)

Partizip
Verben auf ***-ić*** → ***-ony/-a/-e***
*umów**ić*** (verabreden) → *umów**iony/-a/-e*** (verabredet):
*Sophie jest umówion**a***
(Sophie ist verabredet)

przyjdzie (er/sie wird kommen)
Infinitiv: *przyjść* (perf.)
Perfektive Verben im Singular drücken Zukunft aus.

Lokativ Nomen (m/n)
-s → ***-sie***
czas (Zeit) → *cza**sie***
*w tym cza**sie***
(in dieser Zeit)

napić się **+ Genitiv**
*Napije się pani herbat**y**?*
(Trinken Sie einen Tee?, Haben Sie Lust auf einen Tee?)

10 A

Übungen

Was trinken Sie, um die Wartezeit zu überbrücken: Kaffee oder Tee oder doch lieber Bier oder Wodka? Vorher denken Sie bitte daran: *Napije się* plus Genitiv.

1. Wartezeit

*Napije się pani w tym czasie herbat**y**?*

1. herbata
2. piwo
3. kawa
4. mleko
5. wódka

Fragen Sie nach diesen Herren, deren Nachnamen wie Adjektive dekliniert werden. Achten Sie auf die Akkusativformen.

2. Sag mir, wo die Männer sind

***Przepraszam, gdzie mogę znaleźć** Piotr**a** Głowack**iego**?*

1. Piotr Głowacki
2. Marek Januszewski
3. Juliusz Słowacki
4. Michał Rybczyński
5. Roman Polański
6. Jan Józef Szczepański

Ergänzen Sie die richtige Endung des Partizips *umówiony/-a/-e* (verabredet). Zugegeben: Die Sätze 3–5 sind ein wenig absurd.

3. Was fehlt?

1. Sophie jest umówion_ z panią.
2. Piotr jest umówion_ z Sophie.
3. Kawa jest umówion_ z mlekiem.
4. Miasto jest umówion_ z budynkiem.
5. Klub jazzowy jest umówion_ z programem.

Jetzt trainieren wir schon die Feinheiten. Bekommen Sie diese schwierigen Zischlauthäufungen einigermaßen hin? Bei 5. und 10. hilft nur: Augen zu und durch!

4. Augen zu und durch

1. znale**źć**
2. u**siąść**
3. **przy**j**ść**
4. **ż**y**cz**y
5. dwa**dzieści**a **dzi**ewię**ć**
6. **dzisi**aj
7. **sz**esna**ści**e
8. **dż**em
9. pój**ść**
10. **cz**e**ść**

Diese Antworten sind kurz und bündig, aber nur eine Möglichkeit ist richtig.
2. *kiedy?* (wann?)

5. Was passt?

1. Napije się pani herbaty?
   a ☐ Chętnie!
   b ☐ Zero!
2. Kiedy przyjdzie Piotr?
   a ☐ W porządku.
   b ☐ Zaraz.
3. Gdzie jest wejście?
   a ☐ Tylko.
   b ☐ Tam.
4. Najpierw pójdzie pani prosto.
   a ☐ A potem?
   b ☐ I pięć?

U nas - u was

wygląda	er/sie/es sieht aus
twój, twoja, twoje	dein, deine
biuro	Büro
lampa	Lampe
telewizor	Fernseher
w końcu	schließlich
w redakcji kultury	in der Kulturredaktion
u nas	bei uns
u was	bei euch
inaczej	anders
czyta się	man liest

● Cześć Sophie!	Hallo, Sophie!
■ Cześć Piotr! Jak się masz?	Hallo, Piotr! Wie geht's?
● Świetnie!	Ausgezeichnet!
■ Więc, tak wygląda twoje biuro: twoja lampa, twoje krzesło, twoje gazety.	Also, so sieht dein Büro aus: deine Lampe, dein Stuhl, deine Zeitungen.
● No.	Tja.
■ A co to? Telewizor?	Aber was ist das? Ein Fernseher?
● Ależ oczywiście. W końcu pracuję w redakcji kultury.	Aber natürlich. Schließlich arbeite ich in der Kulturredaktion.
■ No, tak ... Ale u nas redakcja wygląda inaczej.	Nun, ja ... Aber bei uns sieht eine Redaktion anders aus.
● Tak, tak. U was czyta się Woltera i Szekspira na śniadanie.	Ja, ja. Bei euch liest man Voltaire und Shakespeare zum Frühstück.

twój, twoja, twoje
funktioniert wie ein Adjektiv:
(m) *twój telewizor*
(dein Fernseher)
(f) *twoja lampa*
(deine Lampe)
(n) *twoje krzesło*
(dein Stuhl)
Plural: *twoje gazety*
(deine Zeitungen)

Lokativ Nomen (f)
-ja* → *-ji
*redakc**ja*** → **w** *redakc**ji***
(in der Redaktion)

u + **Genitiv** (bei)
Nominativ:
my (wir)
wy (ihr)
Genitiv, Akkusativ:
nas (uns) → ***u nas***
(bei uns)
was (euch) →
u was (bei euch)

man
3. Person des Verbs + ***się***:
czyta er/sie liest
*czyta **się*** **man** liest

Freundliche Übernahme
Wolter Voltaire
Szekspir Shakespeare
Im Dialog stehen beide im Akkusativ, daher: ... *czyta się Woltera i Szekspira*

Übungen

Hier ist mit der richtigen Form von *twój/twoja/twoje* alles dir.
Übrigens: Mit *mój/moja/moje* wäre alles mir.

1. Ist das dein …?

2/4

*Czy to **twoje** biuro?*

1. biuro
2. walizka
3. telewizor
4. ciastko
5. telefon

Um die richtigen Lösungen zu finden, müssen Sie die femininen Lokativformen drauf haben. Ein Blick auf die vorherige Seite mag hilfreich sein.
Substantive:
-ja → *-ji*, *-wa* → *-wie*, *-ia* → *-i*
Adjektive: *-a* → *-ej*

2. a oder b? Das ist hier die Frage!

1. Piotr mówi o
   a ☐ ciekawą informację.
   b ☐ ciekawej informacji.
2. Pracuję w
   a ☐ tej redakcji kultury.
   b ☐ tym redakcji kultury.
3. Bardzo podoba mi się w
   a ☐ pięknego kawiarniego.
   b ☐ pięknej kawiarni.
4. Pani mówi o
   a ☐ wolnej Warszawie.
   b ☐ wolnę Warszawę.

Eine Übung zu „man“: Einfach *się* hinter das Verb und Sie können munter drauflos behaupten, wo es lang geht.

3. Das macht man so

*W Polsce czyta **się** Mickiewicza.*

1. W Polsce czyta Mickiewicza.
2. Do kina idzie pieszo.
3. Najpierw próbuje polskiego ciasta.
4. Do Polski jedzie przez Berlin.
5. W Polsce pracuje długo.

e anders als im Deutschen:
1. kurz
2. wie ein dumpfes ä

4. Sprechen Sie nach

1. t**e**l**e**fon
2. od ki**e**dy do ki**e**dy?
3. sz**e**ść
4. Krakowski**e** Prz**e**dmi**e**ści**e**
5. si**e**d**e**mnaści**e**
6. z ml**e**ki**e**m
7. idzi**e**ci**e**
8. prz**e**praszam
9. dobrz**e**
10. t**e**l**e**wizja

Nach *u* (bei) kommt der Genitiv. Die Form für Satz 3 finden Sie auf Seite 41.

5. Bei uns oder bei euch?

1. Ale (bei uns) redakcja wygląda inaczej.
2. (Bei uns) jest coś do picia.
3. Sophie jest (bei mir) w redakcji kultury.
4. (Bei euch) bardzo podoba mi się.
5. Czy Piotr jest (bei euch) w Warszawie?

Es geht voran

Die meisten Polen sind echte Überlebenskünstler: Trotz geringer Durchschnittslöhne und hoher Arbeitslosenzahlen hoffen sie auf bessere Zeiten. Lange dauerte der wirtschaftliche Umbau, nach dem EU-Beitritt erscheint jetzt Licht am Horizont.
Im Sozialismus zeigten sich die Nachteile der Planwirtschaft: Werften, Stahlwerke und Bergbau hingen am staatlichen Subventionstropf, Industriezweige produzierten unwirtschaftlich und konnten den Bedarf der Bevölkerung nicht decken. Nach der demokratischen Wende war die Wirtschaft das Sorgenkind der Politik.
Der im Westen geschulte Wirtschaftsfachmann Balcerowicz verordnete dem Land 1990 einen rigorosen Spar- und Liberalisierungskurs. Zunächst stiegen Arbeitslosigkeit und Inflation in schwindelerregende Höhe, doch bald zeigten sich die ersten Erfolge. Internationale Konzerne investierten in Polen und junge *biznesmeni* (Geschäftsleute) nutzten ihre Chance. Vor allem in den Städten bildete sich eine neue Schicht erfolgreicher Manager. Der Großteil der Bevölkerung entwickelte seine eigenen Überlebensstrategien, vor allem in den industriellen Krisenregionen und der landwirtschaftlich strukturierten Provinz. Viele jonglierten zwischen Selbstversorgung aus dem eigenen Garten und Gelegenheitsarbeit in Polen oder im westlichen Ausland.
Doch seit dem EU-Beitritt 2004 kommt die Wirtschaft richtig in Gang: Neue Investitionen sind möglich und nicht nur die Landwirtschaft exportiert erfolgreich ins EU-Ausland. Ein Modernisierungsschub erfasst das Land und die Geschäfte beleben sich. Der Trend hält an ...

Arbeitslosigkeit: 10 %
Inflation: 2 %
Jährliches Wirtschaftswachstum: 3,6 %
Export: 136 Mrd. USD
(nach Deutschland 27 %)
Import: 149 Mrd. USD
(aus Deutschland 22 %)

Deutschland ist der wichtigste Außenhandelspartner Polens. Beim deutschen Außenhandelsvolumen steht Polen mittlerweile auf Rang 10.

11

Hin- und Rückfahrt?

Rund um den Zug
PKP: Polskie Koleje Państwowe (Polnische Staatsbahnen)
peron (Bahnsteig)
tor (Gleis)
przyjazd (Ankunft; die Ankunftspläne sind weiß)
odjazd (Abfahrt; die Abfahrtspläne sind gelb)
WARS (polnische Schlaf- und Speisewagen-Gesellschaft)

Sophie will heute nach Danzig. Irgendwie ist sie ganz schön spät dran und hetzt durch die morgendliche Rushhour zum Bahnhof. Dort trifft sie fast der Schlag, als sie die langen Schlangen an den Schaltern sieht. Sie stellt sich an und schaut immer wieder nervös auf die Uhr – ihr Zug soll in ein paar Minuten abfahren …
Endlich ist sie an der Reihe und bestellt: *Bilet do Gdańska, poproszę* (Eine Fahrkarte nach Danzig, bitte). Als die Bahnangestellte zurückfragt, ob Hin- oder auch Rückfahrt, ob erste oder zweite Klasse, ob heute oder …, gehen Sophie fast die Nerven durch. Die Dame hinter dem Schalter hat aber die Ruhe weg.
Piotr wollte sicher gehen, dass Sophie auch garantiert den richtigen Zug besteigt und hat deshalb auf dem Weg zur Redaktion den Umweg über den Bahnhof genommen. Suchend hält er auf dem Bahnsteig Ausschau nach ihr. *Nareszcie jesteś* (Endlich bist du da), kann er sie schließlich begrüßen. Ihre Verspätung lässt er nicht unkommentiert: *Spóźniona? A ja zawsze myślałem, że to słowo jest u was nieznane* (Verspätet? Und ich dachte immer, dass dieses Wort bei euch unbekannt ist), beginnt er gleich zu sticheln.
Viel Zeit bleibt den beiden nicht, denn der Zug fährt schon ein. Ein kurzes: *Trzymaj się, Piotr!* (Mach's gut, Piotr!) und schon schließen sich die Türen.

Bilet do Gdańska

do Gdańska	nach Danzig
w jedną stronę	einfach, hin
tam i z powrotem	hin und zurück
na kiedy?	für wann?
miejscówka	Platzkarte
czy	oder
klasa	Klasse
dla palących	für Raucher
dla niepalących	für Nichtraucher

● Poproszę bilet do Gdańska.	Bitte eine Fahrkarte nach Danzig.
■ W jedną stronę czy tam i z powrotem?	Einfach oder hin und zurück?
● Tam i z powrotem, proszę.	Hin und zurück, bitte.
■ Na kiedy?	Für wann?
● Na dzisiaj. I poproszę jeszcze miejscówkę.	Für heute. Und bitte noch eine Platzkarte.
■ Pierwsza czy druga klasa?	Erste oder zweite Klasse?
● Druga klasa.	Zweite Klasse.
■ Dla palących czy niepalących?	Für Raucher oder Nichtraucher?
● Dla niepalących, proszę.	Für Nichtraucher, bitte.
■ Dobrze, pięćdziesiąt trzy złote, proszę.	Gut, dreiundfünfzig Zloty, bitte.

Städtenamen (m) enden im **Genitiv** meist auf ***-a***:
Gdańsk → ***do** Gdańsk**a***

w jedną stronę
(wörtl.: in eine Richtung)
strona (Seite, Richtung)

czy
1. Fragepartikel
2. oder

Genitiv Adjektive (m/n, Plural) ***-y/-e*** **→** ***-ych***:
dla** palą**cych (für Raucher)
Palący (Raucher) wird wie ein Adjektiv gebeugt.

Zahlen
30 bis 100

2/7

30: *trzydzieści*
40: *czterdzieści*
50: *pięćdziesiąt*
60: *sześćdziesiąt*
70: *siedemdziesiąt*
80: *osiemdziesiąt*
90: *dziewięćdziesiąt*
100: *sto*
Die Einerzahlen 1–10 werden einfach angehängt.

złoty
Auf Zahlen folgen unterschiedliche Fälle!
1 + Nominativ Singular:
***jeden** złoty*
2, 3, 4 + Nominativ Plural:
*dwa/trzy/cztery zło**te***
*trzydzieści trzy zło**te***
5-21, 25–31 ... + Gen. Pl.:
*pięć zło**tych***
*dwanaście zło**tych***
*trzydzieści sześć zło**tych***

11 A

Übungen

Bitten Sie die Frau am Schalter um eine Fahrkarte in diese Städte. Bei 6. aufpassen: *Warszawa* ist weiblich.

1. She's got a ticket to ride

*Poproszę bilet do **Gdańska**.*

1. Gdańsk
2. Kraków
3. Szczecin
4. Wrocław
5. Berlin
6. Warszawa

Was wollen Sie? Das eine oder das andere? Beides gleichzeitig ist nur selten möglich, z. B. bei 3. Freunde der Rockmusik müssen sich bei 4. entscheiden, Fußballfans bei 5.

2. Kaffee oder Tee?

*Kawa **czy** herbata?*

1. kawa – herbata
2. pierwsza klasa – druga klasa
3. piwo – piwo
4. Farben Lehre – Ewa Braun
5. Wisła Kraków – Polonia Warszawa

Hier war wohl Graf Zahl aus der Sesamstraße am Werk. Hören Sie schon sein fieses Lachen? *Równa się* heißt übrigens „ist gleich". Verzagen Sie bei den polnischen Zahlen nicht zu früh, sind wirklich nicht leicht!!

3. Rechenkönig

***Trzydzieści** plus **dziesięć** równa się **czterdzieści**.*

1. 30 + 10 =
2. 40 + 20 =
3. 50 + 30 =
4. 60 + 40 =
5. 15 + 70 =
6. 80 + 12 =
7. 26 + 31 =
8. 42 + 58 =
9. 66 + 22 =
10. 90 + 9 =

Aussprache von *ń* bzw. *ni:* vor *ń* wird ein leichtes *j* geschoben. Bei *ni* werden die beiden Buchstaben nicht klar getrennt, sondern schnell hintereinander gesprochen.

4. Sprechen Sie nach

1. Gda**ń**sk
2. dzie**ń** dobry
3. zosta**nie**
4. kawiar**nia**
5. sok pomara**ń**czowy
6. Toru**ń**
7. codzien**nie**
8. świet**nie**
9. Pozna**ń**
10. po**ni**esiesz

Bitte nachdenken: Wann steht *złote* (bei 2–4) und wann *złotych* (ab 5)? Schauen Sie nochmals auf der vorhergehenden Seite nach, wie's genau geht.

5. Wie viele Zloty?

***Trzy** złote.*

1. trzy
2. pięć
3. jedenaście
4. dwadzieścia jeden
5. dwadzieścia trzy
6. dwadzieścia siedem
7. trzydzieści dwa
8. sześćdziesiąt sześć
9. pięćdziesiąt osiem
10. osiemdziesiąt cztery

Pociąg odjeżdża

nareszcie	endlich
nie tylko, ale i …	nicht nur …, sondern auch …
pociąg	Zug
spóźniony/-a/-e	verspätet
myślałem/-łam	ich (m/w) dachte
słowo	Wort
nieznany/-a/-e	unbekannt
szkoda	schade
wjeżdża	er/sie/es fährt ein
peron	Bahnsteig
muszę	ich muss
wsiadać	einsteigen
odjeżdża	er/sie/es fährt ab
trzymaj się!	mach's gut!

● Ach, Sophie. Nareszcie jesteś.	Ach, Sophie. Endlich bist du da.
■ Cześć Piotr! Dzisiaj nie tylko pociąg, ale i ja jestem spóźniona.	Hallo, Piotr! Heute ist nicht nur der Zug, sondern bin auch ich verspätet.
● Spóźniona? A ja zawsze myślałem, że to słowo jest u was nieznane.	Verspätet? Und ich dachte immer, dass dieses Wort bei euch unbekannt ist.
■ Ach, Piotr …	Ach, Piotr …
● Popatrz! Pociąg już wjeżdża na peron.	Schau! Der Zug fährt schon auf dem Bahnsteig ein.
■ Dobrze, więc muszę wsiadać.	Gut, also ich muss einsteigen.
● Już? Szkoda! Przyjemnej podróży, Sophie!	Schon? Schade! Angenehme Reise, Sophie!
■ Dziękuję ci. Trzymaj się, Piotr!	Ich danke dir. Mach's gut, Piotr!

Vergangenheit (Singular)
Meistens Infinitiv ohne *-c* + Vergangenheitsendungen ***-łem/-łam***, ***-łeś/-łaś***, ***-ł/-ła***.
Bei Verben auf ***-eć*** wie *myśl**eć*** (denken) wird das ***e*** zu ***a***:
*myśla**łem/-łam***
(ich m/f dachte)
*myśla**łeś/-łaś***
(du m/f dachtest)
*myśla**ł/-ła***
(er/sie dachte)

Vergangenheit (Plural)
Personalform: Gruppen mit mindestens 1 männl. Person: ***-liśmy/-liście/-li***.
In der Personalform bleibt bei Verben auf ***-eć*** das :

*myśle**liśmy***	wir dachten
*myśle**liście***	ihr dachtet
*myśle**li***	sie dachten

Sachform: Gruppen ohne männliche Beteiligung: ***-łyśmy/-łyście/-ły***

*myśla**łyśmy***	wir dachten
*myśla**łyście***	ihr dachtet
*myśla**ły***	sie dachten

Mach's gut
trzymać (halten)
trzymaj! (halte!)
Trzymaj się! (Halte dich! = Mach's gut!)

11 B

Übungen

Alle diese Dinge sind nicht nur das eine, sondern auch das andere. Diese Übung ist also nicht nur kommunikativ, sondern auch einfach.

1. Nicht nur ..., sondern auch ...

Ta walizka ***jest nie tylko*** *duża,* ***ale i*** *piękna.*

1. Ta walizka – duża – piękna
2. Ten klub jazzowy – ciekawy – nowoczesny
3. Ten Piotr – polski – ciekawy
4. To śniadanie – francuskie – dobre
5. Ta Warszawa – piękna – złota

Es geht um die Vergangenheitsformen von *myśleć*. Wir können daran sehen, dass Polnisch wirklich eine High-Tech-Grammatik hat.

2. Was ist richtig?

1. ja (f) — a ☐ myślałam b ☐ myślałem
2. ty (m) — a ☐ myślałaś b ☐ myślałeś
3. ona — a ☐ myślała b ☐ myślał
4. my (f) — a ☐ myślałyśmy b ☐ myśleliśmy

Hier geht's um Männer, die sagen, was sie dachten. Übersetzen Sie.

3. Irrtum

1. Und ich dachte, dass ...
2. Piotr dachte, dass ...
3. Du dachtest, dass ...
4. Wir dachten, dass ...
5. Ihr dachtet, dass ...
6. Sie dachten, dass ...

Grundlegendes zu den Lauten *dż* und *dź/dzi* haben Sie schon im Zusammenhang mit *ż/rz* und *ź/zi* gelernt. Insofern müssten Sie das ganz gut hingezischelt bekommen.

4. Sprechen Sie nach

2/10

1. odjeżd**ża**
2. **dż**em
3. **dż**entelmen
4. przyjeżd**ża**
5. **dzi**eń dobry
6. bę**dzi**e
7. co**dzi**ennie
8. dwa**dzi**eścia **dzi**ewięć
9. Łó**dź**
10. wi**dzi**eć

Die Verben der Bewegung zu beherrschen, das kostet etwas Anstrengung. Aber gemach, gemach. Setzen Sie hier zuerst die fehlenden Verben ein.

5. In Bewegung

idzie po – przyjdzie – wjeżdża – jedzie – idzie

1. Pociąg _ _ _ _ _ _ _ _ _ na peron. (fährt ein)
2. Pani _ _ _ _ _ do kawiarni. (geht)
3. Piotr zaraz _ _ _ _ _ _ _ _. (kommt)
4. Piotr _ _ _ _ _ _ _ piwo. (holt)
5. Jutro Sophie _ _ _ _ _ _ do Gdańska. (fährt)

Solidarität

Nie ma wolności bez Solidarności (Es gibt keine Freiheit ohne die Solidarität) – dieser Slogan prangte 1989 überall in Polen: auf Wänden, Plakaten, Flugblättern, Buttons und Aufklebern. Es war Wahlkampf und zum ersten Mal schien Demokratie greifbar. Im Herbst 1988 hatte die Opposition die kommunistische Regierung zu Gesprächen an den „runden Tisch" gezwungen – der Prototyp stand in Warschau, später kam das Modell auch in anderen Ländern Osteuropas zur Anwendung. Das Ergebnis der Verhandlungen waren im Juni 1989 halbfreie Wahlen. Noch im Sommer wurde Tadeusz Mazowiecki zum ersten demokratischen Premier Polens und des gesamten Warschauer Paktes gewählt – ein Dammbruch, der maßgeblich die rasante Auflösung des Ostblocks mit in Gang setzte.

Angefangen hatte alles mit dem Sprung Lech Wałęsas über den Zaun der abgeriegelten Danziger Lenin-Werft. Dort – wie andernorts – streikten im Sommer 1980 die Arbeiter und protestierten gegen die Erhöhung der Lebensmittelpreise und für demokratische Reformen. Im „Danziger Abkommen" musste die Regierung die Bildung unabhängiger Gewerkschaften zulassen und die *Solidarność* (Solidarität) wurde zum Sammelbecken der Opposition.

15 Monate dauerte der „Frühling" damals, eine Zeit, die den Ostblock erschütterte und schließlich zum Zusammenbruch führte. Das sollte aber noch acht lange Jahre dauern. Am 13. Dezember 1981 verhängte General Jaruzelski das Kriegsrecht. Die „bleierne Zeit" danach brachte Inhaftierungen und Bespitzelungen, den flammend roten Schriftzug *Solidarność* konnte in Polen aber niemand mehr übersehen.

Schon 1970 hatten Preiserhöhungen Arbeiteraufstände im ganzen Land provoziert. Die Streiks wurden vom Militär brutal niedergeschlagen. Für die Toten errichteten die Arbeiter 1980 ein Denkmal vor der Lenin-Werft, der heutigen Danziger Werft. Die drei riesigen Kreuze wurden zur Pilgerstätte: Auch die Fußstapfen des polnischen Papstes sind hier im Beton verewigt.

Die Gewerkschaft *Solidarność* spielt heute nur noch eine marginale Rolle. Von den einst bis zu 9,5 Mio. Mitgliedern sind heute nur wenige übrig geblieben.

12

Besichtigung

Die alte Hansestadt Danzig ist Geburtsort von Arthur Schopenhauer und Günther Grass. Der deutsche Nobelpreisträger hat mit der „Danziger Trilogie" seiner Heimatstadt ein literarisches Denkmal gesetzt. Als „polnischer Grass" gilt Paweł Huelle. In Prosa und Essays spürt er den deutschen Spuren im heutigen Danzig nach. Berühmt ist auch das „Danziger Goldwasser". Dieser hochprozentige Likör ist nur echt, wenn er kleine Blattgoldstückchen enthält. Die kann man übrigens unbesorgt mittrinken.

Sophie hat für Danzig leider nur zwei Tage Zeit. Deshalb bringt sie nach ihrer Ankunft schnell das Gepäck ins Hotel und geht dann gleich zur Touristeninformation. Sie möchte sich ein paar Tipps geben lassen: *Co można zwiedzić w Gdańsku?* (Was kann man in Danzig besichtigen?) Irgendwie hat die Dame sie aber falsch verstanden und meint, sie wäre schon ein paar Tage in der Stadt. In einem Affenzahn zählt sie die wichtigsten Sehenswürdigkeiten auf, bis es Sophie gelingt, den Redefluss zu unterbrechen: *Ja dopiero właśnie przyjechałam do Gdańska* (Ich bin doch gerade erst in Danzig angekommen).

Bepackt mit Stadtplan und Prospekten begibt sich Sophie auf Erkundungstour. Sie ist fasziniert von der alten Hansestadt und schaut sich alles an. Am nächsten Morgen beschließt sie kurzerhand, nach Sopot zu fahren. Strand und Mole sehen verlockend aus in ihrem Reiseführer …

Abends ruft sie Piotr in Warschau an und erzählt, was sie den Tag über getrieben hat: *Zwiedzałam Stare Miasto* (Ich habe die Altstadt besichtigt), berichtet sie stolz. Und: *Rano pojechałam do Sopotu* (Morgens bin ich nach Sopot gefahren). Sie muss zugeben, dass sie vom alten Seebad Sopot gar nichts gesehen hat, weil sie die ganze Zeit nur am Strand der Ostsee gesessen hat. Piotr kommentiert ironisch: *Świetny program* (Ausgezeichnetes Programm).

Co można zwiedzić?

zwiedzić	besichtigen (perfektiv)
Kościół Mariacki	Marienkirche
Krantor	Krantor
niestety	leider
był/-a	er/sie war
przy	bei, beim
Pomnik Solidarności	Denkmal der Solidarität
dopiero	erst
przyjechałem/-am	ich (m/w) kam an/ bin eingetroffen
powiedział/-a	er/sie sagte
tego	das, dessen
od razu	gleich, sofort

- ● Dzień dobry, co można zwiedzić w Gdańsku? — Guten Tag, was kann man in Danzig besichtigen?
- ■ Zwiedziła pani już Stare Miasto? — Haben Sie schon die Altstadt besichtigt?
- ● Jeszcze nie, ja … — Noch nicht, ich …
- ■ Ale już pani zwiedziła Kościół Mariacki i Krantor? — Aber Sie haben schon die Marienkirche und das Krantor besichtigt?
- ● Niestety nie, ja … — Leider nein, ich …
- ■ Ale już pani była przy Pomniku Solidarności? — Aber Sie waren schon beim Denkmal der Solidarität?
- ● Nie, jeszcze nie. Ja dopiero właśnie przyjechałam do Gdańska. — Nein, noch nicht. Ich bin erst gerade in Danzig angekommen.
- ■ To dlaczego nie powiedziała pani tego od razu? — Und warum haben Sie das nicht gleich gesagt?

Vergangenheit: ***być*** (sein)
*by**łem/-łam*** ich m/f war
*by**łeś/-łaś*** du m/f warst
*by**ł/-ła*** er/sie war

przyjechać (ankommen)
(vollendeter Aspekt zu *przyjeżdżać*; komplizierte Sache: es geht in etwa um den Unterschied zwischen „essen" und „aufessen", hierfür gibt es unterschiedliche polnische Verben):
*przyjecha**łem/-łam***
(ich m/f bin angekommen)
*przyjecha**łeś/-łaś***
(du m/f bist angekommen)
*przyjecha**ł/-ła***
(er/sie ist angekommen)

powiedzieć (sagen)
(perf. Aspekt zu *mówić*)
Das ***e*** in *powiedzieć* wird zu ***a***:
*powiedzia**łem/-łam***
(ich m/f habe gesagt)
*powiedzia**łeś/-łaś***
(du m/f hast gesagt)
*powiedzia**ł/-ła***
(er/sie hat gesagt)

przy **+ Lokativ** (bei)
pomnik (Denkmal) →
przy** pomnik**u
(beim Denkmal)

właśnie (eben, gerade)
No właśnie! (Na eben!; Ja genau!)

Nein + Genitiv
Nominativ: *ten, to*
Genitiv: ***tego***
*Ona powiedziała **to***
(Sie sagte **das**)
*Ona **nie** powiedziała **tego***
(Sie sagte **das nicht**)

Übungen

1. Eben erst angekommen

In welchen Städten sind die nebenstehenden Personen eben erst angekommen? Setzen Sie die richtige Vergangenheitsform von *przyjechać* ein.

*Piotr **właśnie przyjechał** do Berlina.*

1. Piotr – do Berlina
2. Sophie – do Gdańska
3. pani – do Krakowa
4. pan – do Polski
5. Wisława Szymborska – do Sztokholmu

2. Nein, nein, nein

Verneinen Sie die Sätze. Keine Angst, zunächst geht es nur um das kleine *to* (das). Wenn es verneint wird, steht es im Genitiv.

*Sophie **nie** powiedziała **tego**.*

1. Sophie powiedziała to.
2. To się czyta w Polsce.
3. Zwiedziłem to.
4. Chcę to.

3. Volles Programm

Was haben Sie schon alles ausgiebigst besichtigt? Denken Sie daran: *zwiedziłem* sagen die Männer, *zwiedziłam* die Frauen.

***Zwiedziłem/-am już** Warszawę.*

1. Warszawa
2. Kraków
3. Polska
4. Stare Miasto
5. Krantor
6. Pomnik Solidarności
7. Kościół Mariacki
8. Muzeum Narodowe
9. Plac Zamkowy
10. stara kawiarnia

4. Sprechen Sie nach

Es gibt keinen Unterschied zwischen *ch* und *h*. Beide klingen wie „ch“ in „Bach“.

1. przyje**ch**ałam
2. **ch**cę
3. pięć złoty**ch**
4. **ch**leb
5. mam o**ch**otę
6. **ch**ętnie
7. ru**ch**
8. **h**andel
9. **h**erbata
10. **h**otel

5. Übersetzen Sie

Hier geht es um die Vergangenheit von *być* (sein). Achten Sie auch auf die Lokativformen der jeweiligen Orte.

1. Ich (m) war in Polen.
2. Du (w) warst im Museum.
3. Piotr war in der Redaktion.
4. Die Dame war im Café.
5. Du (m) warst beim Solidarność-Denkmal.

Pojechałam do Sopotu

słucham?	ich höre, Bitte?
mówi	er/sie spricht
co słychać?	was gibt's Neues?, wie geht's?
podróż	Reise
zajęty/-a/-e	beschäftigt
po południu	nachmittags, am Nachmittag
rano	morgens, am Morgen
pojechałem/-am	ich (m/w) bin gefahren
do Sopotu	nach Sopot
robiłeś/-aś	du (m/w) hast gemacht
siedziałem/-am	ich (m/w) habe gesessen
patrzyłem/-am	ich (m/w) habe geschaut
morze	Meer

● Słucham?	Bitte?
■ Cześć Piotr, mówi Sophie.	Hallo, Piotr, es spricht Sophie.
● Ach Sophie, co słychać? Powiedz, jaką miałaś podróż?	Ach, Sophie, was gibt's Neues? Sag', wie war die Reise?
■ W porządku. Dzisiaj byłam bardzo zajęta. Po południu zwiedzałam Stare Miasto.	In Ordnung. Heute war ich sehr beschäftigt. Nachmittags habe ich die Altstadt besichtigt.
● I to wszystko?	Und das ist alles?
■ Nie, rano pojechałam do Sopotu.	Nein, am morgen bin ich nach Sopot gefahren.
● I co tam robiłaś?	Und was hast du dort gemacht?
■ Siedziałam i patrzyłam na morze.	Ich habe gesessen und auf das Meer geschaut.
● Ah, świetny program.	Ah, ein ausgezeichnetes Programm.
■ Ach Piotr!	Ach, Piotr!

Słucham? (Ich höre?; Bitte?)
Am Telefon meldet man sich mit *słucham?* Der Anrufer antwortet mit *mówi* und nennt seinen Namen:
Mówi Hanna Krall
(Es spricht Hanna Krall)

Co słychać? (Wie geht's?; (wörtl.: Was ist zu hören?)

Podróż (Reise) ist feminin, endet aber nicht auf ***-a***:
*Jak**ą** miałaś podróż?*
(Wie war die Reise?; wörtl.: Was für eine du hattest Reise?)
mieć (haben) →
*mi**a**łeś/-aś* (du hattest)

po + **Lokativ** (nach)

Lokativ Nomen (n)
-ie → ***-iu***:
*połud**nie*** (Mittag, Süden)
*popołud**nie*** (Nachmittag) →
po** połud**niu (**nach**mittags, am **Nach**mittag)

Po południu ist ein **Adverb**, die enden sonst auf ***-e*** oder ***-o***.
Genauso:
po** prost**u (einfach)
po** polsk**u (polnisch)
po** niemieck**u (deutsch)

Sopot → ***do** Sopot**u***
Nicht alle Städte enden im Genitiv auf ***-a***.

pojechałem/-łam
(ich bin gefahren)
Von *pojechać* (fahren)
(perfekt. Aspekt zu *jechać*)

siedziałem/-łam
(ich habe gesessen)
Von *siedzieć* (sitzen)
Das ***e*** in *siedzieć* wird zu ***a***.

Übungen

Hier können Sie drauflos telefonieren, ohne an die Rechnung zu denken.

1. Telefonitis

2/14

Cześć *Piotr,* ***mówi*** *Sophie.*

1. Piotr – Sophie
2. Michał – Agnieszka
3. Maciej – Ula
4. Roman – Olga
5. Czesław – Wisława

Und noch eine Übung zur Vergangenheit. Bilden Sie korrekte Sätze. Achten Sie darauf, ob es um einen Mann oder eine Frau geht, denn nur eine Form ist richtig.

2. Vergangenheit

1. Rano – Sophie – do Sopotu. a ☐ pojechał b ☐ pojechała
2. Rano – (ich/m) przy Pomniku Solidarności. a ☐ siedziałam b ☐ siedziałem
3. Rano – (du/w) – na morze. a ☐ patrzyłaś b ☐ patrzyłeś
4. Rano (ich/w) – do Gdańska. a ☐ pojechałem b ☐ pojechałam

Pan/-i dobrze mówi po polsku! (Sie sprechen gut Polnisch!), ein Lob, das Sie sicher oft hören werden. Machen Sie sich damit durch diese Übung schon mal vertraut.

3. Sie sprechen gut ...

Sophie ***dobrze mówi*** *po polsku.*

1. Sophie – po polsku
2. Piotr – po niemiecku
3. Adam Mickiewicz – po francusku
4. biznesmen – nie – po polsku
5. Tadeusz Różewicz – po niemiecku

Das polnische *s* ist immer stimmlos, ähnlich wie „ß" in „reißen".

4. Sprechen Sie nach

2/15

1. Co **s**łychać?
2. **S**opot
3. Pol**s**ka
4. nie**s**tety
5. Pomnik **S**olidarności
6. Gdań**s**k
7. **s**tolica
8. krze**s**ło
9. siedemna**s**ty
10. **s**makuje

Wie war das noch? Hier geht's um Vergangenes. Der Dialog hilft beim Erinnern. Den haben Sie ja schon auf Seite 81 gelesen, oder?

5. Erinnerungslücken

słychać – robiłaś – patrzyłam – byłam – siedziałam – miałaś

1. Cześć Sophie, co _ _ _ _ _ _ _ ? Jaką _ _ _ _ _ _ podróż?
2. W porządku. Dzisiaj _ _ _ _ _ bardzo zajęta.
3. A co _ _ _ _ _ _ _ _ ?
4. _ _ _ _ _ _ _ _ _ _ _ i _ _ _ _ _ _ _ _ _ _ na morze.

Polen in Deutschland

Vor hundert Jahren als Kumpel unter Tage, heute als Ingenieur, Handwerker oder Pflegekraft – zahlreiche Menschen aus dem polnischen Raum suchten und suchen in Deutschland vor allem eins: Arbeit. Nicht immer „freiwillig", schließlich mussten im Dritten Reich 1,9 Mio. polnische Zwangsarbeiter schuften. In politisch turbulenten Zeiten war die BRD aber auch als Asylland wichtig. Beziehungen zu Polen haben Fußballer wie „unser Miro" Mirosław Marian Kloze aus Opole. Aber auch Künstler, u. a. der Schauspieler Joachim Król aus Herne oder der Jazz-Kontrabassist Vitold Rek, der eigentlich Witold Szczurek heißt. Eine Ikone der Arbeiterbewegung wirkte ebenfalls in Deutschland: die aus Zamość stammende sozialistische Politikerin Róża Luksemburg, bei uns eher als Rosa Luxemburg bekannt.

Wenn Heimweh den Exilpolen plagt, dann findet er Trost in der so genannten *Polonia* (ein Sammelbegriff für Emigrationsverbände) oder in einer *msza święta* (heilige Messe), um deren Ausrichtung sich die *Polska Misja Katolicka* (Polnische Katholische Mission) kümmert.

Deutschland versteht sich heute gerne als „Anwalt" Polens, als treibende Kraft des polnischen EU-Beitritts. Zuallererst auf kulturellem Gebiet wurde das in keiner deutsch-polnischen Diskussion fehlende Schlagwort vom „Brückenbauen" verwirklicht. Polnische Literatur fand in erster Linie über deutsche Übersetzungen auf den Weltmarkt. Dies ist besonders unverdrossenen Einzelkämpfern wie dem Übersetzer und Kulturvermittler Karl Dedecius zu verdanken. Die Beziehungen haben sich normalisiert. Vor ein paar Jahren war das noch Utopie.

Der Deutschen liebstes Land zum Auswandern, nach der Schweiz und den USA? Polen! Im Jahr 2009 zog es 12.049 Auswanderer dorthin. Es handelt sich dabei vor allem um deutschstämmige Aussiedler aus Polen, die wieder zurückkehren.

In Deutschland leben ca. 600.000 Menschen mit polnischem Pass, das entspricht 0,8 % der Bevölkerung.

Deutsche Männer – sofern sie eine Ausländerin zum Standesamt begleiten – wählen am liebsten eine *Polka*, 3700 Ehen wurden 2008 geschlossen. Allerdings konnten sich nur 500 deutsche Frauen für einen *Polak* entscheiden.

T Test 3

Hier testen wir Sie mit Fragen aus den Sparten Kunst und Kultur, Film und Fernsehen, Sport und Verkehr, Wirtschaft und Geschichte. Die Uhr läuft ...

1. Welche Antwort stimmt?

1. Wer brachte den Wodka nach Polen?
   a ☐ Pablo Picasso
   b ☐ der Teufel
   c ☐ Charles Bukowski
2. Polens wichtigster Wirtschaftspartner ist ...
   a ☐ Dänemark
   b ☐ Deutschland
   c ☐ Disneyland
3. Die Gespräche am runden Tisch führten ...
   a ☐ zu einer Senkung der Alkoholsteuer um 50 %.
   b ☐ zu etwa 2000 lustigen Anekdoten.
   c ☐ im Juni 1989 zu den ersten halbfreien Wahlen in Polen.
4. Günther Grass und Arthur Schopenhauer stammen aus ...
   a ☐ Telgte.
   b ☐ Szopograssów.
   c ☐ Gdańsk.
5. *Polonia* ist ...
   a ☐ der Name der polnischen Schlafwagengesellschaft.
   b ☐ der offizielle Name des britischen Polo-Verbandes.
   c ☐ ein Sammelbegriff für die Auslandspolen.
6. *Solidarność* ist der Name ...
   a ☐ des Danziger Rudervereins.
   b ☐ der ersten freien Gewerkschaft Polens.
   c ☐ des Freundeskreises um Wałęsa.

2. Fragen und Antworten

1. Co robimy dzisiaj wieczorem?	a ☐ Chętnie, bardzo dziękuję.
2. Co chcesz do picia?	b ☐ Tak, to mój telewizor.
3. Napije się pani herbaty?	c ☐ Kościół Mariacki i Krantor.
4. Jak się masz?	d ☐ Cześć Piotr, mówi Sophie.
5. Czy to twój telewizor?	e ☐ Patrzyłam na morze.
6. Co można zwiedzić w Gdańsku?	f ☐ Idziemy na koncert.
7. Słucham?	g ☐ Świetnie!
8. Co tam robiłaś?	h ☐ Duże piwo, proszę.

3. Was fehlt?

1. Idziemy _ _ koncert.
   a ☐ od
   b ☐ do
   c ☐ na
2. Gdzie mogę znaleźć Piotra Głowacki_ _ _?
   a ☐ jej
   b ☐ ego
   c ☐ ony
3. Poproszę bilet do Gdańsk_.
   a ☐ i
   b ☐ a
   c ☐ u
4. A ja (m) zawsze myśla_ _ _, że to słowo jest u was nieznane.
   a ☐ łem
   b ☐ łam
   c ☐ łeś
5. Pani nie powiedziała _ _ _ _.
   a ☐ temu
   b ☐ tego
   c ☐ toto
6. Pani już była _ _ _ _ Pomniku Solidarności?
   a ☐ mnie
   b ☐ trzy
   c ☐ przy
7. Ach Sophie, _ _ słychać?
   a ☐ to
   b ☐ co
   c ☐ mi

Und hier die Zusammenfassung: Sophie geht ins Konzert, kann Piotr aber nicht finden. Deshalb kauft sie ein Ticket nach Danzig, ein Wort, das Piotr nicht kennt, was Sophie wiederum nicht gesagt hat. Deshalb war sie am Solidarność-Denkmal, was man gehört hat. Alles klar?

4. Wie sagt man das auf Polnisch?

1. Wir gehen zu einem Konzert.
2. Warte mal!
3. Was willst du zum Trinken?
4. Bitte sich zu setzen.
5. Wie geht's?
6. Eine Fahrkarte nach Danzig, bitte.
7. Was kann man in Danzig besichtigen?
8. Was gibt's Neues?

Wenn es Ihnen leichter fällt, können Sie die Übersetzungen auch singen. Vielleicht sollten Sie dazu mit diesem Buch lieber unter die Dusche gehen – vorher bitte wasserfest verpacken!

13

In der Milchbar

bar mleczny (Milchbar)
Mit urpolnischen Gerichten eine echte Alternative zur Langeweile der internationalen Fast-Food-Ketten:

barszcz czerwony: roter Borschtsch (Rote-Rüben-Suppe: warm, kalt, mit Einlagen wie Ei, Gemüse, Teigwaren oder klar)
flaki: Kuttelsuppe
żurek: Sauermehlsuppe
bigos: Eintopf mit Sauerkraut, Kohl und Fleisch
gołąbki: Kohlrouladen
pieczeń: Braten
kurczak: Huhn
kaczka: Ente
ryba: Fisch
pierogi: Teigtaschen (gefüllt mit Pilzen, Fleisch, Kraut oder süß mit Quark)
naleśniki: Pfannkuchen
kluski: süße Klöße

Es ist Mittag, Sophie ist alleine in Danzig und ihr knurrt ordentlich der Magen. Sie sieht einen Schwung Studenten in einer *bar mleczny* (Milchbar) verschwinden: Hier bekommt man bestimmt ein gescheites Essen, denkt sie sich und geht auch hinein.
Lange studiert sie die großen Tafeln über der Theke. Das Angebot ist verwirrend. Sophie versteht nur die Hälfte und wundert sich, dass viele Gerichte mit Grammangaben versehen sind. Gerade will sie ihr Wörterbuch zücken, um sich wenigstens etwas Klarheit zu verschaffen, als die Frau an der Kasse fragt: *A co dla pani?* (Und was für Sie?) Sophie ist überrumpelt: *Hmh, nie wiem* ... (Hmh, ich weiß nicht ...). Die Kassiererin hilft ihr und empfiehlt echte Spezialitäten wie *barszcz czerwony* (Rote-Rüben-Suppe) und *pierogi* (Piroggen). Ruckzuck ist ein komplettes Menü zusammengestellt, und schon schaukelt Sophie ihr Tablett durch den Saal und sucht sich einen freien Platz.
Abends, wieder in Warschau, holt Piotr sie am Bahnhof ab. Er will alles wissen: was sie gesehen hat, ob das Hotel gut war ... Am Ende fragt er, wie's um ihr leibliches Wohl bestellt war: *Jadłaś coś smacznego?* (Hast du etwas Leckeres gegessen?) Natürlich hat er wieder etwas vor mit Sophie ...

zupa	Suppe
żurek	saure Mehlsuppe
barszcz	Borschtsch
czerwony/-a/-e	rot
smaczny/-a/-e	lecker
słyszałem/-łam	ich habe gehört
pierogi	Piroggen
z grzybami	mit Pilzen
specjalność	Spezialität
z mięsem	mit Fleisch
nasz/-a/-e	unser
bigos	Bigos
wezmę	ich werde nehmen
z cytryną	mit Zitrone

● A co dla pani?	Und was für Sie?
■ Hmh, nie wiem ... Może żurek.	Hmh, ich weiß nicht ... Vielleicht Żurek.
● Nie ma żurku. Ale barszcz czerwony jest dzisiaj bardzo smaczny.	Es gibt keinen Żurek. Aber Roter Borschtsch ist heute sehr lecker.
■ Dobrze, chętnie spróbuję.	Gut, probiere ich gerne.
● I co jeszcze?	Und was noch?
■ Słyszałam, że pierogi z grzybami to polska specjalność?	Ich habe gehört, dass Piroggen mit Pilzen eine polnische Spezialität sind?
● Tak, pierogi z grzybami albo z mięsem. I oczywiście nasz bigos.	Ja, Piroggen mit Pilzen oder mit Fleisch. Und natürlich unser Bigos.
■ Hmh, dzisiaj wezmę pierogi z grzybami.	Hmh, heute werde ich Piroggen mit Pilzen nehmen.
● Proszę bardzo: Barszcz czerwony, pierogi z grzybami i coś do picia?	Bitte sehr: Roter Borschtsch, Piroggen mit Pilzen und etwas zum Trinken?
■ Tak, poproszę herbatę z cytryną.	Ja, bitte Tee mit Zitrone.

Instrumental Pl. (m/f/n)
-ami
grzyb (Pilz) → *z grzyb**ami***
(mit Pilzen)

Plural Nomen (m)
Nominativ: ***-g*** → ***-gi***
*pieró**g*** (Pirogge) → *piero**gi***
(das ***ó*** in *pieróg* wird zu ***o***)

Nomen (f) auf *-ść*
(viele Abstrakta)

Nom.	*specjalno**ść***
Gen.	*specjalno**ści***
Dat.	*specjalno**ści***
Akk.	*specjalno**ść***
Instr.	*specjalno**ścią***
Lok.	*specjalno**ści***

nasz/-a/-e (unser)
(m) *nasz bigos* (unser Bigos)
(f) *nasz**a** zupa* (unsere Suppe)
(n) *nasz**e** biuro* (unser Büro)
Plural: *nasz**e** pierogi*
Ebenso:
wasz/-a/-e (euer, eure)

***wziąć* (perf.)** (nehmen)
Die unvollendete Form lautet *brać* (nehmen).
Vollendete Verben drücken kein Präsens, sondern Zukunft aus.
wezmę
(ich werde – bestimmt – nehmen, ich werde genommen haben)
weźmiesz
(du wirst nehmen)
weźmie
(er/sie wird nehmen)

Übungen

2/17

Kommen Sie kurz vor Geschäftsschluss in eine *bar mleczny*, kann Ihnen das schon mal passieren: Es gibt dieses nicht und jenes nicht. Nicht vergessen: *nie ma* plus Genitiv.

1. Gibt es ... ?

*Nie ma **żurku**.*

1. żurek
2. polskie ciastko
3. zupa
4. barszcz czerwony
5. bigos

Die Köchin versteht ihr Handwerk, deshalb kann die Kellnerin alles empfehlen. Ob *nasz, nasza* oder *nasze* (unser/unsere) hängt davon ab, ob das Gericht m/f/n ist.

2. Schmatzig lecker

***Nasz** bigos jest bardzo smaczny.*

1. Bigos jest bardzo smaczny.
2. Pierogi są bardzo smaczne.
3. Zupa jest bardzo smaczna.
4. Polskie śniadanie jest bardzo smaczne.
5. Barszcz czerwony jest bardzo smaczny.

Ordnen Sie die Satzteile einander zu. Der Instrumental Plural ist ganz einfach: Immer nur *-ami* anhängen und fertig ist die Laube.

3. Mit diesem und jenem

1.	Wezmę pierogi	a ☐	Polkami.
2.	To kiosk	b ☐	Polakami.
3.	Ula i Agnieszka są	c ☐	z grzybami.
4.	Piotr i Maciej są	d ☐	z krzesłami.
5.	Tam jest wolny stolik	e ☐	z gazetami.

Eine kleine Übung zu *specjalność* (Spezialität):
1. braucht Akkusativ
2. *nie ma* + Genitiv
3. nach *to:* Nominativ
4. nach *jest:* Instrumental

4. Spezialitätenkabinett

specjalności – specjalność (2x) – specjalnością

1. Wezmę polską ______________________.
2. Tu nie ma ______________________.
3. Czy to polska ______________________?
4. Żurek jest polską ______________________.

Auf dem Tisch ist alles durcheinandergeraten. Ist das jetzt unser *(nasz/nasza/nasze)* oder euer *(wasz/wasza/wasze)* Teller?

5. Unser oder euer?

*Czy to nasze **piwo czy wasze**?*

1. piwo
2. bigos
3. kawa
4. pierogi
5. barszcz

Jak było w Gdańsku?

było	es war
fajnie	prima, fein
widziałeś/-łaś	du hast gesehen
cały/-a/-e	ganz
spotkałeś/-łaś	du hast getroffen
centrum	Zentrum
jadłeś/-łaś	du hast gegessen
coś smacznego	etwas Leckeres
pytasz	du fragst
bo	weil
mama	Mama
zaprosił/-ła	er/sie hat uns eingeladen
na kolację	zum Abendessen

● Cześć Sophie! Jak było w Gdańsku?	Hallo, Sophie! Wie war's in Danzig?
■ Było bardzo fajnie!	Es war sehr prima!
● Wszystko widziałaś?	Du hast alles gesehen?
■ Oczywiście, zwiedziłam całe miasto.	Natürlich, ich habe die ganze Stadt besichtigt.
● Spotkałaś też Lecha Wałęsę?	Hast du auch Lech Wałęsa getroffen?
■ Nie, ale widziałam Pomnik Solidarności.	Nein, aber ich habe das Solidarność-Denkmal gesehen.
● Miałaś dobry hotel?	Hattest du ein gutes Hotel?
■ Tak, w centrum Gdańska.	Ja, im Zentrum Danzigs.
● Jadłaś coś smacznego?	Hast du etwas Leckeres gegessen?
■ Tak, ale dlaczego pytasz?	Ja, aber warum fragst du?
● Bo moja mama zaprosiła nas na kolację.	Weil meine Mama uns zum Abendessen eingeladen hat.

Lokativ Nomen (m)
*-k → -**ku***
*Gdańsk → **w** Gdańs**ku***

Vergangenheit (n)
unpersönlich: → ***-o***
*Jak był**o**?* (Wie war **es**?)

1. Infinitiv ***-eć*** → ***-ał...***
*widzi**eć*** (sehen)
*widzi**ałem/-łam***
(ich habe gesehen)
*widzi**ałeś/-łaś***
(du hast gesehen) etc.
***mieć* (haben)**
*mi**ałem/-łam*** (ich hatte)
*mi**ałeś/-łaś*** (du hattest)
2. Infinitiv ***-ić*** → ***-ił...***
zwiedzić (besichtigen)
*zwiedzi**łem/-łam***
(ich habe besichtigt)
*zwiedzi**łeś/-łaś***
(du hast besichtigt)
3. Infinitiv ***-ać*** → ***-ał...***
spotkać (treffen)
*spotk**ałem/-łam***
(ich habe getroffen)
*spotk**ałeś/-łaś***
(du hast getroffen)
4. unregelmäßig:
jeść (essen)
jadłem/-łam (ich aß)
jadłeś/-łaś (du aßt)
jadł/-ła (er/sie aß)

Familiennamen (m) auf ***-a*** funktionieren wie ein **(f)** Nomen:
Nom. *Wałęs**a***
Akk. *Wałęs**ę***
*To Lech Wałęs**a*** →
*Spotkałaś Lech**a** Wałęs**ę**?*
(Hast du Lech Wałęsa getroffen?)

Substantivierung
smaczny/-a/-e (lecker) →
coś** smaczn**ego
(wörtl.: etwas des Leckeren)

13 B

Übungen

Setzen Sie *jak było w ...?* vor diese exklusiven Örtlichkeiten, die dann natürlich im Lokativ stehen. Zur Erinnerung:
-nia → -ni, -ka → -ce,
-k → -ku, -wa → -wie,
-um → -um

1. Wie war's?

***Jak było** w Gdańsk**u**?*

1. Gdańsk
2. kawiarnia
3. Warszawa
4. centrum Gdańska
5. Polska

Leiten Sie von den Infinitiven die richtige Vergangenheitsform ab. Hier am Beispiel der 1. Person Singular maskulin:
zjeść (aufessen) ist der perfektive Aspekt zu *jeść*.

2. Welche Form ist richtig

1. spotkać — a ☐ spotkiłem b ☐ spotkałem
2. widzieć — a ☐ widziałem b ☐ widziełem
3. mieć — a ☐ miełem b ☐ miałem
4. zwiedzić — a ☐ zwiedziałem b ☐ zwiedziłem
5. zjeść — a ☐ zjadłem b ☐ zjedłem

Hier ist der Akkusativ gefragt, also *-a* an die Namen! Sieht einfach aus, hat es aber in sich: zwei dieser Herrschaften haben Familiennamen mit (f) Endung – die kriegen ein *ę* hinten dran.

3. Hast du ... getroffen?

2/19

***Spotkałeś** Lech**a** Wałęs**ę**.*

1. Lech Wałęsa
2. Zbigniew Herbert
3. Tadeusz Różewicz
4. Edward Stachura
5. Witold Gombrowicz
6. Czesław Miłosz
7. Adam Mickiewicz
8. Stanisław Lem
9. Bruno Schulz
10. Władysław Stanisław Reymont

Mit *coś ...-ego*, wird hier aus lecker, schön, alt, gut und rot etwas Leckeres, Schönes, Altes, Gutes und Rotes.

4. Etwas ...

*Jadłem coś smaczn**ego**.*

1. Jadłem coś (smaczny).
2. Zwiedziłem coś (piękny).
3. Miałem coś (stary).
4. Jadłem coś (dobry).
5. Widziałem coś (czerwony).

Versuchen Sie sich an der Übersetzung. Wird schon. Falls es nicht klappt, dann lesen Sie einfach den Dialogtext nochmals durch.

5. Fragen über Fragen

1. Wie war es in Danzig?
2. Du hast alles gesehen?
3. Hast du auch Lech Wałęsa getroffen?
4. Hattest du ein gutes Hotel?

Kartoffeln und Kraut

13

In Polen schmeckt es wie bei Großmuttern. Die polnische Küche ist bodenständig und hat außer Kartoffeln und Sauerkraut noch einiges mehr zu bieten. Die typischen Gerichte wie Fisch (vor allem Karpfen), Geflügel (Gans), Kohl in vielen Variationen und alle Sorten Pilze (nicht gezüchtet, sondern wild in den Wäldern gewachsen). Traditionelle Gerichte werden heute noch nach althergebrachten Methoden zubereitet. Eine große Rolle spielen dabei auch klassisch konservierte Zutaten wie eingelegte Gurken, Sauerkraut, Rote Bete, eingekochtes Obst sowie getrocknete Pilze und Würste. Zu einem normalen Essen gehört eine Suppe. Legendär ist *barszcz* (Rote-Rüben-Suppe), der pur (*czysty* = rein) oder mit diversen Einlagen angeboten wird, oder *żurek* (saure Mehlsuppe). Das polnische Nationalgericht ist *bigos*, ein deftiger Eintopf. Gekochtes Rindfleisch oder *kotlet schabowy* (Schweinskotelett), *sznycel* (Schnitzel), *kotlet mielony* (Frikadelle) oder *gołąbki* (Kohlroulade) sind andere beliebte Fleischgerichte. Pilze werden in Rollbraten gefüllt und natürlich in *pierogi* (Piroggen). Diese köstlichen Teigtaschen gibt es auch mit Fleisch, Kraut oder süß mit Frischkäse. Überhaupt, die Nachspeisen! Dafür sollte man immer etwas Platz lassen, denn an *kluski* (Klößchen mit Obst) oder *naleśniki* (Pfannkuchen mit diversen Füllungen) führt kein Weg vorbei.

Bigos gibt es in unzähligen Variationen und jeder schwört auf ein geheimes Spezialrezept. In Wahrheit nimmt man das, was gerade im Haus ist. Hier ein Standard-Rezept:

1. 500 g Schweinefleisch und 250 g durchwachsenen Speck anbraten
2. 3 Zwiebeln, 5 Knoblauchzehen, 250 g Weißkohl hacken, 2 saure Äpfel würfeln, mit 500 g Sauerkraut, 200 g Pilzen (am besten Steinpilze) verrühren, etwas Tomatenmark dazugeben
3. Mit Salz, Pfeffer, Paprika, Kümmel, Majoran, Lorbeerblatt würzen
4. Mit Wasser aufgießen und mindestens 2 Stunden sanft köcheln lassen
5. Zum Schluss 3-4 scharfe Knoblauchwürste mitziehen lassen

14

Einladung

Damit man weiß, was einen erwartet:
obiad: Mittagessen
kolacja: Abendessen
drugie danie: Hauptgericht
deser: Nachspeise

nóż: Messer
widelec: Gabel
łyżka: Esslöffel
łyżeczka do herbaty/kawy: Tee-/Kaffeelöffel
szklanka: Glas
filiżanka: Tasse
talerz: Teller
miska: Schüssel

Sophie hat noch schnell ein kleines Sträußlein besorgt. Jetzt steht sie mit Piotr vor der Wohnung seiner Mutter. Er klingelt, und es öffnet eine zierliche Dame, die beide so wortreich wie herzlich begrüßt. Sophie ergreift die erste Gelegenheit: *Dziękuję bardzo za zaproszenie* (Vielen Dank für die Einladung), und überreicht die Blümchen. Piotrs Mutter ist sehr gerührt: *Och, jakie piękne kwiaty* (Och, was für schöne Blumen).
Es dauert nicht lange, da kommt Frau Głowacka mit einer riesigen Suppenschüssel ins Wohnzimmer: *Kolacja gotowa!* (Das Essen ist fertig!), bittet sie den Besuch an den gedeckten Tisch. Bereits nach einem Löffel *żurek* lobt Sophie die Köchin: *Mmh, smakuje świetnie* (Mhm, das schmeckt ausgezeichnet). Frau Głowacka meint: *Ach, przygotowałam tylko skromną kolację* (Ach, ich habe nur ein bescheidenes Abendessen vorbereitet).
Sophie kann kaum noch Papp sagen, als der Nachtisch abgeräumt wird. Jetzt gibt es auch noch Tee oder Kaffee mit exquisiten Törtchen und Küchlein! Piotrs Mutter plaudert unentwegt und spart ihrerseits nicht mit Lob: *Pani świetnie mówi po polsku* (Sie sprechen ausgezeichnet Polnisch). Sophie freut sich zwar, doch sie weiß es besser: *Ale ciągle jeszcze robię dużo błędów* (Aber ich mache ständig noch viele Fehler). Frau Głowacka lässt diesen Einwand nicht gelten: *To nic! Najważniejsze, że wszystko rozumiem* (Macht nichts! Am wichtigsten ist, dass ich alles verstehe).

14 A

wejść	eintreten
zaproszenie	Einladung
kwiaty	Blumen
gotowy/-a/-e	fertig
zjemy	wir werden essen
przygotowałem/-łam	ich habe vorbereitet
skromny/-a/-e	bescheiden
na deser	zum Nachtisch
kompot	Kompott (Obst mit Saft)
kocham	ich liebe
kuchnia	Küche
smacznego!	guten Appetit!

■ Dobry wieczór, pani Głowacka!	Guten Abend, Frau Głowacka!
● Dobry wieczór, pani Sophie! Proszę wejść.	Guten Abend, Frau Sophie! Bitte einzutreten.
■ Dziękuję bardzo za zaproszenie.	Ich danke sehr für die Einladung.
● Och, jakie piękne kwiaty! Bardzo dziękuję!	Och, was für schöne Blumen! Vielen Dank!
● Kolacja gotowa! Najpierw zjemy żurek. Smacznego!	Das Abendessen ist fertig! Zuerst werden wir Żurek essen. Guten Appetit!
■ Smacznego! ... Mmh, smakuje świetnie.	Guten Appetit! ... Mmh, es schmeckt ausgezeichnet.
● Ach, przygotowałam tylko skromną kolację: żurek, bigos, a na deserż kompot.	Ach, ich habe nur ein bescheidenes Abendessen vorbereitet: Żurek, Bigos und zum Nachtisch Kompott.
■ Już teraz kocham polską kuchnię.	Schon jetzt liebe ich die polnische Küche.

Familienname
Głowacki funktioniert wie ein Adjektiv. Da es sich bei Piotrs Mutter um eine Frau handelt, endet ihr Nachname auf ***-a***:
pani Głowacka
Aber:
pan Głowacki

Verb – Nomen
zapraszać
(einladen, imperfektiv)
zaprosić
(einladen, perfektiv)
zaproszenie (Einladung)

Plural
Nomen (m)
-t/-b → ***-ty/-by***
kwiat (Blume) →
kwiaty (Blumen)
grzyb → *grzyby* (Pilze)

Adjektive (m/f/n)
-e
Jaki piękny kwiat!
(Was für eine schöne Blume!)
Jakie piękne kwiaty!
(Was für schöne Blumen!)

zjemy (wir werden essen) von *zjeść* (essen), perfektiver Aspekt von *jeść*.

14 A

Übungen

Wir helfen, wo wir können: Sie müssen nur noch die Adjektive in die Plural-Form umwandeln – die Nomen sind schon im Plural.
5. *most* (Brücke)

1. In den Plural, bitte

***To są** czerwon**e** kwiaty.*

1. czerwony – kwiaty
2. polski – pierogi
3. wolny – krzesła
4. piękny – znaczki
5. dobry – mosty

Jetzt nicht mehr ganz so leicht, denn hier ist der Plural gleich zweimal gefragt.

2. Ach, wie toll ...

*Och, jak**ie** piękn**e** kwiat**y**.*

1. jaki piękny kwiat
2. jaki duży grzyb
3. jaki ładny bilet
4. jaki smaczny chleb
5. jaki dobry klub jazzowy

Haben Sie den Dialogtext aufmerksam gelesen und auch verstanden? Nur jeweils eine Möglichkeit macht Sinn.

3. Was gehört zusammen?

1. Najpierw zjemy
   - a ☐ bigos.
   - b ☐ budynek.
2. Przygotowałam tylko
   - a ☐ skromny kierunek.
   - b ☐ skromną kolację.
3. Kocham
   - a ☐ polską kuchnię.
   - b ☐ polską którę.
4. Proszę
   - a ☐ wejście.
   - b ☐ wejść.

Wie heißen bloß die Ehefrauen dieser Herren?

4. Herr und Frau

2/21

*Pan Głowacki **i pani Głowacka***

1. pan Głowacki
2. pan Szczepański
3. pan Szczypiorski
4. pan Konwicki
5. pan Andrzejewski
6. pan Kochanowski
7. pan Słowacki
8. pan Zagajewski
9. pan Krasiński
10. pan Myśliwski

Hoffentlich sind Sie Ihrer Sache sicher, denn es wäre ganz schön peinlich, wenn Sie statt guten Appetit eine angenehme Reise wünschen würden, oder?

5. Lauter gute Wünsche

1. Guten Appetit!
2. Angenehme Reise!
3. Mach's gut!
4. Angenehmen Aufenthalt!

- a ☐ Przyjemnego pobytu!
- b ☐ Trzymaj się!
- c ☐ Smacznego!
- d ☐ Przyjemnej podróży!

Ten język jest taki trudny

2/22

przynieś!	hole!
z kuchni	aus der Küche
O Boże!	Oh Gott!
naprawdę	wirklich
więcej	mehr
dużo błędów	viele Fehler
To nic!	Macht nichts!
najważniejsze	am wichtigsten
rozumiem	ich verstehe
uczę się	ich lerne
od roku	seit einem Jahr
język	Sprache, Zunge

● Napije się pani kawy albo herbaty?	Trinken Sie Kaffee oder Tee?
■ Tak, chętnie napiję się herbaty.	Ja, ich trinke gerne Tee.
● Piotr, przynieś proszę jabłecznik z kuchni.	Piotr, hole bitte den Apfelkuchen aus der Küche.
■ O Boże! Nie! Ja już naprawdę więcej nie mogę.	Oh Gott! Nein! Ich kann schon wirklich nicht mehr.

● Pani świetnie mówi po polsku.	Sie sprechen ausgezeichnet Polnisch.
■ Dziękuję, ale ciągle jeszcze robię dużo błędów.	Danke, aber ich mache ständig noch viele Fehler.
● To nic! Najważniejsze, że wszystko rozumiem.	Macht nichts! Am wichtigsten ist, dass ich alles verstehe.
■ Uczę się polskiego już od roku, ale ten język polski jest taki trudny.	Ich lerne Polnisch schon seit einem Jahr, aber diese polnische Sprache ist so schwer.

Imperativ
przynieś! (hole!)
von *przynieść* (holen; perfektiv)
Vgl. *nieść* (tragen)

z + **Genitiv** (aus ...)
*kuchni**a*** (Küche) →
*z kuchn**i*** (aus der Küche)

Steigerung (unregelmäßig)
Adjektiv: *duży/-a/-e* (groß)
Adverb: ***dużo*** (viel) →
Komparativ: ***więcej*** (mehr)

mówić ***po polsku***
(Polnisch sprechen; falsch wäre: *mówić polski*)

Mengenangaben + **Genitiv**
dużo *błędów* (**viele** Fehler; wörtl.: viele der Fehler)

Genitiv (m, Plural)
Alle, die nicht auf Zischlaut enden: ***-ów***
błąd (Fehler) → ***dużo*** *błęd**ów***
(Das ***ą*** in *błąd* wird zu ***ę*** in *błędów*)

uczyć się (lernen) + **Genitiv**
Uczę się *(język**a**) polski**ego***
(Ich lerne die polnische (Sprache) = Ich lerne Polnisch)

od + **Genitiv** (seit ...)
rok (Jahr) → ***od** roku*
(seit einem Jahr)

trudny/-a/-e
(schwierig, schwer)

14 B

Übungen

Piotr und Konsorten holen dieses und jenes aus diversen Räumen. Nicht vergessen: *z* + Genitiv (aus ...), aber: *iść po ... do* + Genitiv!

1. Harry, hol doch mal ...

Piotr, przynieś jabłecznik ***z kuchni****!*

1. Piotr, przynieś jabłecznik (kuchnia)!
2. Sophie idzie po ciastko (cukiernia).
3. Agnieszka idzie po bilety (kino).
4. Ula idzie po gazetę (kiosk).
5. Maciej, przynieś krzesła (sala)!

Hoffentlich trifft 4. nicht auf Sie zu, denn eigentlich ist es ganz leicht:
1. nach *dużo* folgt der Genitiv, hier im Plural
2. bei (m) Substantiven ist die Endung im Genitiv Plural meist ...

2. Ganz schön viel

1. Robię dużo — a ☐ błąd. b ☐ błędów.
2. Zjadłam dużo — a ☐ grzybów. b ☐ grzyb.
3. Widziałam dużo — a ☐ pomników. b ☐ pomnik.
4. Mam dużo — a ☐ problem. b ☐ problemów.

Sagen Sie der *pani*, dass Sie diese Sprachen echt gut spricht. Tipp zu 3: Luthers Muttersprache.

3. Multilingual

2/23

Pani świetnie mówi ***po*** *pols****ku****.*

1. język polski
2. język francuski
3. język niemiecki
4. język angielski
5. język rosyjski

Das alles können Sie schon, wenn Sie die erste Person Singular finden. Die endet übrigens auf *-am, -em* oder *-ę*.

4. Alleskönner

Wszystko ***rozumiem****.*

1. wszystko rozumieć
2. mieć ochotę
3. spróbować bigosu
4. robić błędy
5. mówić po polsku
6. kupić kwiaty
7. uczyć się języka polskiego
8. iść do muzeum
9. być w Warszawie
10. chcieć zwiedzić miasto

Wie war das noch: *uczyć się* + Genitiv. Versuchen Sie es doch mal mit der etwas längeren Form mit *język*, klingt besser.

5. Übersetzen Sie

1. Ich lerne Polnisch.
2. Ich lerne Französisch.
3. Ich lerne Deutsch.
4. Ich lerne Englisch.
5. Ich lerne Russisch.

Gastfreundschaft

14

Der Gast ist König – das gilt vor allem bei Privateinladungen in Polen. Selbstverständlich wird ein ganzes Menü, bestehend aus Suppe, Fleisch mit Beilagen und Nachtisch aufgetischt. Tee oder Kaffee und Kuchen werden nach dem Essen angeboten, ebenso ein Gläschen Wodka, das kann nie schaden ...

Die Gastgeber stellen viele Fragen: über die Familie, die Arbeit und das Heimatland, über die Reise, die Unterbringung und die weiteren Pläne. Sollten während der Reise bisher irgendwelche Probleme aufgetaucht sein, so werden alle Hebel in Bewegung gesetzt, um diese zu lösen: Telefonate klären Termine, Kontakte, Buchungen, auf dem Stadtplan werden alle nötigen Wege und Orte eingezeichnet. Darüber hinaus werden Freunde und Bekannte informiert, damit man möglichst an jedem Ort und für jede Eventualität Hilfe findet. Nebenbei gibt es touristische Informationen und Tipps –, wenn sich die Gastgeber nicht gleich als Privatführer mit ihrem Gast auf den Weg machen.

Die Polen freuen sich über ausländische Gäste. Sie hoffen, dabei mehr über andere Länder zu erfahren und gehen davon aus, dass die Gäste Interesse an Polen und seinen Problemen haben. Polnische Gastgeber fühlen sich oft als Diplomaten ihres Landes und spielen diese Rolle gut und gerne. So erfährt man Details über Natur oder Kultur, Politik oder Wirtschaft und man erhält einige „Geheimtipps", die anderen Reisenden meist vorenthalten bleiben.

Gastgeschenke sind immer angebracht. Schon die Standards: Blumen für die Dame, ein Fläschchen für den Herrn, sind in Ordnung. Beliebt sind auch Mitbringsel aus der Heimat: Regionale Spezialitäten kommen immer gut an.

Als Gast bekommt man oft auch eine Kleinigkeit mit auf den Weg, meist Kunsthandwerkliches.

15

Reisepläne zum Kakao

Die größeren Städte versinken täglich zur Hauptverkehrszeit im Verkehrschaos. Autos sind – vielleicht noch mehr als im Westen – Statussymbol. So steht man zwar täglich im Stau, fährt aber mit dem eigenen schicken Wagen vor. *Autobus* (Bus) und *tramwaj* (Straßenbahn) sind – gemessen an den Gehältern – vergleichsweise teuer. Neben den normalen Linien gibt es Expresslinien und Nachtbusse. In Warschau gibt es eine U-Bahn, allerdings bisher nur mit zwei Linien. *Bilety* (Fahrkarten) gibt's am Kiosk.

An ihrem letzten Tag in Warschau hat sich Sophie mit Piotr in der Mittagspause verabredet. Er möchte sie noch einmal so richtig beeindrucken und geht mit ihr zu Wedel Kakao trinken: *U Wedla pije się gorącą czekoladę* (Bei Wedel trinkt man heiße Schokolade). Sophie ist begeistert: *To bardzo dobra gorąca czekolada* (Das ist eine sehr gute heiße Schokolade).
Morgen wird Sophie nach Krakau fahren, dort kann sie bei Freunden von Piotr wohnen. Er hat alles organisiert: *Oni pokażą ci miasto* (Sie werden dir die Stadt zeigen). Bei so viel Fürsorge muss Sophie aber doch mal protestieren, außerdem möchte sie niemandem zur Last fallen: *Nie ma potrzeby* (Ist nicht nötig), meint sie mit Nachdruck. Doch Piotr hat für derlei falsche Bescheidenheit kein Verständnis: *To jest zwykła polska gościnność!* (Das ist gewöhnliche polnische Gastfreundschaft!)
Natürlich klappt alles wie geplant: Małgosia holt Sophie mit dem Auto am Bahnhof ab und fährt mit ihr nach Hause: *Mieszkamy daleko od centrum Krakowa* (Wir wohnen weit vom Zentrum Krakaus), erklärt sie. Aber Sophie schreckt das nicht: *Ale na pewno można dojechać do centrum autobusem lub tramwajem?* (Aber sicherlich kann man mit dem Bus oder der Straßenbahn ins Zentrum fahren?) *Tak, można* (Ja, kann man), beruhigt sie Gosia.

Zwykła polska gościnność

2/24

gorąca czekolada	heiße Schokolade
u Wedla	bei Wedel
najlepszy/-a/-e	bester
jedziesz	du fährst
o ósmej	um acht
zadzwoniłem/-łam	ich habe angerufen
oni	sie
pokażą	sie werden zeigen
nie ma potrzeby	es ist nicht nötig
potrzeba	Bedürfnis, Not
gościnność	Gastfreundschaft
zwykły/-a/-e	gewöhnlich

● Poproszę dwie gorące czekolady.	Bitte, zwei heiße Schokoladen.
■ Ah, czy to jest specjalność tej kawiarni?	Ah, ist das die Spezialität dieses Cafés?
● Dokładnie, u Wedla pije się gorącą czekoladę. Smakuje ci?	Genau, bei Wedel trinkt man heiße Schokolade. Schmeckt's dir?
■ Mhm, to bardzo dobra gorąca czekolada.	Mhm, das ist eine sehr gute heiße Schokolade.
● No, tak myślałem. Jutro jedziesz do Krakowa?	Nun, so dachte ich. Morgen fährst du nach Krakau?
■ Tak, pociąg odjeżdża o ósmej.	Ja, der Zug fährt um acht ab.
● Zadzwoniłem do Małgosi i Andrzeja z Krakowa. Oni pokażą ci miasto.	Ich habe Małgosia und Andrzej aus Krakau angerufen. Sie werden dir die Stadt zeigen.
■ Dziękuję, ale nie ma potrzeby.	Danke, ist aber nicht nötig.
● Sophie! To jest zwykła polska gościnność!	Sophie! Das ist gewöhnliche polnische Gastfreundschaft!

15 A

dwa/dwie (zwei)
(m/n) *dwa*
(f) *dwie*
*czekolad**a** → **dwie** czekolad**y***

Steigerung Adjektiv
1. Komparativ:
-szy/-a/-e:
dobra kawa →
unregelmäßig: *lep**sza** kawa*
(besserer Kaffee)
2. Superlativ:
naj- + Komparativ:
***naj**lepsza kawa*
(der beste Kaffee)

Uhrzeit (volle Stunden)
o + Ordnungszahl im Lokativ:
*Jest ósm**a** (godzin**a**)* (Es ist die 8. (Stunde) = Es ist 8 Uhr)
***O** ósm**ej** (godzin**ie**)*
(Um 8 (Uhr))
Zur Erinnerung: *godzina* fällt oft weg.

dzwonić (imperf.)/***zadzwonić*** (perf.) ***do*** + Genitiv:
(jmd. anrufen)

Personalpronomen

ja	ich
ty	du
on/ona	er/sie
my	wir
wy	ihr
oni	sie (Personalform)
one	sie (Sachform)

Übungen

Bitten Sie jeweils um zwei Dinge; *dwie* nur bei (f) Nomen, sonst immer *dwa*.

1. Bitte zwei ...

*Poproszę **dwie** gorąc**e** czekolad**y**.*

1. gorąca czkolada
2. kawa
3. wódka
4. herbata
5. pocztówka

Was ist *dobry/-a/-e* (gut), *lepszy/-a/-e* (besser) und *najlepszy/-a/-e* (am besten)? Achten Sie auf die Endungen. Und Vorsicht bei 4.: Plural!

2. Gut, besser und am besten

***To dobra** kawa, **to lepsza** kawa, a **to najlepsza** kawa!*

1. kawa
2. piwo
3. bigos
4. pierogi

Tja, der Genitiv steht auch nach *zadzwoniłem/-łam do* ... (ich habe ... angerufen). Sollten Sie mit ihm Probleme haben, dann hilft der Schlüssel weiter. Und was haben Sie *wczoraj* (gestern) gemacht?

3. Telefonitis

*Wczoraj zadzwoniłem/-łam do Andrzej**a** i Małgos**i**.*

1. Andrzej i Małgosia
2. Piotr Garncarek
3. Agnieszka Cieszkowska
4. pani Głowacka
5. Michał Rybczyński
6. Stanisław Lem
7. Wisława Szymborska
8. Małgosia Kowalska
9. pan Głowacki
10. Lech Wałęsa

Zuerst: aus eins, zwei, drei ... wird erste, zweite, dritte ...
Mit *o* + Lokativ wird daraus „um ... Uhr". Damit's einfacher ist, lassen wir *godzinie* weg, es geht nämlich auch ohne.

4. Wann fährt der Zug ab?

*Pociąg odjeżdża **o dwunastej.***

1. dwanaście
2. osiemnaście
3. jeden
4. dwadzieścia
5. sześć
6. piętnaście
7. siedem
8. dziewiętnaście
9. jedenaście
10. trzy

Hier wird betont, wer was macht. Deshalb bitte „ich, du, er, sie, wir" oder „sie" (Pl.) einsetzen. Das braucht man sonst nicht, weil's im Verb enthalten ist.

5. Ich und du, Müllers Kuh

ja – wy – on – ona – my – ty – oni

1. ____ zwiedził Kraków.
2. ____ możemy iść do kina.
3. ____ pokażą ci miasto.
4. ____ jadę do Polski.
5. ____ idziecie do kawiarni.
6. ____ zwiedziła miasto.
7. ____ masz ochotę na kawę.

Zawsze jeżdżę tramwajem

miło mi	angenehm
samochód	Auto
stoi	er/sie/es steht
przed dworcem	vor dem Bahnhof
dworzec	Bahnhof
dojechać	hinfahren
autobusem	mit dem Bus
lub	oder
tramwajem	mit der Straßenbahn
wolę	ich bevorzuge
jeździć	fahren (regelmäßig, oft)
skąd!	ach wo!, woher?, von wo?

● Cześć, jestem Małgosia.	Hallo, ich bin Małgosia.
■ Miło mi, jestem Sophie.	Angenehm, ich bin Sophie.
● Idziemy, mój samochód stoi przed dworcem.	Lass uns gehen, mein Auto steht vor dem Bahnhof.
■ Mieszkacie daleko stąd?	Wohnt ihr weit von hier?
● Niestety, tak. Mieszkamy daleko od centrum Krakowa.	Leider, ja. Wir wohnen weit vom Zentrum Krakaus.
■ Ale na pewno można dojechać do centrum autobusem lub tramwajem?	Aber sicherlich kann man mit dem Bus oder der Straßenbahn ins Zentrum fahren?
● Tak, można. Ale ja wolę jeździć samochodem. A ty?	Ja, kann man. Aber ich ziehe es vor, mit dem Auto zu fahren. Und du?
■ Nie, skąd! Ja zawsze jeżdżę tramwajem.	Nein, ach wo! Ich fahre immer mit der Straßenbahn.

***przed* + Instrum.** (vor ...)
dworzec (Bahnhof) →
przed *dwor**cem***
(vor dem Bahnhof)
Achtung: ***rzec*** → ***rc:***
*dwo**rzec*** → *dwo**rcem***

Der **Instrumental** steht u. a. zur Angabe eines Mittels, z. B. Verkehrsmittels:
autobus → *jechać autobus**em***
(**mit dem Bus** fahren)

Präfix ***do*** (hin, zu)
jechać (fahren) →
***do**jechać* (**hin**fahren)

Verben auf *-ać*

*mieszk**ać***	wohnen
*mieszk**am***	ich wohne
*mieszk**asz***	du wohnst
*mieszk**a***	er/sie wohnt
*mieszk**amy***	wir wohnen
*mieszk**acie***	ihr wohnt
*mieszk**ają***	sie wohnen

3 Mal „fahren“
Die Verben der Bewegung haben eigene Formen für sich wiederholende Handlungen:
1. *jeździć*
(regelmäßig/oft fahren)
→ ***Jeżdżę*** *pociągiem*
(Ich fahre – für gewöhnlich – mit dem Zug)
2. *jechać* (unvollendet)
(einmalig fahren)
*Dzisiaj **jadę** pociągiem*
(Heute fahre ich mit dem Zug)
3. *pojechać* (vollendet)
(zielgerichtet fahren)
*Dzisiaj **pojadę** do Polski*
(Heute werde ich nach Polen fahren)

Übungen

Ihr Auto steht vor diesem und jenem: *przed* + Instrumental.

1. Vor ...

Mój samochód stoi ***przed*** *dworc**em**.*

1. dworzec
2. kawiarnia
3. muzeum
4. kino
5. pomnik
6. klub

Wie so oft: *od* + Genitiv. Aber wo steckt er?
1. im Detail?
2. bei a?
3. bei b?

2. Weit von ...

1. Mieszkamy daleko od
   a ☐ centrum.
   b ☐ centra.
2. Jesteśmy daleko od
   a ☐ Starego Miasta.
   b ☐ Starej Miasty.
3. Mój samochód stoi daleko od
   a ☐ kawiarni.
   b ☐ kawiarnji.
4. Mieszkacie daleko od
   a ☐ Warszawej?
   b ☐ Warszawy?

Der Lokativ von *Ameryka* geht wie bei *Polska*. *Francja* (Frankreich) und *Rosja* (Russland) entsprechen dem Muster von *redakcja*.

3. Übersetzen Sie

1. Ich wohne in Warschau.
2. Du wohnst weit vom Zentrum.
3. Er wohnt in Polen.
4. Sie wohnt in Danzig.
5. Wir wohnen in Frankreich.
6. Ihr wohnt in Amerika.
7. Sie wohnen in Russland.

Wie sind Sie unterwegs? Dazu brauchen Sie den Instrumental, hier ganz leicht: einfach immer mit *-em*, weil alle Verkehrsmittel männlich sind.

4. Heute fahre ich mit ...

2/27

*Dzisiaj jadę samoch**odem**.*

1. samochód
2. tramwaj
3. autobus
4. rower
5. pociąg

Märchen, Mythen, Musikanten

15

Kraków (Krakau) mag jeder, vor allem die Altstadt mit ihren Gassen und dem *Rynek Główny* (Hauptmarkt), wo Einheimische, inländische und ausländische Touristen sich ein Stelldichein geben. Sie sitzen in den Cafés, Restaurants oder Kneipen, plaudern oder lösen die Probleme der Welt. Sie bleiben stehen, um einem virtuosen ukrainischen Straßenmusiker zuzuhören oder genießen einfach den viel beschworenen südländischen Charme der Stadt. Tatsächlich geht es in der ehemaligen Hauptstadt viel beschaulicher zu als in der Millionenstadt Warschau.
Krakau blieb im Krieg weitgehend verschont und lockt heute mit alten Gassen und Plätzen, der gotischen *Kościół Mariacki* (Marienkirche), den *Sukiennice* (Tuchhallen) aus der Renaissance und der ältesten Universität des Landes. Alles überragt der Wawel, der imposante Schlossberg mit Kathedrale und Königsschloss. Diesen Attraktionen fügte 1993 Steven Spielberg mit seinem Film „Schindlers Liste" eine weitere hinzu. Seitdem pilgern Tausende zu den Originalschauplätzen in Kazimierz, dem jüdischen Viertel, zu Restaurants, Festivals und Kulturveranstaltungen, die in Krakau jüdisches Leben wiederaufleben lassen. Neben Authentischem findet sich dabei oft bloße Kulisse.
Echt ist der größte spätgotische Schnitzaltar in der Marienkirche. Der Nürnberger *Wit Stwosz* (Veit Stoß) verbrachte sein halbes Leben in Krakau, um dieses Werk zu schaffen. Für die Krakauer gehört er deshalb zu den Großen der Stadt, so wie der polnische Papst, Karol Wojtyła, die Literatur-Nobelpreisträgerin Wisława Szymborska, der Komponist Krzysztof Penderecki und der Science-Fiction-Autor Stanisław Lem.

hejnał
wird zur vollen Stunde von einem Trompeter vom Turm der Marienkirche geblasen. Mittendrin bricht die Melodie ab, zur Erinnerung an einen Bläser, der von einem Tatarenpfeil getötet wurde, als er die Stadt vor den Angreifern warnen wollte.

smok
Einst fraß ein gefährlicher *smok* (Drache) die Kinder der Stadt. Ein schlauer Bauernsohn legte ihm als Köder ein mit Schwefel gefülltes Schaf hin. *Smok* fraß gierig Schaf und Schwefel, bekam davon aber so großen Durst, dass er zuviel Weichselwasser trank und platzte. Der dankbare König gab dem cleveren Bauernsohn als Dank seine Tochter zur Frau.

16

Unterwegs in Krakau

Die Tauben auf dem *rynek* sollen verzauberte Ritter sein.

Obwarzanki heißen die runden Gebäckkringel, eine Krakauer Spezialität, die es mit Mohn, Sesam oder Salz bestreut gibt. Sie werden in der Innenstadt an kleinen Ständen verkauft, die an jeder Ecke zu finden sind.

Ein hinduistisches Chakra – weltweit gibt es sieben – soll es in den unterirdischen Gewölben der Krakauer Kathedrale geben. Der Obrigkeit missfällt das, kurzerhand wurde die Wand mit der Stelle gesperrt, an der sich Esoteriker so gerne anlehnten, um Energie zu tanken und erleuchtet zu werden.

Als Sophie am ersten Morgen nach ihrer Ankunft in Krakau aufwacht, sitzt Małgosia schon in der Küche und trinkt Kaffee: *Jest dziesiąta* (Es ist zehn Uhr), verkündet sie ihrem Gast, was Sophie etwas peinlich ist. Um abzulenken, fragt sie: *Nie musisz dzisiaj pracować?* (Musst du heute nicht arbeiten?) Heute hat Małgosia aber frei, und so können beide erst mal ausgiebig frühstücken. Anschließend macht Sophie sich auf den Weg in die Stadt, schlendert durch die Gassen hinauf auf den Wawel, sitzt lange in der Nachmittagssonne auf dem *rynek* (Marktplatz) und schaut dem bunten Treiben zu: lärmende Schulklassen, Tauben jagende Kinder, Blumenhändler, Touristen in Pferdekutschen, Musikgruppen ...
Von ihren Streifzügen durch die Stadt kommt Sophie abends nach Hause zurück. Małgosia hält eine Überraschung parat: *Andrzej ma jutro imieniny* (Andrzej hat morgen Namenstag). Ein Fest ist geplant, und die ganze Gesellschaft fährt zu einem Picknick aufs Land. Der Besuch ist selbstverständlich auch eingeladen. Sophie ist begeistert und stellt sich einen romantischen Abend vor. Doch Małgosia schaut ein wenig sorgenvoll auf den Wetterbericht in der Zeitung, der nichts Gutes verheißt: *Mam tylko nadzieję, że będzie dobra pogoda* (Ich hoffe nur, dass gutes Wetter sein wird).

W piątek mam wolne

16 A

spałeś/-łaś	du hast geschlafen
pracuję	ich arbeite
od poniedziałku	von Montag
do czwartku	bis Donnerstag
w piątek	freitags, am Freitag
wszyscy	alle (Personen)
Niemcy	Deutsche, die Deutschen
Polacy	Polen, die Polen

● Dzień dobry Sophie. Dobrze spałaś?	Guten Morgen, Sophie. Hast du gut geschlafen?
■ Dziękuję. Spałam bardzo dobrze.	Danke. Ich habe sehr gut geschlafen.
● I długo. Jest dziesiąta.	Und lange. Es ist zehn.
■ Co, już dziesiąta? Nie musisz dzisiaj pracować?	Was, schon zehn? Du musst heute nicht arbeiten?
● Dzisiaj nie, pracuję tylko od poniedziałku do czwartku. W piątek mam wolne. A ty? Dużo pracujesz?	Heute nicht, ich arbeite nur von Montag bis Donnerstag. Freitags habe ich frei. Und du? Arbeitest du viel?
■ No, oczywiście. Jak wszyscy Niemcy ...	Nun, selbstverständlich. Wie alle Deutschen ...
● Ale na pewno nie pracujecie tak dużo jak Polacy? Chachacha ...	Aber sicher arbeitet ihr nicht so viel wie die Polen? Hahaha ...
■ Chachacha ...	Hahaha ...

Wochentage

poniedziałek	Montag
wtorek	Dienstag
środa	Mittwoch
czwartek	Donnerstag
piątek	Freitag
sobota	Samstag
niedziela	Sonntag

w + Wochentag im Akkusativ (am ...)

***w** piątek*	(**am** Freitag)
***w** sobotę*	(**am** Samstag)

od + Genitiv ... ***do*** + Genitiv (von ... bis ...)
(m) *poniedziałek* →
od** poniedzia**łku
Ebenso:
od** wto**rku**/czwa**rtku**/pią**tku
(f) *środ**a**/sobot**a*** →
od** środ**y**/sobot**y
*niedziel**a*** → ***od** niedziel**i***

Plural
1. ***-iec*** → ***-cy***
*Niem**iec*** (Deutscher) →
*Niem**cy*** (Deutsche, die Deutschen **und** Deutschland)
2. ***-k*** → ***-cy***
*Pola**k*** (Pole) →
*Pola**cy*** (Polen, die Polen)

16 A

Übungen

w bei Wochentagen immer + Akkusativ. Achtung bei (f) Endungen wie *środ**a***. *Poniedziałek* ist übrigens der Tag „nach Sonntag", *środa* der „mittlere", *czwartek* der 4. und *piątek* der „5." Tag.

1. Ich arbeite nur am ...

2/29

*Pracuję tylko **w poniedziałek**.*

1. poniedziałek
2. wtorek
3. środa
4. czwartek
5. piątek
6. sobota
7. niedziela

Na, haben Sie mal wieder ohne Ende Überstunden geklopft und mussten sich mal richtig ausschlafen? Nach *od* (von) und *do* (bis) steht Ihr alter Bekannter: *pan* Genitiv, auf Polnisch: *dopełniacz* („der Komplettierende").

2. Langschläfer

*Spałem/-łam **od** poniedział**ku** **do** czwart**ku**.*

1. poniedziałek – czwartek
2. wtorek – środa
3. czwartek – piątek
4. sobota – niedziela
5. piątek – sobota
6. niedziela – poniedziałek
7. środa – wtorek

Finden Sie die richtige Form. Es handelt sich um Verben auf *-ować*. Zur Erinnerung auf S. 41 nachschlagen.

3. Ordnen Sie zu

1.	pracują	a ☐	wir probieren
2.	kosztuje	b ☐	sie kosten
3.	spróbujemy	c ☐	er/sie kostet
4.	pracuję	d ☐	er/sie probiert
5.	spróbuje	e ☐	sie arbeiten
6.	kosztują	f ☐	ich arbeite

Hier müssen Sie sich nur zwischen *wszyscy* (alle) und *wszystko* (alles) entscheiden. Kleiner Tipp: Die Verb-Endungen helfen weiter. Könnte sein, dass *lubić* (mögen) im ersten Satz nicht wirklich passt.

4. Alle oder alles?

***Wszyscy** Niemcy lubią pracować.*

1. Niemcy lubią pracować.
2. Rozumiem.
3. Mnie smakuje.
4. Polacy lubią jeździć samochodem.
5. Razem wynosi siedem złotych.
6. Idą do kawiarni.

Andrzej ma imieniny

imieniny	Namenstag
impreza	Feier, Party, Fest
obchodzić	feiern, begehen
na wsi	auf dem Land/Dorf
pojedziemy	wir werden hinfahren
rozpalimy	wir werden anzünden
ognisko	Feuer
romantycznie	romantisch
pogoda	Wetter

● Andrzej ma jutro imieniny.	Andrzej hat morgen Namenstag.
■ Ah, będzie impreza?	Ah, wird es ein Fest geben?
● Tak, będziemy obchodzić imieniny na wsi.	Ja, wir werden den Namenstag auf dem Land feiern.
■ Pojedziemy tam samochodem?	Werden wir dorthin mit dem Auto fahren?
● Tak, i rozpalimy ognisko.	Ja, und wir werden ein Feuer anzünden.
■ Fajnie, będzie na pewno romantycznie.	Prima, es wird sicher romantisch werden.
● Mam tylko nadzieję, że będzie dobra pogoda.	Ich hoffe nur, dass gutes Wetter sein wird.

imieniny (Namenstag) ist ein Pluralwort:
*Dzisiaj **są moje** imieniny* (wörtl.: Heute **sind meine** Namenstage)

Futur
Die beiden einfachsten Möglichkeiten:
1. Zukunft von *być* + Infinitiv eines imperfektiven Verbs:
będę robić
(Ich werde machen)
2. Die Präsensform eines perfektiven Verbs:
zrobię (ich werde (fertig) machen)

Futur von ***być***

będę	ich werde
będziesz	du wirst
będzie	er/sie/es wird
będziemy	wir werden
będziecie	ihr werdet
będą	sie werden

wieś (Dorf, Land) ist (f):
1. Richtung:
na wieś (aufs Land)
do wsi (in ein Dorf)
2. Ort:
na wsi (auf dem Land)
we wsi (im Dorf)
Der Aussprache wegen
***we** wsi* und nicht *w wsi*.

16 B

Übungen

Eigentlich ganz einfach: Nur die Personalform von *być* + imperfektives Verb in der Grundform, schon handelt es sich um die Zukunft. Aber wer wird denn nun Namenstag feiern?

1. Namenstag

***Będziemy** obchodzić imieniny.*

1. wir
2. ich
3. er/sie
4. du
5. sie (Plural)

Entscheiden Sie sich jeweils für eine sinnvolle Variante.

2. Kein Sinn für Unsinn

1. Pojedziemy
   - a ☐ bigosem?
   - b ☐ samochodem?
2. Będzie na pewno
   - a ☐ romantycznie.
   - b ☐ dlaczego.
3. Będziemy obchodzić
   - a ☐ pogody.
   - b ☐ imieniny.
4. Na wsi rozpalimy
   - a ☐ ognisko.
   - b ☐ Pałac Kultury.

Alle Verben sind perfektiv und haben Zukunftsbedeutung – auch ganz ohne *być*. Bilden Sie mögliche Sätze.

3. Bilden Sie Sätze

1. Na wsi rozpalimy
2. Oni pokażą ci
3. Zaraz idę po
4. Jutro pojedziemy
5. Wieczorem Sophie pójdzie

- a ☐ do kina.
- b ☐ samochodem na wieś.
- c ☐ ognisko.
- d ☐ miasto.
- e ☐ mleko.

Das wird wirklich ...
Mit *będzie* ... ist Pläneschmieden ganz leicht.
Bei den jeweiligen Formen handelt es sich um Adverbien.

4. Schöne Aussichten

*Będzie na pewno **romantycznie**.*

1. romantycznie
2. ciekawie
3. głośno
4. fajnie
5. dobrze

Achtung: *wieś* ist feminin.

5. Übersetzen Sie

1. Das Dorf ist schön.
2. Wir werden auf's Land fahren.
3. Wir feiern Namenstag auf dem Land.
4. Ich wohne auf dem Land.

Nachbarschaft

16

Wer einmal in Polen war, ist oft begeistert von der Freundlichkeit der Menschen und dem Charme des Landes. Die Realitäten des „neuen" Polens haben abgestandene Vorurteile und bierlaunige Stammtischwitze über unsere östlichen Nachbarn längst überholt. Vorbei sind die Umbruchjahre der 1990er-Jahre, als Polen Umschlagplatz der russischen Automafia war und wirtschaftlich bessere Zeiten auf sich warten ließen. Damals gab Harald Schmidt in seiner Fernsehshow allabendlich Polenwitze zum Besten, was den polnischen Botschafter zur Sorge veranlasste. Heute ist Polen Nachbar in Europa: Die Wirtschaftsbeziehungen florieren, viele entdecken Polen als Urlaubsland und die persönlichen Kontakte zwischen Deutschen und Polen nehmen zu.

Viele Polen kennen sich in der Sprache, Kultur und Geschichte des eigenen wie des Nachbarlandes gut aus. Das kann man von der deutschen Seite nicht gerade behaupten. Westliche Stereotypen und Arroganz sind die Polen allmählich leid.

Auslöser für die Animositäten sind die schweren historischen Hypotheken. Im Zweiten Weltkrieg war Polen das erste Opfer und erlitt immense Verluste. Die Flucht und Vertreibung der Deutschen aus Ostpreußen, Schlesien und Pommern belastete jahrelang die Beziehungen. Versöhnende Schritte haben bei dieser Frage, wie auch bei der Entschädigung polnischer Zwangsarbeiter, Entspannung gebracht. Polen ist für viele Deutsche immer noch der unbekannte Nachbar, die Polen ihrerseits haben Deutschland längst entdeckt.

Bitwa pod Grunwaldem
(Im Deutschen bekannt als „Schlacht bei Tannenberg")
In einer der größten Schlachten des Mittelalters besiegte 1410 ein polnisch-litauisches Heer den Deutschen Orden, der seit 1308 den Norden Polens besetzt hielt.

Versöhnungsgesten
Die polnischen Bischöfe: „Wir vergeben und bitten um Vergebung."
Willy Brandt: Kniefall vor dem Warschauer Gettodenkmal (1970)

Verständigung
Deutsch-Polnische Schulbuchkonferenzen
Deutsches Polen-Institut
Polnische und Deutsche Kulturinstitute
Deutsch-Polnisches Jugendwerk
Viadrina, Deutsch-Polnische Universität in Frankfurt/Oder

T Test 4

Hoffentlich ist mehr hängen geblieben als ein paar Pfund zusätzlich auf der Waage. Wir empfehlen Ihnen die geistige Nahrung der letzten vier Lesetexte, die ist besser für die Linie als polnische Küchlein.

1. Welche Antwort stimmt?

1. *Bar mleczny* ist ein/-e ...
   a ☐ Warschauer In-Disco (tolle Milchcocktails!!).
   b ☐ polnischer Volkstanz im 5/16-tel Takt.
   c ☐ polnisches Selbstbedienungsrestaurant.
2. *Smacznego* heißt ...
   a ☐ Schmatz nicht so!
   b ☐ Noch ein Schmatz, mein Schatz (berühmtes Volkslied).
   c ☐ Guten Appetit!
3. Das polnische Nationalgericht heißt ...
   a ☐ *bigos* (Eintopf mit Kraut und Sonstigem).
   b ☐ *tatarski* (Bärentatzen in Pilzbiersoße).
   c ☐ *wodnik* (Wassersuppe mit einer Prise Gurkenpulver).
4. *Wojtyła* ist ...
   a ☐ ein 80%iger Weinschnaps aus den Beskiden.
   b ☐ eine Mainzer Weinstubenlegende (Weck, Worscht unn Wojtyla).
   c ☐ der polnische Papst Johannes Paul II.
5. Bei *hejnał* handelt es sich um ...
   a ☐ die lautmalerische Übertragung von „Hey now".
   b ☐ ein in Krakau stündlich geblasenes Trompetensignal.
   c ☐ die 45. Sonder-Ausnahmeregel des Genitivs.
6. Die Deutsch-Polnische Schulbuchkonferenz wurde eingerichtet, ...
   a ☐ weil Polnisch 2020 Pflichtfach ab der 3. Klasse wird.
   b ☐ damit Lehrer 14 Tage Segelurlaub in Masuren erhalten.
   c ☐ als Beitrag zur deutsch-polnischen Verständigung.

Wer hier ratlos ist, der sollte vielleicht lieber nochmals die Dialoge wiederholen. Sonst steht er am Ende ratlos in der Milchbar, oder sonst wo.

2. Fragen und Antworten

1 A co dla pani?	a ☐ Było bardzo fajnie.
2. Jaka zupa?	b ☐ Tak, samochodem.
3. Jeszcze coś?	c ☐ Tak, pociąg odjeżdża o ósmej.
4. Jak było w Gdańsku?	d ☐ Proszę zupę.
5. Miałaś dobry hotel?	e ☐ Nie, dzisiaj mam wolne.
6. Jutro jedziesz do Krakowa?	f ☐ Tak, proszę coś do picia.
7. Nie musisz dzisiaj pracować?	g ☐ Żurek.
8. Pojedziemy samochodem?	h ☐ Tak, w centrum Gdańska.

3. Was fehlt?

Ihnen fehlt hier hoffentlich nichts: keine Endung und kein guter Rat. Sonst sollten Sie mal einen Blick in den Lösungsschlüssel werfen. Da wartet freundliche Hilfe.

1. Nie ma żurk_.
   a ☐ o
   b ☐ u
   c ☐ i
2. Dzisiaj wezmę pierogi z grzyb_ _ _.
   a ☐ ami
   b ☐ ymi
   c ☐ yna
3. Jak był_ w Gdańsku?
   a ☐ a
   b ☐ o
   c ☐ y
4. Spotkałaś też Lecha Wałęs_?
   a ☐ a
   b ☐ ą
   c ☐ ę
5. Och, _ _ _ _ _ piękne kwiaty
   a ☐ jakka
   b ☐ mama
   c ☐ jakie
6. Pani świetnie mówi _ _ polsku.
   a ☐ do
   b ☐ po
   c ☐ aż
7. Dobrze spał_ _, Sophie?
   a ☐ aś
   b ☐ eś
   c ☐ oś

4. Wie sagt man das auf Polnisch?

Kto wie, kto wie (wer weiß, wer weiß), für was diese Übersetzung einmal gut sein wird? Bestimmt ist sie brauchbar für den ein oder anderen Smalltalk. Und der wird ja gemeinhin unterschätzt.

1. Ich weiß nicht.
2. Wie war es in Danzig?
3. Hast du etwas Leckeres gegessen?
4. Guten Appetit!
5. Verstehst du?
6. Sie sprechen ausgezeichnet Polnisch.
7. Diese Sprache ist so schwer.
8. Werden wir mit dem Auto fahren?

17

Ein Gläschen Wodka

Feste feiern
- *Imieniny* – Namenstag wird eher gefeiert als Geburtstag
- *Dzień Kobiet* – Internationaler Frauentag, Frauen bekommen Blumen geschenkt
- *Dzień Matki* – Muttertag, Polen verehren ihre Mütter sehr
- *Święto Pracy* – Tag der Arbeit (1. Mai)
- *Dzień Konstytucji* – Tag der Verfassung (3. Mai)
- *(Dzień) Wszystkich Świętych* – Allerheiligen (1. November) und
- *Dzień Zaduszny* – Allerseelen (2. November) Gedenktage der Toten und der Opfer des nationalen Widerstandes

Die Freunde haben sich gut gelaunt auf die Autos verteilt, alle Naturalien und Flaschen sind verstaut – los geht's zum Namenstags-Picknick aufs Land. Sophie fährt mit Małgosia, sie plaudern und sind bester Dinge. Doch irgendetwas ist mit dem Auto nicht in Ordnung. Die beiden haben Glück: *Tam jest stacja benzynowa* (Dort ist eine Tankstelle). Das Auto rollt gerade noch bis zur Zapfsäule und bleibt stehen. *Wygląda na to, że coś się psuje* (Es sieht danach aus, dass etwas kaputt geht), meint Małgosia, doch da fällt ihr Blick auf die Tankuhr: *Oh nie, brakuje tylko benzyny* (Oh nein, es fehlt nur Benzin). Also wird schnell getankt.
Irgendwie scheint der Ausflug unter keinem guten Stern zu stehen: *Wydaje mi się, że zaraz zacznie padać* (Mir scheint, dass es gleich zu regnen beginnt), meint Sophie und behält Recht. Als sie sich mit den anderen treffen, gießt es bereits in Strömen. *Jest mi zimno* (Mir ist kalt), Sophie schnattert mit den Zähnen. Andrzej weiß, was da hilft: *Musisz wypić kieliszek wódki, to cię rozgrzeje* (Du musst ein Gläschen Wodka trinken, das wird dich wärmen). Es will keine rechte Stimmung aufkommen. Sophie muss niesen: *Przepraszam!* (Entschuldigung!), schneuzt sie in ihr Taschentuch. Das gibt den Ausschlag: *To nie ma sensu. Wracamy do Krakowa* (Das hat keinen Sinn. Lasst uns nach Krakau zurückkehren). Das Picknick fällt ins Wasser. Sie feiern dann in Andrzejs Krakauer Wohnung noch ein bisschen. Sophie verabschiedet sich aber früher als die anderen. Irgendwie ist sie k.o.

Tego jeszcze brakowało

stacja benzynowa	Tankstelle
zatrzymamy się	wir halten an
zobaczymy	mal sehen
coraz	immer (vor Komparativ)
wolniej	langsamer
wygląda na to	es sieht danach aus
psuje się	er/sie/es geht kaputt
brakować	fehlen
benzyna	Benzin
wydaje mi się	mir scheint
zacznie (perfektiv)	er/sie/es beginnt/wird beginnen
padać	regnen

● Cieszę się już na imprezę.	Ich freue mich schon auf das Fest.
■ Ja też, ale z samochodem coś jest nie w porządku.	Ich auch, aber mit dem Auto ist etwas nicht in Ordnung.
● Tam jest stacja benzynowa. Zatrzymamy się i zobaczymy.	Dort ist eine Tankstelle. Lasst uns anhalten und nachschauen.
■ Dobry pomysł, samochód jedzie coraz wolniej.	Gute Idee, das Auto fährt immer langsamer.
■ Wygląda na to, że coś się psuje ... Ach nie, brakuje tylko benzyny.	Es sieht danach aus, dass etwas kaputt geht ... Ach nein, es fehlt nur Benzin.
● To nic! Ale wydaje mi się, że zaraz zacznie padać.	Macht nichts! Aber mir scheint, dass es gleich zu regnen beginnt.
■ Tego jeszcze brakowało.	Das fehlte noch.

***cieszyć się na* + Akkusativ**
(sich freuen auf ...)
impreza (Fest) →
***Cieszę się na** imprezę*
(Ich freue mich auf das Fest)

zatrzymać się (anhalten, wörtl.: sich anhalten)
Da steckt *trzymać* (halten) drin.

Oft benutzt
zobaczymy (mal sehen, schau'n wir mal)

2 Mal „immer"
1. zeitlich: *zawsze*
2. verstärkend:
coraz + Komparativ:
***coraz** lepiej* (**immer** besser)

Steigerung
powoli (langsam)
*wol**niej*** (langsamer)
***naj**wolniej* (am langsamsten)

***brakuje* + Genitiv**
(es fehlt ...)
*benzyn**a*** →
***brakuje** benzyny*
(es fehlt Benzin)

17 A

Übungen

Mit *cieszę się na* + Akkusativ ist Vorfreude eine leichte Sache.

1. Götterfunkenfreude

Cieszę się na *imprezę.*

1. impreza
2. duże miasto
3. gorąca czekolada
4. Kraków
5. niedziela

Einfach *coraz* zwischen Verb und Komparativ und schon geht alles *coraz lepiej* (immer besser).

2. Immer langsamer, besser, romantischer ...

Samochód jedzie ***coraz*** *wolniej.*

1. Samochód jedzie wolniej.
2. Sophie lepiej mówi po polsku.
3. Stare Miasto wygląda romantyczniej.
4. Polski bigos smakuje lepiej.

Was fehlt Ihnen nur? Hoffentlich nicht der Genitiv, den brauchen Sie nämlich nach *brakuje* ... (es fehlt ...).

3. Es fehlt nur ...

Brakuje tylko *benzyny.*

1. benzyna
2. Piotr
3. smaczne piwo
4. bigos
5. dobra pogoda

Hier geht es um neutrale Nomen und die entsprechenden Vergangenheitsendungen auf *-ło*.

4. Was passt?

1. Muzeum Narodowe	a ☐ brakowało.
2. Wieczorem Nowe Miasto	b ☐ mi nie smakowało.
3. Tego jeszcze	c ☐ było otwarte.
4. Polskie śniadanie	d ☐ było bardzo romantyczne.

Psik!

mocniej	stärker
deszcz	Regen
zimno	kalt
wypić	(aus)trinken
kieliszek	Gläschen, Schnapsglas
cię	dich
rozgrzeje	er/sie/es wärmt
pijemy	wir trinken
za zdrowie	auf die Gesundheit
Na zdrowie!	Zum Wohl!, Gesundheit!
Wszystkiego najlepszego!	Alles Beste!
nie ma sensu	es hat keinen Sinn
wracamy	wir fahren zurück

● Co robimy? Coraz mocniej pada deszcz.	Was machen wir? Es regnet immer stärker.
■ Jest mi zimno.	Mir ist kalt.
● Musisz wypić kieliszek wódki, to cię rozgrzeje.	Du musst ein Gläschen Wodka trinken, das wird dich wärmen.
■ Więc pijemy za zdrowie Andrzeja: Sto lat, sto lat niech żyje, żyje nam! Na zdrowie!	Also trinken wir auf Andrzejs Gesundheit: Hundert Jahr, hundert Jahr soll er leben, für uns leben! Zum Wohl!
● Na zdrowie!	Zum Wohl!
■ Wszystkiego najlepszego!	Alles Beste!
● Dziękuję!	Ich danke!
■ A..., aaa ..., aaaaa ... psik! Przepraszam!	A..., aaa ..., aaaaa ... hatschi! Entschuldigung!
● Na zdrowie!	Gesundheit!
■ Dziękuję!	Danke!
● To nie ma sensu. Wracamy do Krakowa!	Das hat keinen Sinn. Wir fahren zurück nach Krakau!

pada deszcz (es regnet; wörtl.: es fällt Regen)

trinken
pić (trinken; imperfektiv)
wypić (austrinken; perf.)
napić się (trinken; perf.)
Bei Aufforderungen:
Napije się pan/-i herbaty?
(Trinken Sie einen Tee?)

*kieliszek **wódki*** (wörtl.: ein Gläschen des Wodkas)
Kieliszek ist hier Mengenangabe, daher *wódka* im Genitiv.

***Sto lat**, **sto lat** niech żyje, żyje nam*
sto + Genitiv →
sto lat (100 Jahre)
rok (Jahr; Nom. Singular)
lata (Jahre; Nom. Plural)
lat (Jahre; Gen. Plural)

Imperativ
3. Person Singular
niech + 3. Pers. Singular:
***Niech** żyje!*
(Er/Sie soll (möge) leben!)
Höfliche Aufforderung:
*Proszę, **niech** pan to zrobi!*
(Machen Sie das, bitte!)

Dativpronomen Plural
my → ***nam*** (uns)
wy → ***wam*** (euch)
oni/one → ***im/nim*** (ihnen)
Nach Präpositionen: ***nim***

Wszystkiego najlepszego!
(Alles Beste!)
Eigentlich:
(Życzę) wszystkiego najlepszego!
(Ich wünsche) alles Beste!
życzyć (wünschen) + Genitiv)

17 B

Übungen

Formen Sie mal das Geburtstagslied *Sto lat* etwas um. Achten Sie auf *lata* und *lat!* Wenn Sie nicht mehr wissen, nach welchen Zahlen Nominativ oder Genitiv folgt, auf Seite 73 steht's.

1. Ein Ständchen bringen

*Sto **lat**, sto **lat** ...*

1. sto
2. czterdzieści
3. szesnaście
4. pięćdziesiąt cztery
5. osiemdziesiąt pięć

Die Übersetzungen sind sich sehr ähnlich, aber tatsächlich ist nur eine richtig. Aber welche, a oder b?

2. Qual der Wahl

1. Es regnet.
   a ☐ Pada deszcz.
   b ☐ Pada się.
2. Mir ist kalt.
   a ☐ Zimno mam.
   b ☐ Jest mi zimno.
3. Zum Wohl!
   a ☐ Za zdrowie!
   b ☐ Na zdrowie!
4. Das hat keinen Sinn.
   a ☐ To nie sensowny.
   b ☐ To nie ma sensu.

Hier sollen Sie für die Personalpronomen in den Klammern die jeweils richtige Form im Dativ finden.

3. Wem schmeckt's?

*Bigos **nam** bardzo smakuje.*

1. Bigos ____ (my) bardzo smakuje.
2. Polskie piwo ______ (ja) bardzo smakuje.
3. Barszcz czerwony ______ (ty) bardzo smakuje.
4. Polskie ciastko _____ (wy) bardzo smakuje.
5. Francuskie śniadanie ______ (oni/one) bardzo smakuje.

Dumm gelaufen. Alle Gläser, Tassen und Teller vergessen. Nur Schnapsgläser sind da. *kieliszek* + Genitiv

4. Ein Gläschen in Ehren ...

*Wypijemy kieliszek **wódki**.*

1. wódka
2. gorące mleko
3. gorąca czekolada
4. piwo
5. barszcz czerwony

Es geht um Onomatopoetika – ja, so heißen lautnachahmende Wörter wie „hatschi", „autsch" u. ä. Suchen Sie zur linken Seite (polnisch) die deutschen Entsprechungen rechts.

5. Geräuschemacher

1.	gulgulgul	a ☐	wauwauwau
2.	kukuryku	b ☐	hatschi!
3.	aj!	c ☐	gluckgluckgluck
4.	wrrrrrrr	d ☐	kikeriki
5.	hauhauhau	e ☐	au!
6.	psik!	f ☐	grrrrrrrr

Wohnen – aber wie?

17

Trautes Heim, Glück allein? Wenn's so einfach wäre. Viele auf dem Lande leben zwar in Eigentumswohnungen, die sie nach der Wende vom örtlichen Landwirtschaftskombinat für wenig Geld bekamen. Aber die renovierungsbedürftigen Wohnungen in den tristen Plattenbauten sind auch ein Klotz am Bein, sind sie doch kaum zu verkaufen. Denn nur wenige möchten in die strukturschwachen Regionen, wo Arbeitsplätze Mangelware sind. Also zieht es viele in die boomenden Städte. In der Hoffnung auf Arbeit, Freizeitmöglichkeiten und höhere Lebensqualität.
Dafür reicht es oft aber nicht. Denn mittlerweile ist das Wohnen in Städten wie Warschau oder Krakau so teuer geworden, dass ein immer größerer Teil des Einkommens dafür ausgegeben werden muss. So bleiben viele junge Städter zu Hause bei den Eltern – länger als denen meist lieb ist.
Seit den 1990ern wurde schlicht zu wenig gebaut. Waren es in den 1970ern jährlich noch knapp 300.000 Wohneinheiten, so sind es aktuell weniger als die Hälfte. Und da man auch in den Erhalt bestehenden Wohnraums nicht ausreichend investierte, sind attraktive Wohnungen zusehends nur noch etwas für Besserverdienende, deren Immobilien oft durch hohe Zäune oder Mauern geschützt sind. Abschottungstendenzen unterstellt man auch den Bewohnern einer in Polen relativ neuen Wohnform: „Gated Communities". Mehr als 400 dieser geschlossenen Wohnanlagen sind in den letzten Jahren im Großraum Warschau entstanden.

Während 1000 Deutschen 472 Wohneinheiten zur Verfügung stehen, haben die Polen mit nur 341 WE innerhalb der EU am wenigsten Wohnraum. Etwa ein Drittel der Bevölkerung muss sich sein Zimmer teilen. Kein Wunder, dass 80 % der Polen mit ihrer Wohnsituation unzufrieden sind.

18

Erkältung

To może boleć
Das kann weh tun

głowa:	Kopf
ucho:	Ohr
oko:	Auge
ząb/zęby:	Zahn/Zähne
brzuch:	Bauch
gardło:	Hals (eigtl. Kehle)
szyja:	Hals
ramię:	Schulter
ręka:	Hand/Arm
noga:	Bein
stopa:	Fuß

Was Verliebten weh tun kann: *serce* (Herz).

***Kto pomoże?* (Wer hilft?)**

lekarz/lekarka:	Arzt/Ärztin
dentysta:	Zahnarzt
okulista:	Augenarzt
pielęgniarka:	Krankenschwester
Matka Boska:	Muttergottes

Als Sophie am Morgen nach Andrzejs verunglücktem Namenstagsfest aufwacht, fühlt sie sich wie gerädert. Ob sie etwa das Gläschen Wodka nicht vertragen hat? Aber so viel war das doch gar nicht, denkt sie und schleppt sich in die Küche, wo Małgosia gerade frühstückt: *Nie wiem, co jest, ale źle się dzisiaj czuję* (Ich weiß nicht, was ist, aber heute fühle ich mich schlecht). Anscheinend sieht sie entsprechend aus, denn Małgosia ist gleich besorgt: *Co ci dolega?* (Was fehlt dir?) Sophie überlegt, was ihr alles weh tut, und als sie mitten im Satz niesen muss, fällt ihr die Selbstdiagnose nicht schwer: *Prawdopodobnie przeziębienie* (Wahrscheinlich eine Erkältung).
Sophie ist für heute die Lust auf Unternehmungen vergangen. Sie beschließt: *Położę się do łóżka* (Ich werde mich ins Bett legen). Małgosia findet das genau richtig. Außerdem will sie mit Hausmitteln der Erkältung zu Leibe rücken: *Zrobię ci gorące mleko z miodem* (Ich werde dir heiße Milch mit Honig machen). Sicherheitshalber will Małgosia noch Medikamente besorgen: *Zaraz pójdę do apteki po tabletki i syrop na kaszel* (Ich werde gleich in die Apotheke gehen und Tabletten und Hustensaft holen). Bei so viel Fürsorge ist Sophie bestimmt bald wieder auf den Beinen.

Co ci dolega?

źle	schlecht
czuję się	ich fühle mich
dolega	er/sie/es fehlt
boli	er/sie/es tut weh
gardło	Hals, Kehle
niedobrze	nicht gut
głowa	Kopf
myślisz	du denkst/meinst/glaubst
prawdopodobnie	wahrscheinlich
przeziębienie	Erkältung
wczoraj	gestern
nawet	sogar
pomógł/pomogła/-ło	er/sie/es hat geholfen

● Nie wiem, co jest, ale dzisiaj źle się czuję.	Ich weiß nicht, was ist, aber heute fühle ich mich schlecht.
■ Co ci dolega?	Was fehlt dir?
● Boli mnie gardło.	Mir tut der Hals weh.
■ Oh, to niedobrze!	Oh, das ist nicht gut!
● I boli mnie też głowa.	Und der Kopf tut mir auch weh.
■ Jak myślisz, co to jest?	Was meinst du, was das ist?
● Prawdopodobnie – psik! – przeziębienie.	Wahrscheinlich – hatschi! – eine Erkältung.
■ Pewnie tak. No, pogoda wczoraj nie była najlepsza.	Ja, sicherlich. Nun, das Wetter gestern war nicht das beste.
● Nawet wódka nie pomogła.	Sogar der Wodka hat nicht geholfen.

ci (dir): Dativ
*Co **ci** dolega?* (Was fehlt dir?)

Pronomen
Genitiv = Akkusativ
Die Formen in Klammern stehen nach Präpsitionen:
ja → *mnie*
ty → *cię (ciebie)*
on/ono → *go (niego)*
ona → Genitiv: *jej (niej)*
Akkus.: *ją (nią)*
my → *nas*
wy → *was*
oni → *ich (nich)*
one → *je (nie)*

dla + Genitiv →
*To **dla mnie***
(Das ist **für mich**)
boli + Akkusativ →
*Boli **mnie** głowa*
(Der Kopf schmerzt **mich**)
*Boli **cię** noga*
(Das Bein schmerzt **dich**)
*To **dla ciebie***
(Das ist **für dich**)

Jak myślisz?
(Was meinst du?; wörtl.: Wie denkst du?)

Vergangenheit
móc (können) →
mógł/mogła/mogło
(er/sie/es konnte)
pomóc (helfen) →
pomógł/pomogła/-ło
(er/sie/es half)

18 A

Übungen

Co ci dolega? (Was fehlt dir?) *Boli mnie* dieses und jenes, der Körper bietet da ja viele Möglichkeiten.

1. Was tut weh?

2/37

Boli mnie *głowa.*

1. głowa
2. gardło
3. noga
4. ręka
5. brzuch
6. oko
7. ucho
8. ząb
9. serce
10. stopa

Sie hatten mal wieder überzogene Qualitätsanforderungen und das Gebotene hat Sie nicht zufriedengestellt. Bei *najlepszy/-a/-e* müssen Sie auf die Superlativendungen achten.

2. Kein Spitzenprodukt

Pogoda *nie by**ła** najlepsz**a**.*

1. pogoda
2. bigos
3. piwo
4. koncert
5. wódka
6. muzeum

Hier geht es um die Dativ- und Akkusativpronomen. Falls Sie die Dativpronomen wiederholen müssen: Auf Seite 41 sind sie aufgeführt.

3. Ordnen Sie zu

1. Co ci dolega?
2. Co wam dolega?
3. Co mu dolega?
4. Co jej dolega?
5. Co im dolega?

a ☐ Boli nas brzuch.
b ☐ Boli go głowa.
c ☐ Boli ją noga.
d ☐ Boli mnie gardło.
e ☐ Boli ich ręka.

Eine Übung zu den schwierigen Formen von *pomógł/pomogła*.
Achten Sie auf *dentysta* und *okulista*, beide haben zwar (f) Endungen, sind aber natürlich männlich.

4. Wer hat Ihnen geholfen?

Lekarz *mi pom**ógł**.*

1. lekarz
2. lekarka
3. dentysta
4. Matka Boska
5. okulista
6. pielęgniarka

Tabletki i syrop na kaszel

2/38

położę się	ich werde mich (hin)legen
łóżko	Bett
miód	Honig
apteka	Apotheke
tabletki	Tabletten
syrop na kaszel	Hustensaft
pomoże	er/sie/es wird helfen

● Myślę, że położę się do łóżka.	Ich glaube, ich werde mich ins Bett legen.
■ Dobrze, a ja zrobię ci gorące mleko z miodem.	Gut, und ich werde dir heiße Milch mit Honig machen.
● I proszę herbatę z cytryną.	Und bitte Tee mit Zitrone.
■ Dobrze. Zaraz pójdę do apteki po tabletki i syrop na kaszel.	Gut. Ich werde gleich in die Apotheke gehen und Tabletten und Hustensaft holen.
● Tak, może to pomoże. Bardzo ci dziękuję!	Ja, vielleicht wird das helfen. Ich danke dir sehr!

Aspekte
Einige Verbaspekte haben verschiedene Stämme:
imperfektiv:
kłaść (legen)
kłaść się (sich hinlegen)
perfektiv:
położyć (legen)
położyć się (sich hinlegen)

Verben auf -*yć* und -*eć*

*położ**ę***	ich werde legen
*położ**ysz***	du wirst legen
*położ**y***	er/sie wird legen
*położ**ymy***	wir werden legen
*położ**ycie***	ihr werdet legen
*położ**ą***	sie werden legen

Ebenso:
uczyć się (lernen)
cieszyć się (sich freuen)

*mi**ó**d* → *z mi**o**dem*
Aus ***ó*** wird manchmal ***o***.

Komposita
Nomen + Präpos. + Nomen
syrop (Sirup)
na + Akkusativ (auf, für ...)
kaszel (Husten)
syrop na kaszel (Hustensaft)

móc	können
mogę	ich kann
możesz	du kannst
może	er/sie kann
możemy	wir können
możecie	ihr könnt
mogą	sie können

Ebenso:
pomóc (helfen)

Übungen

Ob *mógł* oder *mogła* hängt davon ab, ob eine Frau oder ein Mann das nicht machen konnte. Sie können das bestimmt!

1. Nichtkönner

2/39

***Lekarz** nie **mógł** tego zrobić.*

1. lekarz
2. Małgosia
3. Andrzej
4. Sophie
5. lekarka
6. Piotr

Wer kann Ihnen helfen? Für die entsprechenden Fragen benötigen Sie die richtige Form von *móc*.

2. Wer kann mir helfen?

*Czy **ty możesz** mi pomóc?*

1. ty
2. lekarz
3. pani
4. Ula i Jadwiga
5. wy

Setzen Sie die fehlenden Verb-Endungen ein.

3. Ergänzen Sie

1. Źle się czuję. Położ_ się do łóżka.
2. Zaraz id_ po tabletki do apteki.
3. Jak myśli_ _, co to jes_?
4. Piotr też się położ_ do łóżka.
5. A ja zrobi_ herbatę z cytryną.

Hier geht es um das Wortfeld Gesundheit-Krankheit. Drei Begriffe gehören nicht dazu. Welche?

4. Hier passt was nicht

1. apteka
2. samochód
3. lekarz
4. syrop na kaszel
5. herbata z cytryną
6. tabletki
7. lekarka
8. podróż
9. gorące mleko z miodem
10. kawa z mlekiem

Verbinden Sie die Aspekte der Verben, die zusammengehören. Links stehen die imperfektiven, rechts die perfektiven.

5. Was gehört zusammen?

1. kłaść się
2. pić
3. jechać
4. iść
5. zwiedzać

a ☐ zwiedzić
b ☐ pojechać
c ☐ pójść
d ☐ wypić
e ☐ położyć się

Ökologisches Umdenken

Lange wunderten sich die Polen nur über den drastischen Anstieg von allergischen Krankheiten, Kindern mit Pseudokrupp oder Neurodermitis. Die Wasserqualität in den Flüssen war katastrophal. Allarmierend waren die Prophezeiungen der Denkmalschützer, dass selbst die berühmten polnischen Restauratoren in der Krakauer Altstadt vieles nicht mehr retten könnten.

Polen war jahrzehntelang die Nation der Dreckschleudern. Riesige Kohlekraftwerke, energieintensive Industrieanlagen und Kohleheizungen hüllten das Land in eine einzige Abgaswolke. Der Supergau von Tschernobyl nebelte Polen zuerst ein, weckte dann aber ein erstes Umweltbewusstsein. Bei der miserablen Wirtschaftslage rangierte der Umweltschutz jedoch bis zur Jahrtausendwende eher unter ferner liefen.

Für die Umwelt war der wirtschaftliche Zusammenbruch nach der Wende und die Stilllegung vieler Fabriken, Kraft- und Bergwerke ein Segen. Der vom sauren Regen geschädigte Wald atmete ebenso auf wie die vom chronischen Husten geplagten Menschen. Ernst zu nehmende Umweltinvestitionen erfolgten jedoch erst im Zuge des EU-Beitritts. Das ganze Land bis hin zu den Gemeinden musste auf EU-Standard gehoben und EU-Vorgaben müssen eingehalten werden.

Zwar gibt es mittlerweile auch in Polen mit den *Zieloni* (die Grünen) eine Ökopartei, Glas- und Papier-Container, Naturarznei und -kosmetik sowie für Großstadtkinder Ökoferien auf dem Bauernhof. Nachhaltiges Umweltbewusstsein scheint aber noch nicht alle Polen erfasst zu haben. Noch nicht.

Nowa Huta (Neue Hütte) ist heute ein trister Krakauer Vorort mit bröckelndem sozialistischem Charme und hoher Arbeitslosigkeit. Geplant war ein Muster-Stahlwerk und eine sozialistische Vorzeigesiedlung. Die Abgase des Werks zogen direkt nach Krakau und führten zu drastischen Schäden an den historischen Gebäuden.

Das sozialistische Ideal sah atheistische Arbeiter vor, folglich gab es in *Nowa Huta* keine Kirche. Nach zahllosen bürokratischen Hürden bauten die Einwohner von *Nowa Huta* in Eigenregie ihre Kirche, die zum Vorbild wurde sowohl für die kirchliche Opposition als auch für moderne Sakralarchitektur.

19

Einkaufen

ubranie:	**Kleidung**
czapka:	Mütze
kapelusz:	Hut
płaszcz:	Mantel
garnitur:	Anzug
marynarka:	Jackett
suknia:	Kleid
sweter:	Pullover
koszula:	Hemd
bluzka:	Bluse
spodnie (Pl.):	Hose
dżinsy (Pl.):	Jeans
spódnica:	Rock
skarpetki (Pl.):	Socken
buty (Pl.):	Schuhe
rękawiczki (Pl.):	Handschuhe

kolory:	**Farben**
kolorowy:	bunt
biały:	weiß
brązowy:	braun
czarny:	schwarz
czerwony:	rot
niebieski:	blau
pomarańczowy:	orange
szary:	grau
zielony:	grün
żółty:	gelb

Langsam geht Sophies Zeit in Polen zu Ende und sie muss dringend noch ein paar Mitbringsel erstehen. In der Altstadt sieht sie einen Kunstgewerbe-Laden mit einer hübschen Holzeisenbahn im Fenster. Das wäre genau das Richtige für ihren Neffen. Sophie ist begeistert von der Qualität und fragt die Verkäuferin: *Czy to jest ręczna robota?* (Ist das Handarbeit?) Die Verkäuferin bejaht: *Ależ oczywiście, wszystko w tym sklepie jest robione ręcznie w Polsce* (Aber natürlich, alles in diesem Laden ist von Hand in Polen gemacht). Diese Auskunft erleichtert Sophie nicht gerade die Entscheidung zwischen den Sachen aus Holz, Leder oder Leinen, der Keramik und den tollen Schafwollpullis.

Kaum hat Sophie ihre kunstvoll verpackten Mitbringsel in der Tasche, sieht sie ein großes Geschäft mit schicken Klamotten und geht hinein. Eine Verkäuferin spricht sie an: *Czy mogę pani pomóc?* (Kann ich Ihnen helfen?) Sie würde gerne einen schwarzen Mantel anprobieren – er passt wie angegossen und steht ihr wirklich gut: *Ten płaszcz bardzo mi się podoba* (Dieser Mantel gefällt mir sehr), sagt sie, und die Verkäuferin fängt an zu schmeicheln: *Pani ma świetny styl!* (Sie haben einen ausgezeichneten Stil!), lobt sie.

Czy to ręczna robota?

19 A

2/40

na wystawie	im Schaufenster, in der Auslage
drewniana kolejka	Holzeisenbahn
pokazać	zeigen
zwierzęta	Tiere
drewno	Holz
ręczna robota	Handarbeit
sklep	Laden, Geschäft
robiony/-a/-e	gemacht
ręcznie	von Hand, manuell
ceramika	Keramik
Bolesławiec	Bunzlau

● Na wystawie widziałam drewnianą kolejkę. Proszę mi ją pokazać. — Im Schaufenster habe ich eine Holzeisenbahn gesehen. Bitte zeigen Sie sie mir.

■ Proszę bardzo. Mamy też samochody i zwierzęta, wszystko z drewna. — Bitte sehr. Wir haben auch Autos und Tiere, alles aus Holz.

● Bardzo ładne. Czy to jest ręczna robota? — Sehr hübsch. Ist das Handarbeit?

■ Ależ oczywiście, wszystko w tym sklepie jest robione ręcznie w Polsce. — Aber natürlich, alles in diesem Laden ist von Hand in Polen gemacht.

● Naprawdę? Ta ceramika też jest robiona w Polsce? — Wirklich? Diese Keramik ist auch in Polen gemacht?

■ Proszę pani, to ceramika z Bolesławca! — Bitte, die Dame, das ist Keramik aus Bunzlau!

wystawa → ***na** wystaw**ie***
(**im** Schaufenster)
Hier liegt eine Ortsangabe vor, daher:
na + Lokativ

***proszę* + Infinitiv**
Proszę pokazać ...
(Bitte **zu** zeigen ... =
Bitte zeigen Sie ...)

Plural Sachform (m/f/n)
Nominativ = Akkusativ
*Samochod**y** są ładn**e***
(Die Autos sind hübsch) →
*Mamy ładn**e** samochod**y***
(Wir haben hübsche Autos)

Neutra auf ***-ę*** → ***-ęta*** (Pl.)
*zwierz**ę*** (Tier)
*zwierz**ęta*** (Tiere)

ręka (Hand) →
ręczny/-a/-e (Hand...)
ręcznie (von Hand)

robiony/-a/-e ist das Partizip Passiv zu *robić* (machen).
Vgl. *robota* (Arbeit)

-iec → ***-ca***
*Bolesław**iec*** →
z** Bolesław**ca

Übungen

Proszę pokazać mi ... ist eine Möglichkeit, sich in einem Geschäft etwas zeigen zu lassen.

1. Bitte zeigen Sie mir ...

2/41

Proszę pokazać mi *drewnianą kolejkę.*

1. drewniana kolejka
2. ręczna robota
3. zwierzęta z drewna
4. ceramika z Bolesławca
5. samochody z drewna

Die Präposition *na* kann den Akkusativ und den Lokativ nach sich ziehen:
1. Richtung (*na* + Akkusativ)
2. Ort (*na* + Lokativ)

2. Na?

1. _ _ (wystawa) _ _ _ _ _ _ _ _ widziałam drewnianą kolejkę.
2. Idziemy _ _ (koncert) _ _ _ _ _ _ _?
3. Chcę pojechać _ _ (wieś) _ _ _ _.
4. Idę _ _ (Stare Miasto) _ _ _ _ _ _ _ _ _ _.
5. _ _ (wieś) _ _ _ bardzo mi się podoba.

Neutrale Substantive haben vier mögliche Endungen: *-e, -o, -um* oder *-ę*. Welche passt wohin?

3. Ordnen Sie zu

1. otwarte okn_	a ☐ e
2. piękne zwierz_	b ☐ um
3. ciekawe muze__	c ☐ o
4. niebieskie morz_	d ☐ o
5. stare miast_	e ☐ ę

Hier geht es um den Unterschied zwischen Nominativ und Akkusativ Plural der Sachform (vgl. Sie auf der vorigen Seite). Sachform: alle, die keine (m) Personen bezeichnen.

4. Welcher Buchstabe fehlt?

1. Samochody są piękne. – Mamy piękne samochod__.
2. Pierogi są dobre. – Mamy dobre pierog__.
3. Miasta są stare. – Mamy stare miast__.
4. Gazety są ciekawe. – Mamy ciekawe gazet__.
5. Muzea są otwarte. – Mamy otwarte muze__.

Hände über Hände. In 1–3 geht es um Ableitungen zu *ręka* (Hand), in 4–6 um Formen, die mit *robić* (machen) zu tun haben.

5. Handling

ręka – ręczna – ręcznie – robić – robiona – robota

1. Czy to ____________ robota?
2. Wszystko w tym sklepie jest robione ____________ w Polsce.
3. Co panu dolega? Boli mnie ____________.
4. Ta ceramika też jest _______________ w Polsce?
5. Co chcesz ______________ w Warszawie?
6. To bardzo ładna ręczna ______________!

Czy mogę pani pomóc?

mógłby/mogłaby	er/sie/es könnte
czarny/-a/-e	schwarz
płaszcz	Mantel
czysty/-a/-e	rein
wełna	Wolle
przymierzyć	anprobieren
potrzebować	brauchen
numer czterdziesty	Nummer 40, Größe 40
chwileczkę	einen Moment/Augenblick
(jest) pani do twarzy	steht Ihnen
sądzi	er/sie/es meint/denkt
styl	Stil
wystarczy	er/sie/es genügt/reicht
pieniądze (Pl.)	Geld

● Czy mogę pani pomóc?	Kann ich Ihnen helfen?
■ Czy mogłaby mi pani pokazać ten czarny płaszcz?	Könnten Sie mir diesen schwarzen Mantel zeigen?
● Oczywiście, on jest z czystej wełny.	Natürlich, er ist aus reiner Wolle.
■ Czy mogłabym go przymierzyć?	Könnte ich ihn anprobieren?
● Jaki numer pani potrzebuje?	Welche Nummer brauchen Sie?
■ Potrzebuję numer czterdziesty.	Ich brauche Nummer vierzig.
● Chwileczkę, proszę ...	Einen Moment, bitte ...
■ Ten płaszcz bardzo mi się podoba.	Dieser Mantel gefällt mir sehr.
● Tak, i dobrze pani w nim do twarzy.	Ja, und er steht Ihnen gut.
■ Tak pani sądzi?	Meinen Sie?
● Ależ oczywiście, pani ma świetny styl!	Aber natürlich, Sie haben einen ausgezeichneten Stil!
■ Mam tylko nadzieję, że wystarczy mi też pieniędzy.	Ich hoffe nur, dass mir auch das Geld reicht.

Konjunktiv
3. Person des Verbs in der Vergangenheit + ***-bym/-byś/-był ...***
1. (m) ***mógł*** (er konnte) → ***mógłbyś*** (du könntest)
2. (f) ***mogła*** (sie konnte) → ***mogłaby*** (sie könnte)
3. Personalform
mogli (sie konnten) → ***moglibyście*** (ihr könntet)
4. Sachform
mogły (sie konnten) → ***mogłybyśmy*** (wir könnten)

Konfektionsgrößen
numer ***czterdziesty*** (wörtl.: Größe vierzigste) Hier steht eine Ordinalzahl und keine Kardinalzahl *(czterdzieści)* wie im Deutschen.

Dobrze pani w nim do twarzy (wörtl.: Gut der Frau in ihm zu Gesicht = Er steht Ihnen gut)

pieniądze (Geld) ist ein Pluralwort (von *pieniądz:* Geldstück)
Genitiv Plural: *pieniędzy*
Masz ***pieniądze****?* (Hast du Geld?)
Nie mam ***pieniędzy*** (Ich habe kein Geld)

Nomen (m) Plural
Auf Zischlaut und ***-c/-dz/-l/-ń/-j → -e***
*pienią****dz*** → *pienią****dze***
*płasz****cz*** → *płasz****cze***

wystarczy **+ Genitiv**
Pieniędzy *wystarczy mi* (Das Geld reicht mir)

Übungen

Der Winter naht und die vielköpfige Familie muss eingekleidet werden.

1. Familieneinkauf

*Czy **mógłbym** przymierzyć płaszcz?*

1. ja (m)
2. ja (f)
3. ty (m)
4. ty (f)
5. on
6. ona

Noch einige Konjunktivformen (alle in der 1. Person Singular m.), die hilfreich sein könnten. *Chciałbym* benutzt man z. B. gerne, wenn man einen Wunsch ausdrückt (ich hätte gerne).

2. Folter: Konjunktive

1. chcieć
   a ☐ chinaböller
   b ☐ chciałbym
2. być
   a ☐ byłbym
   b ☐ bullerbü
3. mówić
   a ☐ movebabe
   b ☐ mówiłbym
4. mieć
   a ☐ miałbym
   b ☐ miaumiau

Hier mal ein kleiner Gang durch die bunte Kleiderwelt. Passen Sie auf, manche Kleidungsstücke stehen im Plural, dann heißt es *podobają mi się*.

3. Da freut sich der Verkäufer

***Ten brązowy płaszcz** bardzo mi **się podoba**.*

1. brązowy płaszcz
2. czarne dżinsy
3. pomarańczowa bluzka
4. zielona marynarka
5. szare buty
6. biała spódnica
7. niebieskie skarpetki
8. czerwony sweter
9. kolorowa koszula
10. żółte rękawiczki

Ihre Konfektionsgröße sollten Sie schon kennen bzw. aussprechen können, sonst muss die Verkäuferin Überstunden machen.

4. Welche Größe?

*Potrzebuję numer **trzydiesty szósty**.*

1. 36
2. 38
3. 40
4. 42
5. 44
6. 46
7. 48
8. 50
9. 52

Hier geht's immer um (m) Adjektive und Substantive im Plural. Kleine Aufmerksamkeit des Hauses: Die Wörter wurden so ausgewählt, dass Sie nur noch ein ... einsetzen müssen.

5. Mehr als eins

1. Te płaszcz_ są bardzo ładn_.
2. Czy ty masz jeszcze pieniądz_?
3. Te czarn_ spodni_ są bardzo piękn_.
4. Czy mogłaby mi pani pokazać te brązow_ kapelusz_?
5. Czy są jeszcze woln_ pokoj_?

Tradition der Powerfrau

19

Die polnischen Männer haben Glück! Wenn man den Klischees glaubt, gibt es in ihrem Land nur Superfrauen. Die „klassische" polnische Frau ist verheiratet, Mutter und meistert souverän und mit Freude Haushalt, Beruf und Familie. Polinnen treten oft betont weiblich auf, sind aber nicht nur mode-, sondern auch selbstbewusst, zudem hochqualifiziert. Im internationalen Vergleich belegt Polen einen der vorderen Statistikränge in der Sparte Frauen in Führungspositionen. Willensstarke Managerinnen, die selbstverständlich verheiratet sind und mehrer Kinder haben.
Polens Frauen mussten schon immer kämpfen: In Kriegen, Aufständen und während der politischen Unterdrückung leisteten sie ihren Beitrag zum Überleben der Nation. Und so entstand der nationalkatholisch geprägte Mythos von der *Matka Polka* (Mutter Polin), die sich im Kampf um die Familie, Sprache, Religion und Kultur aufopfert. Und nicht an sich denkt. In den vier kommunistischen Jahrzehnten wurde sie von der Mehrfachbelastung zwischen schlecht bezahltem Beruf, Kindern und Haushalt aufgerieben. Müde und verbraucht blieb bei niedrigen Renten kaum etwas übrig vom Chic und Charme der Jugend.
Während viele Männer und Konservative noch dem traditionellen Frauenbild nachhängen, hat der Wandel längst begonnen: Die jüngeren Polinnen heiraten heute später und bekommen auch nicht mehr so früh Kinder wie ihre Mütter. Die polnischen Männer müssen sich vorsehen: Partnerschaftlichkeit ist gefragt, kein Machismo. Die Scheidungsraten steigen und die gut ausgebildeten Polinnen stechen am Arbeitsmarkt immer öfter ihre männlichen Mitbewerber aus.

Polnische Autorinnen, die ins Deutsche übersetzt wurden:
E. Orzeszowka (1842–1910)
G. Zapolska (1857–1921)
Z. Nałkowska (1884–1954)
M. Dąbrowska (1889–1965)
M. Kuncewiczowa (1899–1989)
W. Szymborska (1923)
J. Olczak-Ronikier (1934)
H. Krall (1937)
M. Nurowska (1944)
A. Bolecka (1951)
M. Tulli (1955)
K. Grochola (1957)
N. Goerke (1960)
O. Tokarczuk (1962)
M. B. Kielar (1963)
M. Gretkowska (1964)
Z. Rudzka (1964)
M. Saramonowicz (1964)
D. Masłowska (1983)

20

Dinner zum Abschied

Wrocław **(Breslau)**
Die Hauptstadt von Schlesien war lange ein Symbol der deutsch-polnischen Gegensätze, heute ist sie Ort der Verständigung. Nach dem Krieg wurden im stark zerstörten Breslau Polen aus Lemberg und Umgebung angesiedelt. Sie brachten die Kultur und die Atmosphäre der ostpolnischen Vielvölkerstadt mit an die Oder. Die Stadt lebt heute aus einer pulsierenden Mischung aus deutschen Wurzeln, ostpolnischer Kultur und schlesischer Identität.

Breslau ist Sophies letzte Station auf ihrer Polen-Rundreise. Sie staunt nicht schlecht, als der Zug dort einläuft, denn Piotr steht auf dem Bahnsteig. Er hat in seiner Redaktion irgendein Thema zu Breslau vorgeschlagen und bekam prompt eine Dienstreise bewilligt. Vor so viel Schlitzohrigkeit kann Sophie nur kapitulieren, die Überraschung ist geglückt.
Beide haben sich in Schale geworfen und freuen sich nun auf ein richtig vornehmes Abendessen. Beim Betreten des schicken Restaurants bittet Piotr: *Stolik dla dwóch osób, proszę* (Einen Tisch für zwei Personen, bitte). Die Kellnerin führt sie in ein lauschiges Eckchen. *Polecam dzisiaj kotlet wieprzowy i kaczkę pieczoną* (Ich empfehle heute Schweinekotelett und Entenbraten), sagt sie und reicht ihnen die Speisekarte. Sophie nimmt die Ente, schließlich soll es noch einmal typisch polnisch sein.
Piotr und Sophie fällt der bevorstehende Abschied schwer. Sie plaudern den ganzen Abend dagegen an. Als schließlich die Rechnung kommt, fragt Piotr, wie es ihr geschmeckt hat. Da kann Sophie nur seufzen: *Ach Piotr, było wspaniale!* (Ach Piotr, es war herrlich!) Eigentlich will sie gar nicht nach Köln zurückfahren. *Tak, szkoda!* (Ja, Schade!), meint Piotr, verhindert aber weiteren Trübsinn: *No, to wypijemy za nasze następne spotkanie!* (Nun, dann trinken wir auf unser nächstes Treffen)!

Proszę państwa, jadłospis

20 A

dla dwóch osób	für zwei Personen
państwo	Herrschaften, Sie (Plural)
okno	Fenster
jadłospis	Speisekarte
polecam	ich empfehle
kotlet wieprzowy	Schweinekotelett
kaczka pieczona	Entenbraten
zupa pomidorowa	Tomatensuppe
ziemniaki	Kartoffeln
sałatka	Salat
kapusta	Kraut

● Dzień dobry pani. Stolik dla dwóch osób, proszę.	Guten Tag, die Dame. Einen Tisch für zwei Personen, bitte.
■ Dzień dobry państwu. Przy oknie są dwa ładne miejsca.	Guten Tag, die Herrschaften. Am Fenster sind zwei hübsche Plätze.
● Świetnie!	Ausgezeichnet!
■ Proszę państwa, jadłospis.	Bitte, die Herrschaften, die Karte.
● Poproszę dwa piwa.	Bitte zwei Biere.
■ Polecam dzisiaj kotlet wieprzowy i kaczkę pieczoną.	Ich empfehle heute Schweinekotelett und Entenbraten.
● Tak, dobrze. Do tego proszę jeszcze zupę pomidorową dla mnie a dla pani barszcz czerwony.	Ja, gut. Außerdem bitte noch eine Tomatensuppe für mich und für die Dame Roten Borschtsch.
■ Dobrze. Kaczkę pieczoną z ziemniakami i sałatką?	Gut. Den Entenbraten mit Kartoffeln und Salat?
● Tak. A kotlet wieprzowy proszę z kapustą i ... no, hmh, też z ziemniakami.	Ja. Und das Schweinekotelett bitte mit Kraut und ... nun, hmh, auch mit Kartoffeln.

państwo
1. als Anrede für „Herrschaften" oder Ehepaare:
państwo Głowaccy
(Herr und Frau Głowacki)
***dzień dobry** państwu*
***proszę** państwa*
2. Staat:
państwo polskie
(der polnische Staat)

dwóch (Zahlwort im Genitiv):
*stolik **dla dwóch osób***
(ein Tisch für zwei Personen)

Genitiv Pl. Nomen (f/n)
Meist ohne Endung.
Achtung, Vokalwechsel:
(f) *osoba* (Person) →
***dla** osób*
(n) *okno* (Fenster) →
***dla** okien*
(m) meist auf ***-ów:***
stolik (Tisch) →
***dla** stolików*

Lokativ Nomen (n)
***-no/-wo** → **-nie/-wie**:*
*okno → **przy** oknie*
(am Fenster)
-um** → **-um:
*muzeum → **przy** muzeum*
-ie** → **-iu:
skrzyżowanie →
***przy** skrzyżowaniu*
(an der Kreuzung)

Freundliche Empfehlung
polecać (empfehlen)
An Restaurants oft zu finden:
Polecamy ...
(Wir empfehlen ...)

Übungen

Nicht um milde Gaben wird hier gebeten, sondern um den Akkusativ. Der folgt nach *proszę* ...

1. Wir bitten um ...

2/45

Proszę ***zupę pomidorową****.*

1. zupa pomidorowa
2. kotlet wieprzowy z ziemniakami
3. kaczka pieczona z sałatką
4. jadłospis

Es mag ermüden, trotzdem: Suchen Sie die entsprechende Form im Genitiv Plural.

2. Gähnitiv

1. Proszę stolik dla dwóch	a ☐ osób.	b ☐ ossolineum.
2. W restauracji nie ma	a ☐ stuhl.	b ☐ stołów.
3. Ona idzie do	a ☐ okien.	b ☐ okean.
4. Robię za dużo	a ☐ bembel.	b ☐ błędów.

Üben Sie die Höflichkeitsfloskeln mit *pan*, Sie werden Sie brauchen.

3. Oh wie schön ist PANama

pana – panem – panu – panu – pana

1. Dzień dobry _ _ _ _.
2. Idę do _ _ _ _.
3. Przepraszam _ _ _ _.
4. Sophie jedzie z _ _ _ _ _.
5. Piotr stoi przy _ _ _ _.

Lokativ aller Orten. Schauen Sie nochmals auf der vorhergehenden Seite nach!

4. LOCUS amoenus

1. Jestem w kin_ _.
2. Przy okn_ _ są ładne miejsca.
3. Bardzo mi się podobało w muzeu_.
4. W tym piw_ _ jest jazz.
5. Przy skrzyżowan_ _ znajduje się pomnik.

Sie sollen zwei falsche Fünfziger finden. Dann können wir Ihnen gratulieren, zum Hauptgewinn im Zloty-Quiz, denn Sie haben herausgefunden, was zusammengehört.

5. Zehn Richtige

1. parówki
2. barszcz
3. smacznego
4. kapusta
5. bigos
6. ziemniaki
7. sernik
8. żurek
9. kieliszek
10. dżem

Jest mi naprawdę smutno

20 B

rachunek	Rechnung
wspaniale	herrlich
wcale	überhaupt
wracać	zurückkehren
do Niemiec	nach Deutschland
Niemcy	Deutschland
smutno	traurig
tym milsze	umso netter
następny/-a/-e	nächst...
spotkanie	Treffen
właśnie	eben, genau
do zobaczenia	auf Wiedersehen
serdecznie	herzlich

● Poproszę o rachunek, ... Smakowało ci, Sophie?	Die Rechnung, bitte ... Hat es dir geschmeckt, Sophie?
■ Ach Piotr, było wspaniale. Wcale mi się jeszcze nie chce wracać do Niemiec.	Ach, Piotr, es war herrlich. Ich möchte überhaupt noch nicht nach Deutschland zurückkehren.
● Tak, szkoda, że już jutro musisz jechać.	Ja, schade, dass du schon morgen fahren musst.
■ Ach, Piotr, jest mi naprawdę smutno.	Ach, Piotr, ich bin wirklich traurig.
● No, to tym milsze będzie nasze następne spotkanie.	Nun, da wird unser nächstes Treffen umso netter.
■ Właśnie!	Eben!
● No, to wypijemy za nasze następne spotkanie. Na zdrowie i do zobaczenia!	Nun, dann trinken wir auf unser nächstes Treffen. Zum Wohl und auf Wiedersehen!
■ Do zobaczenia i dziękuję ci serdecznie za wszystko!	Auf Wiedersehen, und ich danke dir herzlich für alles!

Niemcy (Deutschland)
ist ein Pluralwort:
*Niemcy **są** państwem*
(Deutschland **ist** ein Staat)
Jadę do Niemiec
(Ich fahre nach Deutschland)
Aber:
Niemiec (der/ein Deutsche/-r)
Genitiv/Akkusativ: *Niemca*
Instrumental: *Niemcem*
Lokativ: *Niemcu*
Plural Nominativ:
Niemcy (die Deutschen)
Plural Genitiv/Akkusativ:
Tu nie ma Niemców
(Hier gibt es keine Deutschen)

***chce mi się* + Infinfitiv**
(ich will ...)

umso
***tym* + Komparativ**
miło (nett) → *milsze*
***Tym milsze** będzie spotkanie*
(**Umso netter** wird das Treffen)

Nominalisierung
spotkać (treffen) →
spotkanie (Treffen)

Wiedersehen
1. Unter Bekannten:
zobaczyć (perf.; sehen) →
zobaczenie (Wiedersehen)
do zobaczenia
(auf Wiedersehen)
2. Standard, höflich:
widzieć (imperf.; sehen) →
widzenie (Sehen, Vision)
do widzenia
(auf Wiedersehen)

Übungen

Machen Sie sich auf die Frage gefasst: Wie war's in Polen? Hier können Sie schon ein paar Antworten üben.

1. Großes Lob

*W Polsce było **wspaniale**.*

1. wspaniale
2. świetnie
3. fajnie
4. bardzo dobrze
5. naprawdę miło

Wypić za + Akkusativ (trinken auf ...) heißt die magische Formel, in die sich so ziemlich alles einbauen lässt.

2. Darauf trinken wir

*No to wypijemy za **nasze następne spotkanie**.*

1. nasze następne spotkanie
2. trudny polski język
3. piękna Polska
4. smaczny bigos

Nicht nur Heine war um den Schlaf gebracht. Die polnischen Formen von „Deutschland" und „Deutscher" sind etwas happig. Denken Sie in Ruhe nach und vergleichen Sie auf den Seiten 105 und 133.

3. Denk ich an Deutschland ...

Niemców – Niemiec (2 x) – Niemca – Niemcy (2 x) – Niemcem

1. ______ bardzo mi się podobają.
2. Wracam do _______.
3. To samochód ______.
4. Günther Grass jest _______.
5. Tu nie ma _______.
6. ________ przygotował to jedzenie.
7. ______ chętnie czytają Stanisława Lema.

Finden Sie die deutsche Entsprechung. Mit diesen Floskeln fällt der Abschied leichter.

4. Abschiedsworte

1. Trzymaj się!
2. Do zobaczenia!
3. Przyjemnej podróży!
4. Cześć!
5. Bardzo dziękuję za wszystko!

a ☐ Ich danke sehr für alles!
b ☐ Angenehme Reise!
c ☐ Tschüss!
d ☐ Mach's gut!
e ☐ Auf Wiedersehen!

Akrobatik für die Sprechwerkzeuge. Bekommen Sie die drei Zungenbrecher ohne Verletzungen hin, können Sie sofort im Zirkus auftreten. Was die Unaussprechlichkeiten bedeuten, steht im Schlüssel.

5. Zungenbrecher

1. Dziesiątego dziesiątego, o dziesiątej minut dziesięć, dziesięć dzięciołów działało zgodnie z umową z dnia dziesiątego dziesiątego.
2. Tam na wieży leży niewierzący Jerzy i nie wierzy, że koło wieży leży dziesięć nietoperzy.
3. Nie pieprz, Piotrze, wieprza pieprzem, bo możesz przepieprzyć wieprza pieprzem.

Von gestern nach übermorgen

20

Maciek sitzt am Thresen, eine Reihe Wodkagläser vor sich. Er wünscht sich ein normales Leben, hängt aber an vergangenen Idealen und zweifelt: an sich, seinen Überzeugungen, an der Welt. So wie der Protagonist des polnischen Filmklassikers *Popiół i diament* (Asche und Diamant, 1958) von Andrzej Wajda kann auch das heutige polnische Kino beschrieben werden.

Kino ist in Polen seit Stummfilmzeiten eine anerkannte Kultursparte. Schauspielerinnen wie Pola Negri oder der Regiesseur Roman Polański feierten auch außerhalb des Landes Erfolge. Künstlerisch anspruchsvoll erschienen polnische Filme häufig auf Festivals, selten aber in deutschsprachigen Kinos. Zu fremd schienen die spezifisch polnischen Anspielungen.

Eine Zäsur brachten die Wendejahre nach 1989: Die Filmproduktion brach zusammen, ein Kinosterben setzte ein, US-amerikanische Produktionen überschwemmten das Land.

Durch die Neuorientierung kristallisierten sich drei Facetten heraus, die heute programmatisch für das polnische Kino stehen: Mit *Psy* (Hunde, 1992) von Władysław Pasikowski zog der Actionkrimi ins Kino ein. Opulente Literaturverfilmungen polnischer Klassiker, oft von Altmeistern wie Andrzej Wajda oder Jerzy Kawalerowicz, erzielen beeindruckende Kassenerfolge, lassen sich aber nicht ins Ausland verkaufen. Angefangen mit *Warszawa* von Dariusz Gajewski (2000) gelingt es inzwischen einer jungen Generation von Regisseuren einen authentischen Blick auf die aktuellen Realitäten zu werfen. Aber es darf auch wieder gelacht werden, und das nicht nur in intelligenten Komöden wie *Kiler* (Killer, 1997) von Juliusz Pachulski oder *Rewers* (2009) von Borys Lankosz.

Zu den beeindruckendsten Regisseuren gehörte Krzysztof Kieślowski. Vor allem durch seinen Zyklus *Dekalog* (1988/89), der in zehn Filmen die zehn Gebote behandelt.
Die französische Nationalflagge und die Leitsprüche der Französischen Revolution – Freiheit, Gleicheit, Brüderlichkeit – liegen der international erfolgreichen Triologie „Drei Farben: Blau/Weiß/Rot" (1993/94) zugrunde.

T

Test 5

Das sind noch mal richtig knifflige Fragen aus dem polnischen Alltag. Wenn Sie die Antworten wissen, kann Ihnen in Polen eigentlich keine große Peinlichkeit widerfahren.

1. Welche Antwort stimmt?

1. Was passiert am *Dzień Kobiet?*
   - a ☐ Man schenkt seiner Mutter die schönste Rote Bete.
   - b ☐ Man beschenkt Frauen mit Blumen.
   - c ☐ Man fordert Frauen zu mehr Putzeinsatz auf.
2. *Nowa Huta* ist ...
   - a ☐ ein Krakauer Vorort mit gigantischem Stahlwerk.
   - b ☐ die polnische Entsprechung zur russischen Datscha.
   - c ☐ eine weltberühmte polnische Hutfirma.
3. Frauen müssen in Polen ...
   - a ☐ nur noch die Beine hochlegen („Wie eine Göttin in Polen").
   - b ☐ tolle Kinder kriegen, viel arbeiten und ewig schön sein.
   - c ☐ sonntags zum Feministinnenzirkel gehen.
4. *Wrocław* ist ...
   - a ☐ der polnische Ausdruck für „Rotzlöffel".
   - b ☐ die Hauptstadt Schlesiens, auf Deutsch Breslau.
   - c ☐ der Name des niederschlesischen Gurkenkönigs.
5. Neue Wohnungen werden ...
   - a ☐ zu wenig gebaut.
   - b ☐ nur in Plattenbauweise errichtet.
   - c ☐ vom Staat stark subventioniert.
6. Die Polnische Filmproduktion ...
   - a ☐ arbeitet nur noch für das Fernsehen.
   - b ☐ gibt jedem Film eine Grundfarbe, z. B. blau, weiß, rot.
   - c ☐ tut sich auf dem internationalen Kinomarkt schwer.

Ein letztes Mal ist hier Ihr Ordnungssinn gefragt. Auf jedes Nümmerchen passt ein Buchstäbchen!

2. Fragen und Antworten

1. Co robimy?	a ☐ Tak, to jest robione ręcznie.
2. Co ci dolega?	b ☐ Tak, proszę mi pokazać płaszcz.
3. Jak myślisz, co to jest?	c ☐ Boli mnie gardło.
4. Czy to ręczna robota?	d ☐ Potrzebuję numer czterdziesty.
5. Czy mogę pani pomóc?	e ☐ Wracamy do Krakowa.
6. Jaki pani potrzebuje numer?	f ☐ Nie, dziękuję, to wszystko.
7. Coś jeszcze?	g ☐ Oczywiście, było wspaniale.
8. Podobało ci się u nas?	h ☐ Prawdopodobnie przeziębienie.

3. Was fehlt?

1. Cieszę się _ _ imprezę.
   a ☐ po
   b ☐ na
   c ☐ do
2. Wydaje _ _ się, że zaraz zacznie padać.
   a ☐ by
   b ☐ no
   c ☐ mi
3. Sto lat, sto lat, _ _ _ _ _ żyje, żyje nam!
   a ☐ niech
   b ☐ ciebę
   c ☐ sensu
4. _ _ _ _ mnie też głowa.
   a ☐ bilo
   b ☐ boli
   c ☐ lobi
5. Czy mogła_ _ _ go przymierzyć?
   a ☐ bob
   b ☐ bym
   c ☐ byb
6. _ _ _ _ oknie są ładne miejsca.
   a ☐ przy
   b ☐ pyrz
   c ☐ pzry
7. _ _ zobaczenia!
   a ☐ od
   b ☐ do
   c ☐ po

Ihnen fehlt hoffentlich nichts! Sonst müssten Sie 4. wahrscheinlich abwandeln. Ihrem Improvisationstalent steht natürlich nichts im Weg: Jonglieren Sie ruhig mit den polnischen Vokabeln. Sie werden sich wundern, was Sie schon alles drauf haben.

4. Wie sagt man das auf Polnisch?

1. Was fehlt dir?
2. Ich danke dir sehr.
3. Wirklich?
4. Kann ich Ihnen helfen?
5. Meinen Sie?
6. Mir ist wirklich traurig.
7. Auf Wiedersehen!

Wir sagen auch schon mal *Cześć!* (Tschüss!) und bedanken uns für Ihre Geduld und Ausdauer. Machen Sie nur weiter so, dann werden Sie bald auch alles, was wir Ihnen bisher vorenthalten haben, lernen. Polnisch ist immer für eine Überraschung gut!

L Lösungsschlüssel

1 A Übungen

1. Sprechen Sie einfach nach (Betont wird immer die vorletzte Silbe, bei zweisilbigen Wörtern wird also die erste Silbe betont, wie bei 2., 3., 4., und 5. Für die einzelnen Laute gibt es pro Lektion besondere Nachsprech-Übungen.) **1.** Warszawa (Warschau) **2.** Kraków (Krakau) **3.** Poznań (Posen) **4.** Gdańsk (Danzig) **5.** Wrocław (Breslau) **6.** Łódź (Lodsch)

2. Was passt zusammen? 1. bc **2.** d **3.** a **4.** bc

3. Eins nach dem anderen 1. Czy tu jest wolne? **2.** Czy pani jedzie do Warszawy? **3.** Tak, jadę do Warszawy.

4. Was gehört zusammen? 1. c **2.** e **3.** a **4.** f **5.** b **6.** d

5. Ergänzen Sie 1. Czy tu jest wolne? **2.** Tak. **3.** Dziękuję bardzo! **4.** Proszę. **5.** Czy pani jedzie do Warszawy? **6.** Tak, jadę do Warszawy.

1 B Übungen

1. Ich heiße ... 1. Nazywam się Wisława Szymborska (Lyrikerin, Nobelpreis 1996). **2.** Nazywam się Krzysztof Penderecki (Komponist). **3.** Nazywam się Aleksander Kwaśniewski. (Präsident 1990 – 1995) **4.** Nazywam się Lech Wałęsa (Elektriker und Nobelpreisträger). **5.** Nazywam się Karol Wojtyła (Papst 1978 – 2005). **6.** Nazywam się Tadeusz Kościuszko (Freiheitskämpfer). **7.** Nazywam się Czesław Miłosz (Lyriker, Nobelpreis 1980). **8.** Nazywam się Maria Skłodowska-Curie (Nobelpreise für Physik, 1903, und Chemie, 1911). **9.** Nazywam się Krzysztof Kieślowski (Filmemacher). **10.** Nazywam się Marzena Szczypułkowska (Nachwuchsdiplomatin, Freundin der Autorin).

2. Stellen Sie Fragen 1. Czy tu jest wolne? **2.** Czy pani jedzie do stolicy? **3.** Czy pan jedzie do Warszawy? **4.** Czy pani nazywa się Schmitz?

3. Was gehört zusammen? 1. d **2.** e (*Włochy* – Italien – ist ein Pluralwort.) **3.** a (*Niemcy* – Deutschland – steht ebenfalls im Plural.) **4.** b **5.** c

4. Welche Erwiderung passt? 1. a **2.** a **3.** a (Die Floskel *Przyjemnej podróży*: „Angenehme Reise" lautet eigentlich *Życzę przyjemnej podróży*: „Ich wünsche eine angenehme Reise". Da auf *życzę* der Genitiv folgt, wird aus *przyjemna podróż* (f) *przyjemnej podróży*). **4.** b

2 A Übungen

1. Sprachfehler 1. Miasta nie są piękne. **2.** To nie jest piękny kraj. **3.** Pani nie jest po raz pierwszy w Polsce. **4.** Nie jadę do Warszawy.

2. Fehlerteufel 1. a **2.** b **3.** a **4.** a

3. Nachplappern (Die polnischen Vokale sind immer kurz und offen wie „a" in dann, „e" in Decke, „i" in wir, „o" in Norden oder „u" in Union. Deshalb tun sich die Polen schwer mit den langen Selbstlauten im Deutschen.) **1.** Polska (Polen) **2.** podoba się (er/sie/es gefällt) **3.** do stolicy (in die Hauptstadt) **4.** bardzo (sehr) **5.** dobry (gut) **6.** po raz pierwszy (zum ersten Mal) **7.** proszę (bitte, wörtl.: ich bitte) **8.** Warszawa (Warschau) **9.** paszport (Pass) **10.** witamy (willkommen, wörtl.: wir grüßen)

4. Klein, aber fein 1. b **2.** e **3.** a **4.** c **5.** d

5. Was fehlt? 1. Jestem w Warszawie. **2.** Pani jest w Polsce. **3.** Miasta są piękne. **4.** Tak, to stolica. (Nach *to* kann *jest* weggelassen werden.) **5.** Pani jest po raz pierwszy w Polsce?

2 B Übungen

1. Was bin ich? 1. Jestem Polką. **2.** Jestem Niemką. **3.** Jestem dziennikarką. **4.** Jestem Szwajcarką. **5.** Jestem Austriaczką.

2. Welche Antwort passt? **1.** b (*Kim* ist Instrumental (5. Fall) von *kto*? = wer? Auf Polnisch fragt man also nicht: „Was", sondern „wer" sind Sie von Beruf?). **2.** a **3.** a. **4.** a

3. Was passt zusammen? **1.** e **2.** d **3.** a **4.** b **5.** c

4. Sprechen Sie nach (Die Aussprache des nasalen ę hängt davon ab, wo der Buchstabe im Wort steht: 1. allgemein wie „in" in Bassin; 2. vor *t, d, c, cz* und *dz* wie „en" in Sender; 3. vor *g* und *k* wie „en" in Enkel, z. B. *piękny*; 4. vor *b* und *p* wie „em" in Hemd; 5. im Auslaut kaum betont wie „e" in warte, z. B. *chcę*. **1.** chcę (ich will) **2.** nazywam się (ich heiße, wörtl.: ich nenne mich) **3.** proszę bardzo (bitte sehr) **4.** się (sich, steht bei reflexiven Verben) **5.** mam nadzieję (ich hoffe, wörtl.: ich habe die Hoffnung) **6.** piękny (schön) **7.** dziękuję (danke, wörtl.: ich danke) **8.** piszę artykuły (ich schreibe Artikel) **9.** podoba się (er/sie/es gefällt) **10.** jadę (ich fahre)

3 A Übungen

1. Handymania **1.** Jestem w Warszawie. **2.** Jestem w Polsce. **3.** Jestem w Afryce. **4.** Jestem w Ameryce. (Bei der Deklination und Konjugation werden einige Konsonanten verändert, so wird z. B. aus *Afryka* im Lokativ *w Afryce*)

2. Ich fahre nach ... **1.** Jadę do Warszawy. **2.** Jadę do Polski. **3.** Jadę do stolicy. **4.** Jadę do Ameryki. (Vergessen Sie nicht: 1. *do* (nach) + Genitiv; 2. Genitiv (f) Nomen: meistens *-y*: *Warszawa – do Warszawy*. 3. Nominativ (f) Nomen auf *-ka, -ga, -ia, -ja, -la,* oder *-i,* dann Genitiv (f) *-ki, -gi, -i, -ji*: *Polska – do Polski*.)

3. Ordnen Sie zu **1.** d **2.** c **3.** ab **4.** e **5.** ab

4. Sprechen Sie nach (Das rollende „r" müssen Sie einfach üben, z. B. beim Spazierengehen. Versuchen Sie die Zungenspitze in Schwingungen zu versetzen, irgendwann klappt es!) **1.** najpierw (zuerst) **2.** Warszawa (Warschau) **3.** pracować (arbeiten) **4.** kraj (Land) **5.** po raz pierwszy (zum ersten Mal) **6.** bardzo (sehr) **7.** dzień dobry (guten Tag) **8.** dziennikarka (Journalistin) **9.** Kraków (Krakau) **10.** proszę bardzo (bitte sehr)

3 B Übungen

1. Ab ins Hotel! **1.** Idziesz do hotelu. **2.** Idziemy do hotelu. **3.** Idziecie do hotelu. **4.** Pani idzie do hotelu. **5.** Idę do hotelu.

2. Welche Antwort passt? **1.** a **2.** b **3.** a **4.** a

3. mein – mein – mein **1.** c **2.** d **3.** a **4.** b

4. Sprechen Sie nach (Im Gegensatz zum ę wird das *ą* auch im Auslaut nasal ausgesprochen. Ansonsten entsprechen die Hinweise zur Aussprache von ę auch denen von *ą*; vgl. Sie im Schlüssel Lektion 2B, Übung 4.) **1.** jestem dziennikarką (ich bin Journalistin) **2.** miasta są (die Städte sind) **3.** jestem Polką (ich bin Polin) **4.** dokąd? (wohin?) **5.** mają (sie haben) **6.** w porządku (in Ordnung) **7.** masz moją walizkę (du hast meinen Koffer) **8.** daleko stąd (weit von hier) **9.** idą (sie gehen) **10.** mamy piękną stolicę (wir haben eine schöne Hauptstadt)

5. Lückentext **1.** To nie daleko. Idziemy pieszo. **2.** Czy to daleko stąd? **3.** Idziemy najpierw do hotelu? **4.** Chcę zwiedzać kraj. **5.** W porządku, jeżeli poniesiesz moją walizkę

4 A Übungen

1. Eisbrecher **1.** Podoba mi się hotel. **2.** Podoba mi się Polska. **3.** Podoba mi się Pałac Kultury. **4.** Podoba mi się Warszawa. **5.** Podoba mi się budynek. **6.** Podoba mi się Piotr.

2. Nachsprechen (*cz* ist für Deutsche ein bekannter Zischlaut, einfach wie „tsch" in „Tscheche".) **1.** dobry wieczór (guten Abend) **2.** cześć (hallo/tschüss) **3.** czy (Fragepartikel) **4.** czekolada (Schokolade) **5.** Szczecin (Stettin) **6.** dlaczego? (warum?) **7.** mecz (Fußballspiel) **8.** wieczorem (abends) **9.** barszcz (Borschtsch) **10.** czyli (also)

3. Übersetzen Sie **1.** To piękny budynek. **2.** To duże miasto. **3.** To ciekawy kraj. **4.** To duża walizka.

4. Nicht ..., aber ... **1.** Walizka nie jest piękna, ale duża. **2.** Piotr nie jest piękny, ale ciekawy. **3.** Pałac Kultury nie jest piękny, ale duży. **4.** Miasto nie jest duże, ale ciekawe.

4 B Übungen

1. Die richtige Endung **1.** jedna walizka **2.** jedno miasto **3.** jeden wieczór **4.** jedna Polka **5.** jeden pokój
2. Qual der Zahl **1.** a **2.** b **3.** a **4.** b
3. Gibt es noch …? **1.** Czy jest jeszcze wolny pokój? **2.** Czy jest jeszcze duży ruch? **3.** Czy jest jeszcze dobra walizka? **4.** Czy jest jeszcze piękna Polka?
4. Welches Zimmer, bitte? **1.** Pani ma pokój numer pięć. **2.** Pani ma pokój numer trzy. **3.** Pani ma pokój numer dziewięć. **4.** Pani ma pokój numer jeden. **5.** Pani ma pokój numer cztery. **6.** Pani ma pokój numer dziesięć. **7.** Pani ma pokój numer siedem. **8.** Pani ma pokój numer sześć. **9.** Pani ma pokój numer osiem. **10.** Pani ma pokój numer dwa. (Zu einem Mann würde der Portier sagen: *Pan ma pokój numer …)*
5. Wie lange bleibt sie? **1.** Pani zostaje trzy dni. **2.** Pani zostaje cztery dni. **3.** Pani zostaje pięć dni. **4.** Pani zostaje sześć dni. **5.** Pani zostaje siedem dni. (Der Infinfitiv zu *zostaje* lautet *zostawać*: bleiben. *Dzień* (der Tag) ist Singular, *dni* (die Tage) ist Plural. Leider werden die einzelnen Wörter durch die verschiedenen Fälle oft so stark verändert, dass man sie kaum wiedererkennt. Da hilft nur ein konzentrierter Blick ins Wörterbuch.)

T 1 Test

1. Welche Antwort stimmt? **1.** c (a würde auch nahe liegen bei dem sozialistischen Zuckerbäckerstil des Bauwerks) **2.** b (a würde den Skispringmeister *Adam Małysz* in Turbulenzen bringen) **3.** c **4.** b **5.** c (b macht wenig Sinn, denn in Polen wächst kein Wein) **6.** a
2. Fragen und Antworten **1.** e (Czy pani jedzie do Warszawy? Tak, jadę do Warszawy.) **2.** d (Dlaczego pani jedzie do Polski? Chcę zwiedzać kraj.) **3.** f (Jak się masz? Dobrze, dziękuje.) **4.** g (Podoba się pani w Polsce? Tak, Polska to piękny kraj.) **5.** h (Jak długo idziemy do hotelu? Niedługo) **6.** a (Co to za budynek? To Pałac Kultury.) **7.** b (Dokąd pani jedzie? Jadę do Warszawy.) **8.** c (Czy to daleko stąd? Nie, możemy iść pieszo.)
3. Was fehlt? **1.** b (Jadę do Warszawy.) **2.** c (Nazywam się Sophie Schmitz.) **3.** a (Kraj jest bardzo piękny.) **4.** c (Dlaczego pani jedzie do Polski?) **5.** b (Witamy w Warszawie.) **6.** b (Poniesiesz moją walizkę.) **7.** a (Co to za duży budynek?)
4. Wie sagt man das auf Polnisch? **1.** Dzień dobry. **2.** Czy tu jest wolne? **3.** Proszę bardzo! **4.** Dokąd pani jedzie? **5.** Przyjemnej podróży! **6.** Jestem dziennikarką. **7.** Jak się masz? **8.** Bardzo się cieszę.

5 A Übungen

1. Frühstück, bitte **1.** Poproszę kawę. **2.** Poproszę ser. **3.** Poproszę francuskie śniadanie. **4.** Poproszę dżem. **5.** Poproszę czekoladę. (*Poproszę* ist etwas höflicher als *proszę*: bitte/ich bitte)
2. Wiedervereinigung **1.** a **2.** a **3.** b **4.** a
3. Was wünschen Sie zum Frühstück? **1.** Czy pani sobie życzy miód na śniadanie? **2.** Czy pani sobie życzy szynkę na śniadanie? **3.** Czy pani sobie życzy sok pomarańczowy na śniadanie? **4.** Czy pani sobie życzy herbatę na śniadanie? **5.** Czy pani sobie życzy serek na śniadanie? (An *życzyć* (wünschen) unbedingt noch *sobie* (Reflexivpronomen Dativ) anhängen! Wörtlich: „Wünschen Sie sich … ?")
4. Nachsprechen (Der *ć*-Laut und *ci* werden genau gleich ausgesprochen. Zu *ci* kommt es, wenn nach *ć* ein Vokal folgt, man schreibt also nicht *ćekawy*, sondern *ciekawy*. Die Laute mit Strich, *ć*, *ś*, *ź* und *dź*, sind nur schwer auszusprechen. Beim *ć* gehen Sie am besten so vor: Sie sprechen ein *cz* („tsch"), ein Laut, der auf der vorderen Zungenhälfte gebildet wird, der Mund ist dabei gerundet. Nun versuchen Sie diesen „tsch"-Laut hinten am Gaumen zu bilden, der Mund wird hierbei gespreizt und Sie erhalten ein *ć*. Die Laute mit Strich haben nichts mit den anderen Zischlauten *cz*, *sz*, *rz*, *ż* und *dż* zu tun, die uns weniger Mühe bereiten, weil sie durch deutsche Laute wie z. B. das

„sch" in „Schule" oder zumindest durch gängige Fremdwörter geläufig sind wie z. B. das weiche „j" in Journal.) **1.** mieć (haben) **2.** ciekawy (interessant) **3.** idziecie (ihr geht) **4.** pracować (arbeiten) **5.** Szczecin (Stettin) **6.** iść (gehen) **7.** zwiedzać (besichtigen) **8.** macie (ihr habt) **9.** cześć (hallo/tschüss) **10.** cieszę się (ich freue mich)
5. Übersetzen Sie **1.** francuska ulica **2.** polskie miasto **3.** polski chleb **4.** francuska kawa **5.** polski dżentelmen

5 B Übungen

1. So ein – so eine **1.** Taka ciekawa ulica. **2.** Takie stare miasto. **3.** Taki piękny Plac Zamkowy. **4.** Takie ciekawe śniadanie. **5.** Taki piękny kraj.
2. Besichtigungsprogramm **1.** b **2.** a **3.** a **4.** a
3. Sprechen Sie nach (Auch für den Laut *ś/si* gelten grundsätzlich die Anmerkungen wie zu *ć/ci* in Lektion 5 A, Übung 4. Sprechen Sie ein „sch", der Mund ist dabei gerundet. Ziehen Sie das Ganze nun nach hinten und artikulieren Sie Richtung Gaumen, der Mund ist dabei gespreizt.) **1.** śniadanie (Frühstück) **2.** cześć (hallo/tschüss) **3.** cieszę się (ich freue mich) **4.** poniesiesz (du trägst) **5.** iść (gehen) **6.** jesteś (du bist) **7.** jak się masz? (wie geht es dir?) **8.** siedemnaście (siebzehn) **9.** śruba (Schraube) **10.** Krakowskie Przedmieście („Krakauer Vorstadt", eine bekannte Straße in Warschau)
4. Ergänzen Sie **1.** Nowe Miasto **2.** sok pomarańczowy **3.** Pałac Kultury **4.** Plac Zamkowy **5.** Rynek Starego Miasta

6 A Übungen

1. Lass uns gehen **1.** Idziemy do kawiarni. **2.** Idziemy do Warszawy. **3.** Idziemy do stolicy. **4.** Idziemy do pani.
2. Der Genitiv lauert (fast) überall **1.** a *(dla mnie)* **2.** b *(dla Piotra* – belebte Maskulina enden im Genitiv immer auf *-a)* **3.** a *(dla pana)* **4.** b *(dla Polski)*
3. Sprechen Sie nach (Auch wenn es fast zu einfach scheint, das *ó* wird wie ein u ausgesprochen!) **1.** spróbować (probieren) **2.** miód (Honig) **3.** Kraków (Krakau) **4.** Łódź (Lodsch) **5.** parówki (Brühwürstchen) **6.** mój (mein) **7.** pokój (Zimmer) **8.** przyjemnej podróży (angenehme Reise) **9.** wieczór (Abend) **10.** mój Kraków (mein Krakau)
4. Probieren geht über schmeckieren **1.** Musisz spróbować jabłecznika. (Nach *spróbować* folgt der Genitiv!) **2.** Polskie ciasto bardzo mi smakuje. **3.** Sophie spróbuje jabłecznika. **4.** Polskie śniadanie ci nie smakuje? **5.** Ja spróbuję francuskiego śniadania.
5. Mir oder dir? **1.** Smakuje ci jabłecznik? **2.** W Polsce mi się podoba. **3.** Polskie ciasto bardzo mi smakuje. **4.** Podoba ci się w Warszawie? **5.** Kawa z mlekiem ci smakuje?

6 B Übungen

1. Sozialistisches Frühstück **1.** Nie ma chleba! (Unbelebte Maskulina enden im Genitiv meist auf *-u*, andere allerdings wie einige Lebensmittel, z. B. *chleb*, Werkzeuge, Körperteile, Kleidungsstücke und Monatsnamen auf *-a*.) **2.** Nie ma kawy. **3.** Nie ma szynki. **4.** Nie ma sera. **5.** Nie ma herbaty. (Verneinung immer mit Genitiv!)
2. Mit wem oder was? **1.** Kupimy gazetę z programem. **2.** Idę do teatru z panem. **3.** kawa z mlekiem. **4.** Jestem w Polsce z Piotrem. **5.** Idę do kina z Polakiem.
3. Sprechen Sie nach (Auf *dź* folgt meist ein Vokal, so dass es durch ein *dzi* wiedergegeben wird. Das *dź* wird stimmhafter ausgesprochen als das *ś*. Dem Laut kommen Sie relativ nahe, wenn Sie ein weiches „dj" mit weichem „j" wie im französischen Journal sprechen. Der Mund ist hierbei gerundet. Und dann wieder alles nach hinten an den Gaumen schieben, der Mund wird gespreizt.) **1.** codziennie (täglich) **2.** dziesięć (zehn) **3.** dziękuję bardzo (danke sehr) **4.** idziemy (wir gehen/lass uns gehen!) **5.** Łódź (Lodsch) **6.** mam nadzieję, że ... (ich habe die Hoffnung, dass .../ich hoffe, dass ...) **7.** dzień dobry (guten Tag) **8.** jedzie (er/sie/es fährt) **9.** dziewięć (neun) **10.** dziennikarka (Journalistin)

4. Na, wie wär's? 1. Idę na koncert. **2.** Co pani sobie życzy na śniadanie? **3.** Mam ochotę na kawę. **4.** Idziemy na herbatę? **5.** Idziemy na kawę? (Der Akkusativ Singular der unbelebten Maskulina und Neutra ist dem Nominativ gleich, es ändert sich nichts. Die Feminina auf *-a* hingegen enden im Akkusativ auf *-ę*.)

7 A Übungen

1. Was kostet eine ...? 1. Ile kosztuje jedna pocztówka? **2.** Ile kosztuje jedna kawa? **3.** Ile kosztuje jedna walizka? **4.** Ile kosztuje jedna gazeta?
2. Übersetzen Sie 1. Poproszę piękną pocztówkę. **2.** Poproszę dwie pocztówki. (Vor Nomen (m/n) steht *dwa*, vor (f) jedoch *dwie.*) **3.** Poproszę Gazetę Wyborczą. **4.** Poproszę znaczek. **5.** Poproszę cztery znaczki. (Nach 2, 3, 4 steht das Substantiv im Nominativ Plural und nicht im Genitiv wie nach 5, 6, 7, etc.)
3. Adam Riese 1. c (5 + 7 = 12: *dwanaście*) **2.** e (8 + 6 = 14: *czternaście*) **3.** b (9 + 10 = 19: *dziewiętnaście*) **4.** a (11 + 15 = 26: *dwadzieścia sześć*) **5.** d (4 + 12 = 16: *szesnaście*)
4. Sprechen Sie nach (Das *ł* ist für Deutsche ein fremder Laut. Er ähnelt dem „w" im englischen „water".) **1.** ułan (Ulan) **2.** cegła (Ziegel) **3.** Wrocław (Breslau, Hauptstadt Schlesiens) **4.** jabłecznik (Apfelkuchen) **5.** pomysł (Einfall, Idee) **6.** Lech Wałęsa (Gründer der Gewerkschaft „Solidarität", ehemaliger Präsident, Friedensnobelpreisträger, Schnurrbartträger, x-facher Großvater) **7.** złoty (polnische Währung, auch: golden) **8.** Łódź (Lodsch) **9.** długo (lang) **10.** bułka (Brötchen)
5. Alles zusammen beträgt ... (Der Nominativ Plural von *złoty* endet auf *-e*, der Genitiv Plural auf *-ych*. Nach 2, 3, 4, 22, 23, 24, 32, 33, 34 usw. folgt das Nomen im Nominativ Plural; es heißt also *22 złote, 24 złote*. Nach 5-21, 25-31 usw. steht das Nomen im Gen. Pl.; daher: *11 złotych, 15 złotych, 19 złotych*.) **1.** Wszystko razem wynosi dwadzieścia dwa złote. (Alles zusammen beträgt 22 Zloty.) **2.** Wszystko razem wynosi jedenaście złotych. **3.** Wszystko razem wynosi piętnaście złotych. **4.** Wszystko razem wynosi dwadzieścia cztery złote. **5.** Wszystko razem wynosi dziewiętnaście złotych.

7 B Übungen

1. Von ... bis 1. Od pierwszej do czwartej. (Von eins bis vier. Ausführlicher: *Od pierwszej godziny do czwartej godziny*: Von ein Uhr bis vier Uhr. Da nach *od* und *do* der Genitiv folgt und *godzina* (f) ist, enden die Ordinalzahlen, die wie Adjektive dekliniert werden, auf *-ej*.) **2.** Od piątej do dziewiątej (Von fünf bis neun) **3.** Od siódmej do jedenastej (Von sieben bis elf) **4.** Od ósmej do dwunastej (Von acht bis zwölf. Passen Sie auf: Es heißt *dwanaście* und *dwadzieścia*, aber *dwunasty/-a/-e* und *dwudziesty/-a/-e.*) **5.** Od szóstej do czternastej (Von sechs bis vierzehn)
2. Wie viel Uhr ist es? 1. Jest pierwsza godzina. **2.** Jest druga godzina. **3.** Jest trzecia godzina. **4.** Jest czwarta godzina. **5.** Jest piąta godzina. **6.** Jest szósta godzina. **7.** Jest siódma godzina. **8.** Jest ósma godzina. **9.** Jest dziewiąta godzina. **10.** Jest dziesiąta godzina. **11.** Jest jedenasta godzina. **12.** Jest dwunasta godzina.
3. Ordnen Sie zu 1. b (*Plac Zamkowy*: Schloss-Platz) **2.** e (*Gazeta Wyborcza:* Wahl-Zeitung, größte Tageszeitung Polens) **3.** d (*Nowe Miasto*: Neu-Stadt) **4.** a (*program wieczorny*: Abend-Programm) **5.** c (*sok pomarańczowy*: Orangen-Saft)
4. Sprechen Sie nach (Das polnische *sz* entspricht dem deutschen „sch" wie in Schule.) **1.** kosztuje (er/sie/es kostet) **2.** wszystko (alles) **3.** chcesz (du willst) **4.** Warszawa (Warschau) **5.** jeszcze (noch) **6.** musisz (du musst) **7.** poniesiesz (du trägst) **8.** przepraszam (Entschuldigung) **9.** sześć (sechs) **10.** Szczecin (Stettin, Hafenstadt an der Ostseeküste, an der Grenze zu Deutschland)
5. Klein, aber oho! 1. Idę do muzeum. **2.** Sophie idzie na Plac Zamkowy (Im Gegensatz zu *do* benutzt man die Präposition *na* gewöhnlich in Bezug auf offene Räume und verwaltungsmäßig untergeordnete Einheiten, z. B. Stadtteile.) **3.** Muzea są otwarte od dziesiątej do siedemnastej. (Im Singular bleiben die (n) Nomen auf *-um*, wie *muzeum*, immer gleich. Im Plural hingegen werden sie dekliniert.) **4.** Od której do której są otwarte muzea? **5.** W Polsce mi się podoba.

8 A Übungen

1. Was fehlt? 1. Najpierw pójdzie pani przez to skrzyżowanie. **2.** Potem skręci pani w lewo, w kierunku Mostu Poniatowskiego. **3.** Sophie idzie przez Plac Zamkowy. **4.** Idziemy na Stare Miasto. **5.** Piotr idzie przez Most Poniatowskiego.
2. Was passt? 1. a (Gdzie jest Sophie? Sophie jest w Polsce.) **2.** a (Idziemy do kawiarni? W porządku.) **3.** b (Gdzie jest Pałac Kultury? W Warszawie.) **4.** b (Najpierw pójdzie pani w kierunku Mostu Poniatowskiego.)
3. Verlaufen 1. Przepraszam, gdzie jest Hotel Europejski? **2.** Przepraszam, gdzie jest Most Poniatowskiego? **3.** Przepraszam, gdzie jest Muzeum Narodowe? **4.** Przepraszam, gdzie jest Stare Miasto? **5.** Przepraszam, gdzie jest Pałac Kultury? **6.** Przepraszam, gdzie jest Nowe Miasto? **7.** Przepraszam, gdzie jest Rynek Starego Miasta? **8.** Przepraszam, gdzie jest kiosk?
4. Sprechen Sie nach (*rz* und *ż* werden gleich ausgesprochen, und zwar wie das weiche „j" im französischen Journal. Achten Sie unbedingt auf eine weiche Aussprache, weil ein Durchschnittspole den Laut sonst für *ź/zi* hält und Sie schlicht nicht versteht.) **1.** skrzyżowanie (Kreuzung) **2.** trzynaście (dreizehn) **3.** dobrze (gut) **4.** duży (groß) **5.** popatrz! (schau!, sieh!) **6.** mam nadzieję, że ... (ich habe die Hoffnung, dass .../ich hoffe, dass ... **7.** może (vielleicht; er/sie/es kann) **8.** przepraszam (Entschuldigung) **9.** jeżeli (wenn/falls) **10.** porządek (Ordnung)

8 B Übungen

1. Vielen Dank 1. Bardzo dziękuję za informację. **2.** Bardzo dziękuję za kawę. **3.** Bardzo dziękuję za herbatę. **4.** Bardzo dziękuję za gazetę. **5.** Bardzo dziękuję za walizkę.
2. Hallo, wo bist du? 1. Teraz jestem w Polsce. **2.** Teraz jestem w muzeum. **3.** Teraz jestem w sali. **4.** Teraz jestem w kawiarni. **5.** Teraz jestem w Warszawie.
3. Sprechen Sie nach (Polnisches *j* und deutsches j werden etwa gleich ausgesprochen.) **1.** wejście (Eingang) **2.** znajduje się (er/sie/es befindet sich) **3.** jeden (eins) **4.** spróbuję (ich probiere) **5.** najpierw (zuerst) **6.** dziękuję za informację (danke für die Information) **7.** pokój (Zimmer) **8.** pójdzie (er/sie/es wird gehen) **9.** fryzjer (Frisör) **10.** mają (sie haben)
4. Wohin des Wegs? (*w kierunku* + Genitiv) **1.** Idę w kierunku Mostu Poniatowskiego. **2.** Idę w kierunku Starego Miasta. **3.** Idę w kierunku Hotelu Europejskiego. **4.** Idę w kierunku Muzeum Narodowego. **5.** Idę w kierunku Placu Zamkowego.

T 2 Test

1. Welche Antwort stimmt? 1. b (*Hutnik Nowa Huta*: „Hüttenarbeiter Nowa Huta" ist der Fußballklub der Krakauer Arbeiter-Vorstadt *Nowa Huta*) **2.** c **3.** c **4.** b **5.** a **6.** c
2. Fragen und Antworten 1. g (Co pani sobie życzy? Poproszę śniadanie.) **2.** h (Idziemy zwiedzać miasto? Idziemy.) **3.** a (Co to za ulica? To Krakowskie Przedmieście.) **4.** b (Smakuje ci? Ależ oczywiście smakuje.) **5.** c (Ile kosztuje jedna pocztówka? Jeden złoty.) **6.** f (Znaczki pani ma? Tak, mam.) **7.** e (Od której muzea są otwarte? Od dziesiątej.) **8.** d (Gdzie tu jest wejście? Wejście jest tam.)
3. Was fehlt? 1. b (Co jest na śniadanie?) **2.** b (To polskie śniadanie.) **3.** b (Idę na Plac Zamkowy.) **4.** a (Dla mnie kawa z mlekiem.) **5.** c (Nie ma problemu.) **6.** c (Muzea są otwarte od dziesiątej do piętnastej.) **7.** b (Dziękuję za informację.)
4. Wie sagt man auf Polnisch? 1. Idziemy! **2.** Teraz mam ochotę na kawę. **3.** Nie ma problemu. **4.** No, oczywiście. (*No* ist so ein Allerweltwörtchen, was vieles bedeuten kann: „nun, ja, joh" u. Ä. Zwar sträuben sich der Polnischlehrerin an der Uni die Haare, im Alltag wird es trotzdem gerne benutzt.) **5.** Przepraszam, gdzie jest Muzeum Narodowe? **6.** Najpierw pójdzie pan/pani prosto. **7.** Gdzie tu jest wejście? **8.** Bardzo dziękuję za informację.

9 A Übungen

1. Ist das nicht dieser ...? **1.** Czy to nie ten klub jazzowy? **2.** Czy to nie ta dziennikarka? **3.** Czy to nie ten Piotr? **4.** Czy to nie to kino? **5.** Czy to nie ta Polka? **6.** Czy to nie to muzeum? **7.** Czy to nie ten Pałac Kultury? **8.** Czy to nie ta kawiarnia? **9.** Czy to nie ten jabłecznik? **10.** Czy to nie ta Sophie?
2. Ten – ta – to **1.** b (ta Gazeta Wyborcza) **2.** a (to miasto) **3.** a (ten klub jazzowy) **4.** b (to muzeum)
3. Was passt wo? **1.** Będziemy w Warszawie (Wir werden in Warschau sein). **2.** Będę w Polsce (Ich werde in Polen sein). **3.** Koncert będzie dobry (Das Konzert wird gut sein). **4.** Będziesz w muzeum (Du wirst im Museum sein). **5.** Będą w kawiarni (Sie werden im Café sein). **6.** Będziecie w sali (Ihr werdet im Saal sein).
4. Sprechen Sie nach (Der *y*-Laut wird etwas dumpf ausgesprochen, in etwa wie ein deutsches „e" im Auslaut, z. B. in warte, oder ein deutsches „i" wie in Tisch.) **1.** o którym (über welchen/-es) **2.** zrobimy (wir werden machen) **3.** być (sein) **4.** pomysł (Idee, Gedanke) **5.** wszystko (alles) **6.** życzy (er/sie/es wünscht) **7.** wyborczy (Wahl ...) **8.** przyjemnej podróży (angenehme Reise) **9.** cztery razy (vier Mal) **10.** wydział (Abteilung)

9 B Übungen

1. Holst du? **1.** Idziesz po piwo? **2.** Idziesz po kawę? **3.** Idziesz po gazetę? **4.** Idziesz po chleb? **5.** Idziesz po ciastko?
2. Wer suchet, der findet **1.** b (Mam dwa piwa.) **2.** a (Hmh, to są świetne ciastka.) **3.** b (Chcę zwiedzać piękne miasta.) **4.** a (Tam są trzy krzesła.)
3. Was gehört wohin? **1.** d (Tam jest wolny stolik.) **2.** e (Poproszę dobrą kawę.) **3.** a (Polskie piwo jest świetne.) **4.** b (Uh, tu jest tak głośno.) **5.** c (Chcę zwiedzać ciekawe miasta.)
4. Sprechen Sie nach (Das polnische *i* wird sehr hell ausgesprochen, z. B. wie in „mir") **1.** stolik (Tischchen) **2.** widzieć (sehen) **3.** powiedz! (sag!) **4.** do picia (zum Trinken) **5.** świetny (ausgezeichnet) **6.** idziecie (ihr geht) **7.** kawiarnia (Café) **8.** wynosi (er/sie/es beträgt) **9.** pani idzie (Sie/die Dame geht) **10.** wydział (Abteilung)
5. Übersetzen Sie **1.** Tam są wolne krzesła. **2.** Chcę kupić piękne pocztówki. **3.** Idę po polskie znaczki. **4.** To są dobre piwa. **5.** Chcę zwiedzać świetne miasta.

10 A Übungen

1. Wartezeit **1.** Napije się pani w tym czasie herbaty? **2.** Napije się pani w tym czasie piwa? **3.** Napije się pani w tym czasie kawy? **4.** Napije się pani w tym czasie mleka? **5.** Napije się pani w tym czasie wódki? (*napić się* wird bei Einladungen benutzt im Sinne von: „Hätten Sie Lust auf einen Kaffee, Tee etc.?")
2. Sag mir, wo die Männer sind **1.** Przepraszam, gdzie mogę znaleźć Piotra Głowackiego? (Held dieses Buches) **2.** Przepraszam, gdzie mogę znaleźć Marka Januszewskiego? (Bedeutender Pumpenimporteur) **3.** Przepraszam, gdzie mogę znaleźć Juliusza Słowackiego? (Romantischer Nationaldichter) **4.** Przepraszam, gdzie mogę znaleźć Michała Rybczyńskiego? (Dichter mit Hang zum Riesengebirge und zur Kunst) **5.** Przepraszam, gdzie mogę znaleźć Romana Polańskiego? (Schauspieler und Regisseur: Tanz der Vampire, Rosmaries Baby, Chinatown) **6.** Przepraszam, gdzie mogę znaleźć Jana Józefa Szczepańskiego? (Schriftsteller, Vorsitzender des Polnischen Schriftstellerverbandes von 1980-1991)
3. Was fehlt? (Seien Sie nicht verwundert, die Sätze 3-5 sind nicht ganz ernst zu nehmen.) **1.** Sophie jest umówiona z panią. (Sophie ist (f), also *-a*) **2.** Piotr jest umówiony z Sophie. (Piotr ist (m), also *-y*) **3.** Kawa jest umówiona z mlekiem. (*kawa* ist (f), also *-a*) **4.** Miasto jest umówione z budynkiem. (*miasto* ist (n), also *-e*) **5.** Klub jazzowy jest umówiony z programem. (*klub* ist (m), also *-y*)
4. Augen zu und durch (Am besten, Sie schauen sich die Wörter erst mal in Ruhe an und markieren die einzelnen Laute, z. B. *dzisiaj*: *dzi* + *si* + *a* + *j*. Und dann: Augen zu und Ohren auf.) **1.** zna-

leźć (finden) **2.** usiąść (perf., sich setzen) **3.** przyjść (perf., kommen) **4.** życzy (er/sie/es wünscht) **5.** dwadzieścia dziewięć (neunundzwanzig) **6.** dzisiaj (heute) **7.** szesnaście (sechzehn) **8.** dżem (Marmelade, Name einer bekannten Rockband) **9.** pójść (perf., gehen) **10.** cześć (hallo/tschüss)
5. Was passt? **1.** a (Napije się pani herbaty? Chętnie!) **2.** b (Kiedy przyjdzie Piotr? Zaraz.) **3.** b (Gdzie jest wejście? Tam.) **4.** a (Najpierw pójdzie pani prosto. A potem?)

10 B Übungen

1. Ist das dein ...? **1.** Czy to twoje biuro? **2.** Czy to twoja walizka? **3.** Czy to twój telewizor? **4.** Czy to twoje ciastko? **5.** Czy to twój telefon?
2. a oder b? Das ist hier die Frage! **1.** b (Piotr mówi o ciekawej informacji.) **2.** a (Pracuję w tej redakcji kultury.) **3.** b (Bardzo podoba mi się w pięknej kawiarni.) **4.** a (Pani mówi o wolnej Warszawie.)
3. Das macht man so **1.** W Polsce czyta się Mickiewicza. **2.** Do kina idzie się pieszo. **3.** Najpierw próbuje się polskiego ciasta. **4.** Do Polski jedzie się przez Berlin. **5.** W Polsce pracuje się długo.
4. Sprechen Sie nach (Wenn Polen ein deutsches „e" sprechen, dann klingt das in etwa wie ein kurzes „ä".) **1.** telefon (Telefon) **2.** od kiedy do kiedy? (von wann bis wann?, bei Datum, Tagen und Jahren) **3.** sześć (sechs) **4.** Krakowskie Przedmieście (Krakauer Vorstadt: bekannte Warschauer Straße) **5.** siedemnaście (siebzehn) **6.** z mlekiem (mit Milch, z. B. *kawa z mlekiem*) **7.** idziecie (ihr geht) **8.** przepraszam (Entschuldigung) **9.** dobrze (gut) **10.** telewizja (Fernsehen)
5. Bei uns oder bei euch? **1.** Ale u nas redakcja wygląda inaczej. **2.** U nas jest coś do picia. **3.** Sophie jest u mnie w redakcji kultury. **4.** U was bardzo podoba mi się. **5.** Czy Piotr jest u was w Warszawie?

11 A Übungen

1. She's got a ticket to ride (Städtenamen (m) enden im Genitiv meist auf *-a*.) **1.** Poproszę bilet do Gdańska. **2.** Poproszę bilet do Krakowa. **3.** Poproszę bilet do Szczecina. **4.** Poproszę bilet do Wrocławia. **5.** Poproszę bilet do Berlina. **6.** Poproszę bilet do Warszawy.
2. Kaffee oder Tee? **1.** Kawa czy herbata? (zwei legendäre Heißgetränke) **2.** Pierwsza klasa czy druga klasa? (zwei legendäre Einkommensklassen der Eisenbahner) **3.** Piwo czy piwo? (zwei legendäre Kaltgetränke) **4.** Farben Lehre czy Ewa Braun? (zwei legendäre Rockgruppen) **5.** Wisła Kraków czy Polonia Warszawa? (zwei legendäre Fußballclubs)
3. Rechenkönig **1.** trzydzieści plus dziesięć równa się czterdzieści **2.** czterdzieści plus dwadzieścia równa się sześćdziesiąt **3.** pięćdziesiąt plus trzydzieści równa się osiemdziesiąt **4.** sześćdziesiąt plus czterdzieści równa się sto **5.** piętnaście plus siedemdziesiąt równa się osiemdziesiąt pięć **6.** osiemdziesiąt plus dwanaście równa się dziewięćdziesiąt dwa **7.** dwadzieścia sześć plus trzydzieści jeden równa się pięćdziesiąt siedem **8.** czterdzieści dwa plus pięćdziesiąt osiem równa się sto **9.** sześćdziesiąt sześć plus dwadzieścia dwa równa się osiemdziesiąt osiem **10.** dziewięćdziesiąt plus dziewięć równa się dziewięćdziesiąt dziewięć
4. Sprechen Sie nach (*ń* bzw. vor Vokalen *ni* klingt wie ein nasales, weiches „n", ähnlich dem „gn" in Kognak. Vor *s, z* und *sz* wird bei der Aussprache dem *ń* ein *j* vorangestellt, wie z. B. bei *Gdańsk*) **1.** Gdańsk (Danzig) **2.** dzień dobry (guten Tag) **3.** zostanie (er/sie/es bleibt) **4.** kawiarnia (Café) **5.** sok pomarańczowy (Orangensaft) **6.** Toruń (Thorn, alte Hansestadt) **7.** codziennie (täglich) **8.** świetnie (wunderbar) **9.** Poznań (Posen, Messe- und Universitätsstadt) **10.** poniesiesz (du trägst)
5. Wie viele Zloty? **1.** trzy złote. **2.** pięć złotych. **3.** jedenaście złotych. **4.** dwadzieścia jeden złotych. **5.** dwadzieścia trzy złote. **6.** dwadzieścia siedem złotych. **7.** trzydzieści dwa złote. **8.** sześćdziesiąt sześć złotych. **9.** pięćdziesiąt osiem złotych. **10.** osiemdziesiąt cztery złote. (Vgl. Sie die Endungen von *złoty* im Schlüssel Lektion 7A, Übung 5.)

11 B Übungen

1. Nicht nur ..., sondern auch ... **1.** Ta walizka jest nie tylko duża, ale i piękna. **2.** Ten klub jazzowy jest nie tylko ciekawy, ale i nowoczesny. **3.** Ten Piotr jest nie tylko polski, ale i ciekawy. **4.** To śniadanie jest nie tylko francuskie, ale i dobre. **5.** Ta Warszawa jest nie tylko piękna, ale i złota.
2. Was ist richtig? (Sie müssen sich immer vergewissern, welches Geschlecht (m/f/n) vorliegt, sonst wählen Sie die falsche Imperfekt-Endung.) **1.** a myślałam **2.** b myślałeś **3.** a ona myślała **4.** a myślałyśmy
3. Irrtum ... **1.** A ja myślałem, że ... **2.** Piotr myślał, że ... **3.** Myślałeś, że ... **4.** Myśleliśmy, że ... **5.** Myśleliście, że ... **6.** Myśleli, że ... (Die hier vorliegenden Pluralformen werden benutzt, wenn mindestens eine männliche Person beteiligt ist, z. B. ein Mann und fünf Frauen. Nur wenn kein Mann Teil der Gruppe ist, greift man zur so genannten Sachform mit *-łyśmy, -łyście, -ły*.)
4. Sprechen Sie nach (Hier sollen Sie die Unterschiede von *dż* und *dź/dzi* üben, also bitte genau hinhören.) **1.** odjeżdża (er/sie/es fährt ab) **2.** dżem (Marmelade) **3.** dżentelmen (Gentleman) **4.** przyjeżdża (er/sie/es kommt an) **5.** dzień dobry (guten Tag) **6.** będzie (er/sie/es wird sein) **7.** codziennie (täglich) **8.** dwadzieścia dziewięć (neunundzwanzig) **9.** Łódź (Lodsch) **10.** widzieć (sehen)
5. In Bewegung **1.** Pociąg wjeżdża na peron. **2.** Pani idzie do kawiarni. **3.** Piotr zaraz przyjdzie. **4.** Piotr idzie po piwo. **5.** Jutro Sophie jedzie do Gdańska.

12 A Übungen

1. Eben erst angekommen (*przyjechał*: er ist gefahren, *przyjechała*: sie ist gefahren) **1.** Piotr właśnie przyjechał do Berlina. **2.** Sophie właśnie przyjechała do Gdańska. **3.** Pani właśnie przyjechała do Krakowa. **4.** Pan właśnie przyjechał do Polski. **5.** Wisława Szymborska właśnie przyjechała do Sztokholmu (um dort 1996 den Literaturnobelpreis entgegenzunehmen).
2. Nein, nein, nein **1.** Sophie nie powiedziała tego. **2.** Tego nie czyta się w Polsce. **3.** Nie zwiedziłem tego. **4.** Nie chcę tego. (Nach transitiven Verben (z. B. lesen, haben, besichtigen) folgt Akkusativ. Werden diese Verben verneint, folgt der Genitiv: Deshalb wird aus *to* bei Verneinung *tego*.)
3. Volles Programm **1.** Zwiedziłem/-łam już Warszawę. **2.** Zwiedziłem/-łam już Kraków. **3.** Zwiedziłem/-łam już Polskę. **4.** Zwiedziłem/-łam już Stare Miasto. **5.** Zwiedziłem/-łam już Krantor. **6.** Zwiedziłem/-łam już Pomnik Solidarności. **7.** Zwiedziłem/-łam już Kościół Mariacki. **8.** Zwiedziłem/-łam już Muzeum Narodowe. **9.** Zwiedziłem/-łam już Plac Zamkowy. **10.** Zwiedziłem/-łam już starą kawiarnię. (*Zwiedziłem* sagen Männer, *zwiedziłam* sagen Frauen.)
4. Sprechen Sie nach (*h* und *ch* werden gleich ausgesprochen, wie „ch" in ach) **1.** przyjechałam (ich (f) bin angekommen) **2.** chcę (ich will) **3.** pięć złotych (fünf Zloty) **4.** chleb (Brot) **5.** mam ochotę (ich habe Lust) **6.** chętnie (gerne) **7.** ruch (Verkehr) **8.** handel (Handel) **9.** herbata (Tee) **10.** hotel (Hotel)
5. Übersetzen Sie **1.** Byłem w Polsce. **2.** Byłaś w muzeum. **3.** Piotr był w redakcji. **4.** Pani była w kawiarni. **5.** Byłeś przy Pomniku Solidarności.

12 B Übungen

1. Telefonitis **1.** Cześć Piotr, mówi Sophie. **2.** Cześć Michał, mówi Agnieszka. **3.** Cześć Maciej, mówi Ula. **4.** Cześć Roman, mówi Olga. **5.** Cześć Czesław, mówi Wisława. (Hier telefonieren die beiden Literaturnobelpreisträger *Miłosz* und *Szymborska*.)
2. Vergangenheit **1.** b (Rano Sophie pojechała do Sopotu.) **2.** b (Rano siedziałem przy Pomniku Solidarności.) **3.** a (Rano patrzyłaś na morze.) **4.** b (Rano pojechałam do Gdańska.)
3. Sie sprechen gut ... (Adverbien mit *po* ... stammen von Adjektiven auf *-ski* und *-cki* ab, z. B. Adjektiv: *niemiecki/-a/-ie*, Adverb: *po niemiecku*) **1.** Sophie dobrze mówi po polsku. **2.** Piotr dobrze mówi po niemiecku. **3.** Adam Mickiewicz dobrze mówi po francusku (Kein Wunder, schließ-

lich hat er jahrelang in Paris im Exil gelebt). **4.** Biznesmen nie mówi dobrze po polsku **5.** Tadeusz Różewicz dobrze mówi po niemiecku. (Der bekannte Lyriker und Dramatiker lebt in Wrocław und ist ein hervorragender Kenner der deutschen Literatur.)

4. Sprechen Sie nach (das *s* ist stimmlos, klingt also wie ein deutsches ß, und nie stimmhaft wie s in Rose) **1.** Co słychać? (Wie geht's?, wörtl.: Was ist zu hören?) **2.** Sopot (mondäner Badeort bei Danzig) **3.** Polska (Polen) **4.** niestety (leider) **5.** Pomnik Solidarności (Denkmal der Solidarität) **6.** Gdańsk (Danzig) **7.** stolica (Hauptstadt) **8.** krzesło (Stuhl) **9.** siedemnasty (siebzehn) **10.** smakuje (er/sie/es schmeckt)

5. Erinnerungslücken **1.** Cześć Sophie, co słychać? Jaką miałaś podróż? **2.** W porządku. Dzisiaj byłam bardzo zajęta. **3.** A co robiłaś? **4.** Siedziałam i patrzyłam na morze.

T 3 Test

1. Welche Antwort stimmt? **1.** b (Laut Märchen der Teufel; Charles Bukowski trank lieber Bier + Wein). **2.** b (Ein deutsches Vorurteil, sogar ein besonders hartnäckiges, Horst Schimanski ist der liebenswürdig-proletarische Tatortkommissar aus Duisburg). **3.** c (Im Juni 1989 zu den ersten halbfreien Wahlen in Polen und damit zum Zusammenbruch des Kommunismus). **4.** c (*Gdańsk*, zur so genannten „Danziger Trilogie" von Günther Grass gehören die Romane „Katz und Maus", „Blechtrommel" und „Hundejahre"). **5.** c **6.** b

2. Fragen und Antworten **1.** f (Co robimy dzisiaj wieczorem? Idziemy na koncert.) **2.** h (Co chcesz do picia? Duże piwo, proszę.) **3.** a (Napije się pani herbaty? Chętnie, bardzo dziękuję.) **4.** g (Jak się masz? Świetnie!) **5.** b (Czy to twój telewizor? Tak, to mój telewizor.) **6.** c (Co można zwiedzić w Gdańsku? Kościół Mariacki i Krantor.) **7.** d (Słucham? Cześć Piotr, mówi Sophie.) **8.** e (Co tam robiłaś? Patrzyłam na morze.)

3. Was fehlt? **1.** c (Idziemy na koncert.) **2.** b (Gdzie mogę znaleźć Piotra Głowackiego?) **3.** b (Poproszę bilet do Gdańska.) **4.** a (A ja zawsze myślałem, że to słowo jest u was nieznane.) **5.** b (Pani nie powiedziała tego.) **6.** c (Pani już była przy Pomniku Solidarności?) **7.** b (Ach Sophie, co słychać?)

4. Wie sagt man das auf Polnisch? **1.** Idziemy na koncert. **2.** Poczekaj! **3.** Co chcesz do picia? **4.** Proszę usiąść. **5.** Jak się masz? **6.** Poproszę bilet do Gdańska. **7.** Co można zwiedzić w Gdańsku? **8.** Co słychać?

13 A Übungen

1. Gibt es ...? (*nie ma* + Genitiv, wörtlich: es hat nicht) **1.** Nie ma żurku. **2.** Nie ma polskiego ciasta. **3.** Nie ma zupy. **4.** Nie ma barszczu czerwonego. **5.** Nie ma bigosu.

2. Schmatzig lecker **1.** Nasz bigos jest bardzo smaczny. **2.** Nasze pierogi są bardzo smaczne. (*pierogi* ist Plural, deshalb *są* und nicht *jest.*) **3.** Nasza zupa jest bardzo smaczna. **4.** Nasze polskie śniadanie jest bardzo smaczne. **5.** Nasz barszcz czerwony jest bardzo smaczny.

3. Mit diesem und jenem (*z* + Instrumental: mit ..., im Plural endet der Instrumental auf *-ami.*) **1.** c (Wezmę pierogi z grzybami.) **2.** e (To kiosk z gazetami.) **3.** a (Ula i Agnieszka są Polkami.) **4.** b (Piotr i Maciej są Polakami.) **5.** d (Tam jest wolny stolik z krzesłami.)

4. Spezialitätenkabinett (*specjalność* ist (f), obwohl es nicht auf *-a* endet und steht hier stellvertretend für alle Substantive auf *-ość*; das sind oft Substantivierungen von Adjektiven wie z. B. *długość*: „Länge" vom Adjektiv *długi/-a/-ie*: lang.) **1.** Wezmę polską specjalność. **2.** Tu nie ma specjalności. **3.** Czy to polska specjalność? **4.** Øurek jest polską specjalnością.

5. Unser oder euer? **1.** Czy to nasze piwo czy wasze? **2.** Czy to nasz bigos czy wasz? **3.** Czy to nasza kawa czy wasza? **4.** Czy to nasze pierogi czy wasze? **5.** Czy to nasz barszcz czy wasz?

13 B Übungen

1. Wie war's? **1.** Jak było w Gdańsku? **2.** Jak było w kawiarni? **3.** Jak było w Warszawie? **4.** Jak było w centrum Gdańska? **5.** Jak było w Polsce? (Diese Frage eignet sich immer gut um einen Small-Talk zu beginnen.)
2. Welche Form ist richtig? **1.** b *(spotkałem)* **2.** a *(widziałem)* **3.** b *(miałem)* **4.** b *(zwiedziłem)* **5.** a *(zjadłem)*
3. Hast du ... getroffen? (männliche Personen enden im Genitiv und Akkusativ auf *-a*, sofern sie nicht wie z. B. *Wałęsa* im Nominativ eine (f)-Endung haben und daher wie ein normales (f) Substantiv dekliniert werden. Alles klar?) **1.** Spotkałeś Lecha Wałęsę? **2.** Spotkałeś Zbigniewa Herberta? **3.** Spotkałeś Tadeusza Różewicza? **4.** Spotkałeś Edwarda Stachurę? **5.** Spotkałeś Witolda Gombrowicza? **6.** Spotkałeś Czesława Miłosza? **7.** Spotkałeś Adama Mickiewicza? **8.** Spotkałeś Stanisława Lema? **9.** Spotkałeś Brunona Schulza? (*Bruno* endet auf *-o* und ist daher (n), endet im Genitiv und Akkusativ dann aber auf *-ona*) **10.** Spotkałeś Władysława Stanisława Reymonta? (Bis auf 1. handelt es sich hier ausnahmslos um Schriftsteller, deren Werke auch auf Deutsch zu haben sind, falls Sie sich (noch) nicht an die polnischen Ausgaben herantrauen.)
4. Etwas ... (*coś* + Adjektiv mit (m) Genitiv-Endung *(-ego)*, das Adjektiv bekommt dann Substantivbedeutung: „etwas Leckeres".) **1.** Jadłem coś smacznego. **2.** Zwiedziłem coś pięknego. **3.** Miałem coś starego. **4.** Jadłem coś dobrego. **5.** Widziałem coś czerwonego.
5. Fragen über Fragen **1.** Jak było w Gdańsku? **2.** Wszystko widziałeś/-aś? **3.** Spotkałeś/-aś też Lecha Wałęsę? **4.** Miałeś/-aś dobry hotel? **5.** Jadłeś/-aś coś smacznego?

14 A Übungen

1. In den Plural, bitte (Man unterscheidet im Plural zwischen Personal- und Sachform (vgl.: Schlüssel Lektion 11B, Übung 3). Dies gilt auch für Adjektive. Hier ist die Sachform gefragt.)
1. To są czerwone kwiaty. **2.** To są polskie pierogi. **3.** To są wolne krzesła. **4.** To są piękne znaczki. **5.** To są dobre mosty.
2. Ach, wie toll ... **1.** Och, jakie piękne kwiaty. **2.** Och, jakie duże grzyby. **3.** Och, jakie ładne bilety. **4.** Och, jakie smaczne chleby. **5.** Och, jakie dobre kluby jazzowe.
3. Was gehört zusammen? **1.** a *(Najpierw zjemy bigos).* **2.** b *(Przygotowałam tylko skromną kolację.)* **3.** a *(Kocham polską kuchnię.)* **4.** b *(Proszę wejść.)*
4. Herr und Frau (Hier werden Schriftsteller mit Ehefrauen versehen. Für Ehepaare braucht man übrigens die Personalform, mit der wir Sie in diesem Buch aber verschonen möchten: das Ehepaar/die Herrschaften Głowacki – *państwo Głowaccy*) **1.** Pan Głowacki i pani Głowacka (Janusz Głowacki) **2.** Pan Szczepański i pani Szczepańska (Jan Józef Szczepański) **3.** Pan Szczypiorski i pani Szczypiorska (Andrzej Szczypiorski)
4. Pan Konwicki i pani Konwicka (Tadeusz Konwicki) **5.** Pan Andrzejewski i pani Andrzejewska (Jerzy Andrzejewski) **6.** Pan Kochanowski i pani Kochanowska (Jan Kochanowski) **7.** Pan Słowacki i pani Słowacka (Juliusz Słowacki) **8.** Pan Zagajewski i pani Zagajewska (Adam Zagajewski)
9. Pan Krasiński i pani Krasińska (Zygmunt Krasiński) **10.** Pan Myśliwski i pani Myśliwska (Wiesław Myśliwski)
5. Lauter gute Wünsche **1.** c **2.** d **3.** b **4.** a

14 B Übungen

1. Harry, hol doch mal ... **1.** Piotr, przynieś jabłecznik z kuchni! **2.** Sophie idzie po ciastko do cukierni. **3.** Agnieszka idzie po bilety do kina. **4.** Ula idzie po gazetę do kiosku. **5.** Maciej, przynieś krzesła z sali! (Sowohl *przynieść* wie auch *iść po* bedeutet „holen". Letzteres ist jedoch mit einem Kauf verbunden.)
2. Ganz schön viel (Die Genitiv-Plural-Endung *-ów* gilt nur für Nomen (m). Bei Nomen (f/n) wird die Endung abgeschnitten, z. B. *miasto – dużo miast.*) **1.** b *(Robię dużo błędów.)* **2.** a *(Zjadłam dużo grzybów.)* **3.** a *(Widziałam dużo pomników.)* **4.** b *(Mam dużo problemów.)*

3. Multilingual 1. Pani świetnie mówi po polsku. (Wenn Sie jemand so lobt, dann nehmen Sie es als wohlverdiente Anerkennung für die großen Mühen bei der Arbeit mit diesem Buch.) **2.** Pani świetnie mówi po francusku. **3.** Pani świetnie mówi po niemiecku. **4.** Pani świetnie mówi po angielsku. **5.** Pani świetnie mówi po rosyjsku. (*po rosyjsku* hat nichts mit Rosinen zu tun, sondern bedeutet Russisch/auf Russisch.)
4. Alleskönner 1. Wszystko rozumiem. **2.** Mam ochotę. **3.** Spróbuję bigosu. **4.** Robię błędy. **5.** Mówię po polsku. **6.** Kupię kwiaty. **7.** Uczę się języka polskiego. **8.** Idę do muzeum. **9.** Jestem w Warszawie. **10.** Chcę zwiedzić miasto.
5. Übersetzen Sie (*uczyć się* + Genitiv; *język* heißt sowohl „Zunge" als auch „Sprache".) **1.** Uczę się języka polskiego. **2.** Uczę się języka francuskiego. **3.** Uczę się języka niemieckiego. **4.** Uczę się języka angielskiego. **5.** Uczę się języka rosyjskiego.

15 A Übungen

1. Bitte zwei … 1. Poproszę dwie gorące czekolady. **2.** Poproszę dwie kawy. **3.** Poproszę dwie wódki. **4.** Poproszę dwie herbaty. **5.** Poproszę dwie pocztówki. (Man ist ja auch mal mit Begleitung unterwegs, dann kann man diese Sätze gut gebrauchen. Hier steht *dwie*, statt *dwa*, weil Sie nur um (f) Sachen bitten.)
2. Gut, besser und am besten 1. To dobra kawa, to lepsza kawa, a to najlepsza kawa! **2.** To dobre piwo, to lepsze piwo, a to najlepsze piwo! **3.** To dobry bigos, to lepszy bigos, a to najlepszy bigos! **4.** To dobre pierogi, to lepsze pierogi, a to najlepsze pierogi! (*lepszy/-a/-e* und *najlepszy/-a/-e* sind die unregelmäßigen Steigerungsformen des Adjektivs *dobry/-a/-e.*)
3. Telefonitis (Die Männer sagen *zadzwoniłem*, die Frauen *zadzwoniłam. dzwonić/zadzwonić* heißt eigentlich „klingeln") **1.** Wczoraj zadzwoniłem/-łam do Andrzeja i Małgosi. (Sophies Krakauer Gastgeber) **2.** Wczoraj zadzwoniłem/-łam do Piotra Garncarka. (Pädagogisches Supertalent) **3.** Wczoraj zadzwoniłem/-łam do Agnieszki Cieszkowskiej. (Flughafen-Wetterfrosch in Warschau) **4.** Wczoraj zadzwoniłem/-łam do pani Głowackiej. (Schwiegermutter von 3.) **5.** Wczoraj zadzwoniłem/-łam do Michała Rybczyńskiego. (Dichter und Denker im Land der Dichter und Denker) **6.** Wczoraj zadzwoniłem/-łam do Stanisława Lema. (Erfinder der Futorologie) **7.** Wczoraj zadzwoniłem/-łam do Wisławy Szymborskiej. (Ihnen inzwischen vertraut) **8.** Wczoraj zadzwoniłem/-łam do Małgosi Kowalskiej. (entspricht dem deutschen Gretchen Müller, oder der bekannten Frau Mustermann) **9.** Wczoraj zadzwoniłem/-łam do pana Głowackiego. (Ehemann von 4.) **10.** Wczoraj zadzwoniłem/-łam do Lecha Wałęsy. (pensionierter Elektriker und Memoirenschreiber)
4. Wann fährt der Zug ab? (Um … Uhr: *o* + Ordinalzahl im Lokativ. Z. B. um 12 Uhr: *o dwunastej godzinie, godzinie* kann aber weggelassen werden.) **1.** Pociąg odjeżdża o dwunastej. (12 Uhr) **2.** Pociąg odjeżdża o osiemnastej. (18 Uhr) **3.** Pociąg odjeżdża o pierwszej. (1 Uhr) **4.** Pociąg odjeżdża o dwudziestej. (20 Uhr) **5.** Pociąg odjeżdża o szóstej. (6 Uhr) **6.** Pociąg odjeżdża o piętnastej. (15 Uhr) **7.** Pociąg odjeżdża o siódmej. (7 Uhr) **8.** Pociąg odjeżdża o dziewiętnastej. (19 Uhr) **9.** Pociąg odjeżdża o jedenastej. (11 Uhr) **10.** Pociąg odjeżdża o trzeciej. (3 Uhr)
5. Ich und du, Müllers Kuh (… Müllers Esel, der bist du!) **1.** On zwiedził Kraków. **2.** My możemy iść do kina. **3.** Oni pokażą ci miasto. **4.** Ja jadę do Polski. **5.** Wy idziecie do kawiarni. **6.** Ona zwiedziła miasto. **7.** Ty masz ochotę na kawę. (Nicht vergessen: Die Personalpronomen stehen nur, wenn betont werden soll, wer da nun agiert.)

15 B Übungen

1. Vor … (*przed* + Instrumental) **1.** Mój samochód stoi przed dworcem. (Aus *dworzec* wird *dworcem.*) **2.** Mój samochód stoi przed kawiarnią. **3.** Mój samochód stoi przed muzeum. **4.** Mój samochód stoi przed kinem. (Bei den Neutra fällt die Endung weg: *kino* → *kinem.*) **5.** Mój samochód stoi przed pomnikiem. (An *-g* und *-k* wird ein *-i* angehängt, daher *pomnik* → *pomnikiem.*) **6.** Mój samochód stoi przed klubem.
2. Weit von … 1. a (Mieszkamy daleko od centrum.) **2.** a (Jesteśmy daleko od Starego Miasta.) **3.** a (Mój samochód stoi daleko od kawiarni.) **4.** b (Mieszkacie daleko od Warszawy?)

3. Übersetzen Sie **1.** Mieszkam w Warszawie. **2.** Mieszkasz daleko od centrum. **3.** On mieszka w Polsce. **4.** Ona mieszka w Gdańsku. **5.** Mieszkamy we Francji. **6.** Mieszkacie w Ameryce. **7.** Oni mieszkają w Rosji.

4. Heute fahre ich mit … (Benutzen Sie ein Verkehrsmittel, drücken Sie das mit dem Instrumental aus. Die Endung macht es klar, *z* (mit) ist nicht nötig.) **1.** Dzisiaj jadę samochodem. **2.** Dzisiaj jadę tramwajem. **3.** Dzisiaj jadę autobusem. **4.** Dzisiaj jadę rowerem. (Ja, mer san mi'm Radl da …) **5.** Dzisiaj jadę pociągiem.

16 A Übungen

1. Ich arbeite nur am … (Bei Wochentagen: *w* + Akkusativ; aufpassen müssen Sie da nur auf die (f): *środa*, *sobota* und *niedziela*) **1.** Pracuję tylko w poniedziałek. **2.** Pracuję tylko we wtorek. **3.** Pracuję tylko w środę. **4.** Pracuję tylko w czwartek. **5.** Pracuję tylko w piątek. **6.** Pracuję tylko w sobotę. **7.** Pracuję tylko w niedzielę.

2. Langschläfer (Die Männer sagen *spałem*, die Frauen *spałam*) **1.** Spałem/-łam od poniedziałku do czwartku. **2.** Spałem/-łam od wtorku do środy. **3.** Spałem/-łam od czwartku do piątku. **4.** Spałem/-łam od soboty do niedzieli. **5.** Spałem/-łam od piątku do soboty. **6.** Spałem/-łam od niedzieli do poniedziałku. **7.** Spałem/-łam od środy do wtorku.

3. Ordnen Sie zu **1.** e **2.** c **3.** a **4.** f **5.** d **6.** b

4. Alle oder alles? **1.** Wszyscy Niemcy lubią pracować. (Vorurteil) **2.** Wszystko rozumiem. (Traum) **3.** Wszystko mi smakuje. (Wunsch) **4.** Wszyscy Polacy lubią jeździć samochodem. (wahrscheinlich richtig) **5.** Wszystko razem wynosi siedem złotych. (selten richtig) **6.** Wszyscy idą do kawiarni. (Wunsch aller Kaffee-Importeure)

16 B Übungen

1. Namenstag **1.** Będziemy obchodzić imieniny. **2.** Będę obchodzić imieniny. **3.** Będzie obchodzić imieniny. **4.** Będziesz obchodzić imieniny. **5.** Będą obchodzić imieniny.

2. Kein Sinn für Unsinn **1.** b (Pojedziemy samochodem?) **2.** a (Będzie na pewno romantycznie.) **3.** b (Będziemy obchodzić imieniny.) **4.** a (Na wsi rozpalimy ognisko.)

3. Bilden Sie Sätze **1.** c (Na wsi rozpalimy ognisko.) **2.** d (Oni pokażą ci miasto.) **3.** e (Zaraz idę po mleko.) **4.** b (Jutro pojedziemy samochodem na wieś.) **5.** a (Wieczorem Sophie pójdzie do kina.)

4. Schöne Aussichten **1.** Będzie na pewno romantycznie. (Achten Sie darauf: viele Adverbien enden auf *-ie*, wie z. B. *romantycznie*, im Unterschied zur (n) Form des Adjektivs auf *-e: romantyczne*) **2.** Będzie na pewno ciekawie. (Minimalforderung an eine Polenreise) **3.** Będzie na pewno głośno. **4.** Będzie na pewno fajnie. **5.** Będzie na pewno dobrze.

5. Übersetzen Sie **1.** Wieś jest piękna. **2.** Pojedziemy na wieś. **3.** Będzimy obchodzić imieniny na wsi. **4.** Mieszkam na wsi. (Hoffentlich werden Sie mit dieser Übung nicht zur Landpomeranze!)

T 4 Test

1. Welche Antwort stimmt? **1.** c **2** c (schön lautmalerisch, oder?) **3.** a **4.** c **5.** b (c kommt einem „Neuling" manchmal so vor, stimmt aber nicht) **6.** c (wenn a richtig wäre, hätten wir ein Schulbuch und nicht dieses Lehrwerk geschrieben)

2. Fragen und Antworten **1.** d (A co dla pani? Proszę zupę.) **2.** g (Jaka zupa? Żurek.) **3.** f (Jeszcze coś? Tak, proszę coś do picia.) **4.** a (Jak było w Gdańsku? Było bardzo fajnie.) **5.** h (Miałaś dobry hotel? Tak, w centrum Gdańska.) **6.** c (Jutro jedziesz do Krakowa? Tak, pociąg odjeżdża o ósmej.) **7.** e (Nie musisz dzisiaj pracować? Nie, dzisiaj mam wolne.) **8.** b (Pojedziemy samochodem? Tak, samochodem.)

3. Was fehlt? **1.** b (Nie ma żurku.) **2.** a (Dzisiaj wezmę pierogi z grzybami.) **3.** b (Jak było w Gdańsku?) **4.** c (Spotkałaś też Lecha Wałęsę?) **5.** c (Och, jakie piękne kwiaty.) **6.** b (Pani świetnie mówi po polsku.) **7.** a (Dobrze spałaś, Sophie?)

4. Wie sagt man das auf Polnisch? **1.** Nie wiem. **2.** Jak było w Gdańsku? **3.** Jadłeś (m)/Jadłaś (f) coś smacznego? **4.** Smacznego! **5.** Rozumiesz? **6.** Pan/pani mówi świetnie po polsku. **7.** Ten język jest taki trudny. (Diesen Satz können Sie bestimmt häufig anwenden.) **8.** Pojedziemy samochodem?

17 A Übungen

1. Götterfunkenfreude **1.** Cieszę się na imprezę. **2.** Cieszę się na duże miasto. **3.** Cieszę się na gorącą czekoladę. **4.** Cieszę się na Kraków. **5.** Cieszę się na niedzielę.
2. Immer langsamer, besser, romantischer ... **1.** Samochód jedzie coraz wolniej. **2.** Sophie coraz lepiej mówi po polsku. **3.** Stare Miasto wygląda coraz romantyczniej. **4.** Polski bigos smakuje coraz lepiej. (Vorsicht: Hier liegen Steigerungsformen von Adverbien vor, wie z. B. *lepiej*, und nicht von Adjektiven, wie *lepszy/-a/-e.)*
3. Es fehlt nur ... (*Brakuje* ...: (Es fehlt ...), funktioniert wie bei einer Verneinung, deshalb immer mit Genitiv.) **1.** Brakuje tylko benzyny. **2.** Brakuje tylko Piotra. **3.** Brakuje tylko smacznego piwa. **4.** Brakuje tylko bigosu. **5.** Brakuje tylko dobrej pogody.
4. Was passt? **1.** c (Muzeum Narodowe było otwarte.) **2.** d (Wieczorem Nowe Miasto było bardzo romantyczne.) **3.** a (Tego jeszcze brakowało.) **4.** b (Polskie śniadanie mi nie smakowało.)

17 B Übungen

1. Ein Ständchen bringen **1.** Sto lat **2.** czterdzieści lat **3.** szesnaście lat **4.** pięćdziesiąt cztery lata **5.** osiemdziesiąt pięć lat (Warum die Polen sich wünschen, ausgerechnet *sto lat* (hundert Jahre) zu leben, wird wohl ewig ein kulturethnologisches Rätsel bleiben.)
2. Qual der Wahl **1.** a (Pada deszcz.) **2.** b (Jest mi zimno.) **3.** b (Na zdrowie!) **4.** b (To nie ma sensu.)
3. Wem schmeckt's? **1.** Bigos nam bardzo smakuje. **2.** Polskie piwo mi bardzo smakuje. **3.** Barszcz czerwony ci bardzo smakuje. **4.** Polskie ciastko wam bardzo smakuje. **5.** Francuskie śniadanie im bardzo smakuje. (Was ist Ihr Leibgericht? Auf Polnisch: ... *mi bardzo smakuje.*)
4. Ein Gläschen in Ehren ... **1.** Wypijemy kieliszek wódki. **2.** Wypijemy kieliszek gorącego mleka. **3.** Wypijemy kieliszek gorącej czekolady. **4.** Wypijemy kieliszek piwa. **5.** Wypijemy kieliszek barszczu czerwonego. (2., 3. und 5. sollte man vielleicht lieber nicht aus einem Schnapsglas trinken, die sind meistens nicht hitzebeständig.)
5. Geräuschemacher (Wichtige Vokabeln für alle, die polnische „Asteriks"-Hefte lesen möchten. Übrigens: den Buchstaben x kennt das polnische Alphabet nicht, deshalb Asteriks mit ks.) **1.** c (Asteriks trinkt Zaubertrank: gulgulgul – gluckgluckgluck) **2.** d (Der gallische Hahn kräht: kukuryku – kikeriki) **3.** e (Die Römer kriegen die Hucke voll: aj! – au!) **4.** f (Idefiks mag niemanden, der Bäumen etwas tut: wrrrrrrr – grrrrrrrr) **5.** a (Idefiks bellt: hauhauhau – wauwauwau) **6.** b (Obeliks bei den Schweizern: psik! – hatschi!)

18 A Übungen

1. Was tut weh? **1.** Boli mnie głowa. **2.** Boli mnie gardło. **3.** Boli mnie noga. **4.** Boli mnie ręka. **5.** Boli mnie brzuch. **6.** Boli mnie oko. **7.** Boli mnie ucho. **8.** Boli mnie ząb. **9.** Boli mnie serce. **10.** Boli mnie stopa. (Zu Risiken und Nebenwirkungen dieses Lehrwerks fragen Sie bitte Ihren Verlag oder Buchhändler.)
2. Kein Spitzenprodukt **1.** Pogoda nie była najlepsza. **2.** Bigos nie był najlepszy. **3.** Piwo nie było najlepsze. **4.** Koncert nie był najlepszy. **5.** Wódka nie była najlepsza. **6.** Muzeum nie było najlepsze.
3. Ordnen Sie zu **1.** d *(Co ci dolega? Boli mnie gardło.)* **2.** a *(Co wam dolega? Boli nas brzuch.)* **3.** b *(Co mu dolega? Boli go głowa.* – Kein Wunder, bei dieser Sprache!) **4.** c *(Co jej dolega? Boli ją noga.)* **5.** e *(Co im dolega? Boli ich ręka.)*

4. Wer hat Ihnen geholfen? 1. Lekarz mi pomógł. **2.** Lekarka mi pomogła. **3.** Dentysta mi pomógł. **4.** Matka Boska mi pomogła. (Wenn der Arzt nicht helfen kann, dann hilft in Polen die Schwarze Madonna von Tschenstochau) **5.** Okulista mi pomógł. **6.** Pielęgniarka mi pomogła.

18 B Übungen

1. Nichtkönner 1. Lekarz nie mógł tego zrobić. **2.** Małgosia nie mogła tego zrobić. **3.** Andrzej nie mógł tego zrobić. **4.** Sophie nie mogła tego zrobić. **5.** Lekarka nie mogła tego zrobić. **6.** Piotr nie mógł tego zrobić.
2. Wer kann mir helfen? 1. Czy ty możesz mi pomóc? **2.** Czy lekarz może mi pomóc? (*może* heißt auch „vielleicht") **3.** Czy pani może mi pomóc? **4.** Czy Ula i Jadwiga mogą mi pomóc? **5.** Czy wy możecie mi pomóc?
3. Ergänzen Sie 1. Źe się czuję. Położę się do łóżka. **2.** Zaraz idę po tabletki do apteki. **3.** Jak myślisz, co to jest? **4.** Piotr też się położy do łóżka. **5.** A ja zrobię herbatę z cytryną.
4. Hier passt was nicht Zum Wortfeld Krankheit gehören: **1.** apteka (Apotheke) **3.** lekarz (Arzt) **4.** syrop na kaszel (Hustensaft) **5.** herbata z cytryną (Tee mit Zitrone) **6.** tabletki (Tabletten) **7.** lekarka (Ärztin) **9.** gorące mleko z miodem (heiße Milch mit Honig). Die Außenseiter sind: **2.** samochód (Auto) **8.** podróż (Reise) **10.** kawa z mlekiem (Kaffee mit Milch)
5. Was gehört zusammen? 1. e (kłaść się – położyć się) **2.** d (pić – wypić) **3.** b (jechać – pojechać) **4.** c (iść – pójść) **5.** a (zwiedzać – zwiedzić) (Bei slawischen Sprachen wirklich eine Hürde, dass man für ein deutsches Verb zwei Entsprechungen lernen muss, die oft genug auch noch unterschiedlich konjugiert werden.)

19 A Übungen

1. Bitte zeigen Sie mir ... 1. Proszę pokazać mi drewnianą kolejkę. **2.** Proszę pokazać mi ręczną robotę. **3.** Proszę pokazać mi zwierzęta z drewna. **4.** Proszę pokazać mi ceramikę z Bolesławca. **5.** Proszę pokazać mi samochody z drewna. (Diese Sachen gibt es z. B. in den *Cepelia*-Läden, der landesweit polnisches Kunsthandwerk vertreibt.)
2. Na? 1. Na wystawie widziałam drewnianą kolejkę. (hier steht *na* + Lokativ, weil es sich um eine Ortsangabe handelt: wo?) **2.** Idziemy na koncert? **3.** Chcę pojechać na wieś. (*na* + Akkusativ, weil Richtungsangabe: wohin?) **4.** Idę na Stare Miasto. **5.** Na wsi bardzo mi się podoba.
3. Ordnen Sie zu 1. c/d (otwarte okno) **2.** e (piękne zwierzę) **3.** b (ciekawe muzeum) **4.** a (niebieskie morze) **5.** c/d (stare miasto)
4. Welcher Buchstabe fehlt? (Ganz leicht: Nominativ Plural = Akkusativ Plural, also verändert sich hier nichts) **1.** Samochody są piękne. – Mamy piękne samochody. **2.** Pierogi są dobre. – Mamy dobre pierogi. **3.** Miasta są stare. – Mamy stare miasta. **4.** Gazety są ciekawe. – Mamy ciekawe gazety. **5.** Muzea są otwarte. – Mamy otwarte muzea.
5. Handling 1. Czy to ręczna robota? (*ręczny/-a/-e* ist hier Adjektiv) **2.** Wszystko w tym sklepie jest robione ręcznie w Polsce. (*ręcznie* ist Adverb) **3.** Co panu dolega? Boli mnie ręka. **4.** Ta ceramika też jest robiona w Polsce? **5.** Co chcesz robić w Warszawie? **6.** To bardzo ładna ręczna robota!

19 B Übungen

1. Familieneinkauf 1. Czy mógłbym przymierzyć płaszcz? (Die Konjunktivform *mógłbym/mogłabym* ist immer besonders höflich.) **2.** Czy mogłabym przymierzyć płaszcz? **3.** Czy mógłbyś przymierzyć płaszcz? **4.** Czy mogłabyś przymierzyć płaszcz? **5.** Czy on mógłby przymierzyć płaszcz? **6.** Czy ona mogłaby przymierzyć płaszcz?
2. Folter: Konjunktive 1. b **2.** a **3.** b **4.** a (Bei genauerem Hinsehen dürfte klar werden, dass die anderen Möglichkeiten nur für Scherzkekse oder Freunde des Absurden geeignet sind.)
3. Da freut sich der Verkäufer 1. Ten brązowy płaszcz bardzo mi się podoba. **2.** Te czarne dżinsy bardzo mi się podobają. (*dżinsy* ist ein Pluralwort, daher nicht *podoba* sondern *podobają*) **3.** Ta

pomarańczowa bluzka bardzo mi się podoba. **4.** Ta zielona marynarka bardzo mi się podoba. **5.** Te szare buty bardzo mi się podobają. **6.** Ta biała spódnica bardzo mi się podoba. **7.** Te niebieskie skarpetki bardzo mi się podobają. **8.** Ten czerwony sweter bardzo mi się podoba. **9.** Ta kolorowa koszula bardzo mi się podoba. **10.** Te żółte rękawiczki bardzo mi się podobają.

4. Welche Größe? 1. Potrzebuję numer trzydziesty szósty. **2.** Potrzebuję numer trzydziesty ósmy. **3.** Potrzebuję numer czterdziesty. **4.** Potrzebuję numer czterdziesty drugi. **5.** Potrzebuję numer czterdziesty czwarty. **6.** Potrzebuję numer czterdziesty szósty. **7.** Potrzebuję numer czterdziesty ósmy. **8.** Potrzebuję numer pięćdziesiąty. **9.** Potrzebuję numer pięćdziesiąty drugi. (Vielleicht sollten Sie Ihre Größe noch ein paar Mal wiederholen, damit's im Geschäft keine Verwirrung gibt und hinterher die neuen Schuhe drücken.)

5. Mehr als eins (Denken Sie daran: Hier geht es nur um (m) Substantive mit so genanntem weichem Auslaut, die dann im Plural nicht auf *-y*, sondern auf *-e* enden.) **1.** Te płaszcze są bardzo ładne. **2.** Czy ty masz jeszcze pieniądze? **3.** Te czarne spodnie są bardzo piękne. **4.** Czy mogłaby mi pani pokazać te brązowe kapelusze? **5.** Czy są jeszcze wolne pokoje?

20 A Übungen

1. Wir bitten um ... 1. Proszę zupę pomidorową. **2.** Proszę kotlet wieprzowy z ziemniakami. **3.** Proszę kaczkę pieczoną z sałatką. **4.** Proszę jadłospis.

2. Gähnitiv 1. a (Proszę stolik dla dwóch osób.) **2.** b (W restauracji nie ma stołów.) **3.** a (Ona idzie do okien.) **4.** b (Robię za dużo błędów.)

3. Oh wie schön ist PANama (Etikettenschwindel: Diese Übung hat nichts mit Janosch und seinem Kinderbuch-Bestseller *„Ach, jak cudowna jest Panama"* zu tun) **1.** Dzień dobry panu. **2.** Idę do pana. **3.** Przepraszam pana. **4.** Sophie jedzie z panem. **5.** Piotr stoi przy panu.

4. LOCUS amoenus (Keine Angst, dies ist keine Übung aus „Einstieg Latein", sondern zum schwierigen Lokativ.) **1.** Jestem w kinie. **2.** Przy oknie są ładne miejsca. **3.** Bardzo mi się podobało w muzeum. **4.** W tym piwie jest jazz. **5.** Przy skrzyżowaniu znajduje się pomnik.

5. Zehn Richtige Die acht Lebensmittel: **1.** parówki (Würstchen) **2.** barszcz (Borschtsch) **4.** kapusta (Kraut) **5.** bigos (Bigos) **6.** ziemniaki (Kartoffeln) **7.** sernik (Frischkäse) **8.** żurek (saure Mehlsuppe) **10.** dżem (Marmelade) Außer der Reihe: **3.** smacznego (guten Appetit) **9.** kieliszek (Schnapsglas)

20 B Übungen

1. Großes Lob 1. W Polsce było wspaniale. **2.** W Polsce było świetnie. **3.** W Polsce było fajnie. **4.** W Polsce było bardzo dobrze. **5.** W Polsce było naprawdę miło.

2. Darauf trinken wir 1. No to wypijemy za nasze następne spotkanie. **2.** No to wypijemy za trudny polski język. **3.** No to wypijemy za piękną Polskę. **4.** No to wypijemy za smaczny bigos. (Nun denn: Prost!)

3. Denk ich an Deutschland ... (Verwirrend: *Niemcy* heißt sowohl Deutschland als auch die Deutschen/Deutsche. Und *Niemiec* bedeutet einerseits der/ein Deutscher, andererseits ist es der Genitiv Plural zu *Niemcy*.) **1.** Niemcy bardzo mi się podobają. (Deutschland gefällt mir gut. *Niemcy* = Deutschland ist ein Pluralwort, deshalb *podobają* und nicht *podoba*) **2.** Wracam do Niemiec. (Ich fahre zurück nach Deutschland. *Niemiec* = Genitiv zu *Niemcy:* Deutschland) **3.** To samochód Niemca. (Das ist das Auto eines Deutschen. *Niemca* = Genitiv zu *Niemiec*: der/ein Deutscher) **4.** Günther Grass jest Niemcem. (Günther Grass ist Deutscher. *Niemcem* = Instrumental zu *Niemiec.*) **5.** Tu nie ma Niemców. (Hier sind keine Deutschen. *Niemców* = Genitiv Plural zu *Niemcy*: die Deutschen) **6.** Niemiec przygotował to jedzenie. (Ein Deutscher hat dieses Essen zubereitet.) **7.** Niemcy chętnie czytają Stanisława Lema. (Die Deutschen/Deutsche lesen gerne Stanisław Lem.)

4. Abschiedsworte 1. d *(Trzymaj się!* – Mach's gut!) **2.** e *(Do zobaczenia!* – Auf Wiedersehen!) **3.** b *(Przyjemnej podróży!* – Angenehme Reise!) **4.** c *(Cześć!* – Tschüss!) **5.** a *(Bardzo dziękuję za wszystko!* – Ich danke sehr für alles!)

5. Zungenbrecher (Für alle, die bisher noch Herr ihrer Sinne sind, gibt es jetzt eine letzte Chance, dem polnischen Wahnsinn zu verfallen) **1.** Am zehnten Zehnten, um zehn Uhr zehn, handelten zehn Vollidioten gemäß der Übereinkunft vom zehnten Zehnten. **2.** Dort auf dem Turm liegt der ungläubige Georg und glaubt nicht, dass um den Turm herum zehn Fledermäuse liegen. **3.** Pfeffere nicht, Peter, das Schwein mit Pfeffer, denn du könntest das Schwein mit Pfeffer überpfeffern.

T 5 Test

1. Welche Antwort stimmt? **1.** b **2.** a **3.** b **4.** b **5.** a **6.** c

2. Fragen und Antworten **1.** e (Co robimy? Wracamy do Krakowa.) **2.** c (Co ci dolega? Boli mnie gardło.) **3.** h (Jak myślisz, co to jest? Prawdopodobnie przeziębienie.) **4.** a (Czy to ręczna robota? Tak, to jest robione ręcznie.) **5.** b (Czy mogę pani pomóc? Tak, proszę mi pokazać płaszcz.) **6.** d (Jaki pani potrzebuje numer? Potrzebuję numer czterdziesty.) **7.** f (Coś jeszcze? Nie, dziękuję, to wszystko.) **8.** g (Podobało ci się u nas? Oczywiście, było wspaniale.)

3. Was fehlt? **1.** b (Cieszę się na imprezę.) **2.** c (Wydaje mi się, że zaraz zacznie padać.) **3.** a (Sto lat, sto lat, niech żyje, żyje nam!) **4.** b (Boli mnie też głowa.) **5.** b (Czy mogłabym go przymierzyć?) **6.** a (Przy oknie są ładne miejsca.) **7.** b (Do zobaczenia!)

4. Wie sagt man auf Polnisch? **1.** Co ci dolega? **2.** Dziękuję ci bardzo. (Wir bedanken uns für Ihre Ausdauer und beglückwünschen Sie zum Lernerfolg.) **3.** Naprawdę? (Aber klar doch, viel gelernt, oder?) **4.** Czy mogę pan/pani pomóc? **5.** Tak pan/pani sądzi? **6.** Jest mi naprawdę smutno. **7.** Do widzenia! (Wenn nicht in dieser Welt, dann sehen wir uns in Bitterfeld – oder *Nowa Huta*!)

Kurzgrammatik K

Die wichtigsten Begriffe

Adjektiv	Eigenschaftswort
Adverb	Umstandswort
Akkusativ	4. Fall (wen?/was?), z. B.: den Mann, die Frau, das Kind
Artikel	Geschlechtswort, z. B.: der/die/das, ein/eine/ein
Dativ	3. Fall (wem?), z. B.: dem Mann, der Frau, dem Kind
Deklination	Beugung der Hauptwörter, Eigenschaftswörter und Fürwörter, z. B.: das gute Buch, dem guten Buch
feminin (f)	weiblich
Feminina	weibliche Hauptwörter, z. B.: die Frau, die Schule …
Futur	Zukunft
Genitiv	2. Fall (wessen?), z. B.: des Mannes, der Frau, des Kindes
Genus	grammatikalisches Geschlecht: männlich, weiblich, sächlich
Imperativ	Befehlsform
imperfektiver Aspekt	unvollendeter Aspekt; ähnlich wie: Ich lese (gerade) ein Buch.
Infinitiv	Grundform
Instrumental	Fall, der ausdrückt, mit was man etwas macht, womit man sich fortbewegt, was man von Beruf ist, welche Nationalität man hat etc.
Kardinalzahlen	Grundzahlen, z. B.: eins, zwei, drei …
Kasus	Fall, z. B.: Nominativ, Dativ, Akkusativ …
Konjugation	Beugung der Tätigkeitswörter, z. B.: ich gehe, du gehst, er geht …
Konjunktiv	Möglichkeitsform, z. B.: ich würde kaufen
Konsonant	Mitlaut (alle außer a, ą, e, ę, i, o, ó, u, y)
Lokativ	Ortsfall (wo?/worüber?)
maskulin (m)	männlich
Maskulina	männliche Hauptwörter, z. B.: der Mann, der Apfel …
Neutra	sächliche Hauptwörter, z. B.: das Kind, das Auto …
neutral (n)	sächlich
Nominativ	1. Fall (wer?/was?), z. B.: der Mann, die Frau, das Kind
Numerus	Einzahl/Mehrzahl
Ordinalzahlen	Ordnungszahlen, z. B.: erster, zweiter, dritter …
perfektiver Aspekt	vollendeter Aspekt; ähnlich wie: Ich habe das Buch (zu Ende) gelesen.
Plural	Mehrzahl, z. B.: die Männer, die Frauen, die Kinder
Präposition	Verhältniswort, z. B.: zu, auf, nach, über, in …
Präsens	Gegenwart
Pronomen	Fürwort, z. B.: ich, du, er, sie, es, …
Singular	Einzahl, z. B.: der Mann, die Frau, das Kind
Nomen	Hauptwort
Verb	Tätigkeitswort
Vokal	Selbstlaut (a, ą, e, ę, i, o, ó, u, y)

Phonetik Aussprache

Im polnischen Alphabet gibt es kein q, v oder x . Die Buchstaben b, d, f, g, j, k, l, m, n, p, t und w werden fast wie im Deutschen ausgesprochen.

a	kurz und offen wie in M**a**tte
ą	nasales a: 1. allgemein wie „on" im französischen Ball**on**; 2. vor *t, d, c, cz* und *dz* wie „on" in S**on**de; 3. vor *g* und *k* wie „on" in **On**kel; 4. vor *b* und *p* wie „om" in K**om**panie; 5. auch im Auslaut betont
c	wie „tz" in Ka**tz**e
ć = ci (vor Vokal)	ähnlich wie „tsch", aber weiter hinten am Gaumen gebildet
e	kurz und offen wie „ä" in h**ä**tte
ę	nasales e 1. allgemein wie „in" in Bass**in**; 2. vor *t, d, c, cz* und *dz* wie „en" in S**en**der; 3. vor *g* und *k* wie „en" in **En**kel; 4. vor *b* und *p* wie „em" in H**em**d; 5. im Auslaut kaum betont wie „e" in wart**e**
h	wie „ch" in a**ch**
i	kurz und hell wie in w**i**r
ł	wie „w" im englischen **w**ater
ń	wie „gn" in Ko**gn**ak
o	kurz und offen wie in **o**ffen
ó = u	
r	gerolltes Zungenspitzen-r wie im Bayrischen und Italienischen
s	wie deutsches „ß/ss", auch in „sp" und „st"
ś = si (vor Vokal)	ähnlich wie „sch", aber weiter hinten am Gaumen gebildet
u = ó	kurz wie „u" in **u**nd
y	wie dumpfes „e" in wart**e** oder „i" in T**i**sch, im Auslaut immer „e"
z	wie stimmhaftes „s" in Ro**s**e
ź = zi (vor Vokal)	wie stimmhaftes „sch", aber weiter hinten am Gaumen gebildet
ż = rz	weiches „j" wie in französisch **J**ournal

Buchstabenkombinationen

ch	wie „ch" in a**ch**
cz	wie „tsch" in **Tsc**hechien
dz	wie stimmhaftes „ds", im Auslaut stimmlos wie „tz"
dż	wie sehr stimmhaftes „dsch" in **Dsch**ungel
dź	wie stimmhaftes „dsch", aber weiter hinten am Gaumen gebildet
rz = ż	weiches „j" wie in französisch **J**ournal
sz	wie „sch" in **Sch**ule

Harte und weiche Laute

1. weiche Konsonanten: *ś, ź, ć, dź, ń* (wenn Vokal folgt: *si, zi, ci, dzi, ni*)
2. historisch weiche Konsonanten (heute nicht mehr weich, d. h. nach ihnen folgt *y* und nicht *i*): *rz, ż, sz, cz, dz* und *c*
3. harte Konsonanten: *p, b, m, f, w, t, d, n, s, z*, (folgt ein *i*, werden diese erweicht: *p* → *pie, b* → *bie, m* → *mie, f* → *fie, w* → *wie, t* → *cie, d* → *dzie, n* → *nie, s* → *sie, z* → *zie*, nach *g* und *k* steht kein *y*, sondern immer *i*.

Betonung

1. Vokale immer kurz aussprechen!
2. Betonung: vorletzte Silbe, bei zweisilbigen Wörtern die erste Silbe
3. *au, eu, ei*: jeder einzelne Laut wird getrennt gesprochen
4. Doppelkonsonanten (z. B. *nn*): werden einzeln betont

Lautwechsel

Im Polnischen gibt es häufig Vokal- und Konsonantenwechsel: z. B. *pro**szę*** (ich bitte), aber: *pro**si**my* (wir bitten); *st**ół*** (Stuhl), aber: *na st**ole*** (auf dem Stuhl)

Flüchtiges -*(i)e*

Manchmal fällt bei Nomen in der Deklination das *e* bzw. *ie* weg. Bei den (m) sind sie nur im Nominativ Singular vorhanden, vor den anderen Fällen „flüchten" (d. h. verschwinden) sie: z. B. *budyn**e**k* (Gebäude), aber: *w budynku* (im Gebäude). Bei den (f) und (n) hingegen treten sie nur im Genitiv Plural auf: *matka* (Mutter), aber: *mat**e**k* (der Mütter, Genitiv Plural); *okno* (Fenster), aber: *ok**ie**n* (der Fenster, Genitiv Plural)

Syntax Satzbau

Für alle Sätze (Aussage-, Neben- und Fragesatz) gilt die Reihenfolge: Subjekt – Prädikat – Objekt. Je nach Absicht oder Aussage, kann die Wortstellung aber stark verändert werden.
Das Prädikat steht in der Regel nahe beim Subjekt.

Nomen Hauptwort

Artikel (Begleiter)

Es gibt **keine** Artikel: *paszport* = 1. der Pass; 2. ein Pass

Kasus (Fall)

Im Polnischen gibt es 7 Fälle, wobei in diesem Buch der 7. Fall, der Vokativ (bei Anrede), nicht behandelt wird:

1. Nominativ (Werfall): *kto?* (wer? – bei Lebewesen); *co?* (was? – bei Sachen)
2. Genitiv (Wessenfall): *kogo?/czego?* (wessen?)
3. Dativ (Wemfall): *komu?/czemu?* (wem?)
4. Akkusativ (Wenfall): *kogo?/co?* (wen?/was?)
5. Instrumental (Fall, der das Mittel bezeichnet): *kim?/czym?* (mit wem?/womit?)
6. Lokativ (Ortsfall): *o kim?/o czym?* (über wen?/worüber?)

Genus (grammatikalisches Geschlecht)

Man kann oft an der Endung erkennen, ob ein Hauptwort maskulin, feminin, oder neutral ist:
1. Maskulina (m) enden meist auf Konsonanten: (*paszport:* Pass)
Ausnahme: Endung **-a**: *artysta*: Künstler (Achtung: werden wie (f) dekliniert)
2. Feminina (f) enden meist auf **-a** (*Polska*: Polen), einige enden auf **-i** (*pani*: Frau) oder auf Konsonanten (*podróż*: Reise; *specialność*: Spezialität)
3. Neutra (n) enden meist auf **-o** (*miasto*: Stadt) oder auf **-e** (*morze*: Meer), nur wenige auf **-um:** (*muzeum:* Museum) oder **-ę** (*zwierzę*: Tier)

Zusätzliche Unterscheidung: Im Singular für Maskulina: **belebt** (Menschen, Tiere) – **unbelebt** (alles andere) – im Plural: **Personalform** (Gruppen mit mindestens einer männlichen Person, Nationalität) – **Sachform** (Frauen, Tiere, Pflanzen und Sachen)

Maskulina (männliche Hauptwörter)

Singular (Einzahl)

Nominativ: Endung auf Konsonanten: *paszport* (Pass). Ausnahme: Endung **-a:** *artysta* (Künstler)
Genitiv: belebte auf **-(i)a:** *Piotra*
unbelebte meist auf **-(i)u:** *paszport**u*** oder **-(i)a:** *język**a*** (die meisten Städtenamen, Körperteile, Kleidungsstücke u. a.)
Dativ: meist auf **-(i)owi:** *Piotr**owi***; wenige auf **-u:** *pan**u***
Akkusativ: 1. belebte: wie im Genitiv auf **-(i)a:** *Piotr**a***
2. unbelebte: wie im Nominativ, wenige auf **-a** z. B.: *papieros**a*** (Zigarette)
Instrumental: -(i)em: *z pan**em*** (mit einem Herrn), *z jabłecznik**iem*** (mit einem Apfelkuchen)
Der Instrumental steht u. a. zur Angabe eines Mittels, z. B. Verkehrsmittels: *jechać autobus**em*** (mit dem Bus fahren)
Lokativ: 1. **-u** nach *-k, -g, -ch, -l, -j* und historisch weichen Konsonanten: *w porządk**u*** (in Ordnung), *w hotel**u*** (im Hotel)
2. **-ie** nach hartem Konsonanten: *w sklep**ie*** (im Geschäft)
3. **-e** nach *ł* und *r*: aus *-ł → -le: wydział → w wydzia**le*** (in der Ausstellung); aus *-r → -rze: teatr → w teat**rze*** (im Theater)
4. **-iu** nach weichem Konsonanten: *Poznań → w Pozna**niu*** (in Posen)

Plural (Mehrzahl)

Nominativ: 1. Personalform (viele verschiedene Endungen, hier nur eine Auswahl): **-y**, wenn im Nominativ Singular Endung auf *-k → cy, -g → -dzy, -iec → -cy* u. a.: *Polak → Pola**cy*** (die Polen), *Niemiec → Niem**cy*** (die Deutschen)
2. Sachform: auf **-y** (nach *-k/-g* auf ***-i***), wenn im Nominativ Singular Endung auf harten Konsonanten: *kwiat → kwiat**y*** (Blumen), *znaczek → znaczk**i*** (Briefmarken)
Auf **-e**, wenn historisch weicher Konsonant oder *-l/-j: płaszcz → płaszcz**e*** (die Mäntel), *pokój → pokoj**e*** (die Zimmer)
Genitiv: 1. **-ów**, wenn im Nominativ Singular Endung auf harten Konsonanten, auf *-a, -c* oder *-j: błąd → dużo błęd**ów*** (viele Fehler), *Polak → dużo Polak**ów*** (viele Polen)
2. **-y**, wenn im Nominativ Singular Endung auf historisch weichen Konsonanten: *talerz → dużo talerz**y*** (viele Teller)
3. **-i**, wenn im Nominativ Singular Endung auf weichen Konsonanten: *dzień → dużo dn**i*** (viele Tage)
Dativ: -(i)om: *lekarz → lekarz**om*** (den Ärzten)
Akkusativ: Personalform: Akkusativ = Genitiv: *Niemc**ów*** (die Deutschen)
Sachform: Akkusativ = Nominativ: *mamy ładne samochod**y*** (wir haben hübsche Autos)
Instrumental: -(i)ami: *grzyb → z grzyb**ami*** (mit Pilzen)
Lokativ: meist **-ach:** *w hotel**ach*** (in den Hotels), selten **-ech:** *w Niemcz**ech*** (Niemcy: Deutschland ist ein Pluralwort: in Deutschland)

Feminina (weibliche Hauptwörter)

Singular (Einzahl)

Nominativ: meist **-a:** *Polska* (Polen), einige enden auf **-i:** *pani* (Frau) oder auf Konsonanten: *podróż* (Reise)
Genitiv: meist **-y:** *Warszaw**a** → **do** Warszaw**y*** (nach Warschau), selten auf ***-i/-ia*** (wenn im Nominativ Singular der Stamm auf weiche Konsonanten oder auf *-ga, -ka, -(i)a,-la, -ja* oder *-i* endet): *pan**i** → **do** pan**i*** (zur Frau), *kawiarn**ia** → **do** kawiarn**i*** (ins Café), *specjalno**ść** → specjalno**ści***
Dativ = Lokativ (siehe dort)

Akkusativ: 1. **-ę:** *stolica* → *stolicę* (Hauptstadt)
2. Akkusativ = Nominativ, wenn im Nominativ Singular auf Konsonanten: *podróż* → *podróż, wieś* → *wieś*
Instrumental: auf **ą:** *jestem dziennikarką* (ich bin Journalistin), *jestem Polką* (ich bin Polin)
Lokativ = Dativ:
1. **-ie**, wenn im Nominativ Singular der Stamm auf hartem Konsonanten endet (viele Erweichungen): *Warszawa* → ***w** Warszawie* (in Warschau), *gazeta* → *w gazecie* (in der Zeitung)
2. **-e**, wenn im Nominativ Singular Endung auf *-ga* → *-dze, -ka* → *-ce, -cha* → *-sze, -ła* → *-le, -ra* → *-rze: Polska* → ***w** Polsce* (in Polen)
3. **-y**, wenn historisch weicher Konsonant im Auslaut: *podróż* → *o podróży* (über die Reise)
4. **-i**, wenn im Nominativ Singular Endung auf *-la, -ia, -ja, -i* oder weicher Konsonant: *sala* → *w sali* (im Saal), *kawiarnia* → *w kawiarni* (im Café), *Francja* → *we Francji* (in Frankreich)

Plural (Mehrzahl)
Nominativ = Akkusativ: 1. **-y**, wenn im Nominativ Singular der Stamm auf harten Konsonanten endet: *gazeta* → *gazety* (Zeitungen)
2. **-i,** aus *-ga* → *-gi, -ka* → *-ki, -ść* → *-ści: pocztówka* → *pocztówki* (Postkarten)
3. **-(i)e**, wenn historisch weicher Konsonant, weicher Konsonant oder *-(i)a, -i: wieś* → *wsie* (Dörfer), *podróż* → *podróże* (Reisen), *kawiarnia* → *kawiarnie* (Cafés), *pani* → *panie* (Frauen)
Genitiv: 1. ohne Endung, wenn der Stamm auf harten oder historisch weichen Konsonanten endet, oder Endung auf *-i* (Achtung: Vokalwechsel): *kawa* → *kaw* (der Kaffees), *osoba* → *dla osób* (für Personen), *pani* → *pań* (der Damen), *matka* → *matek* (der Mütter)
2. **-i**, wenn Stamm auf weichen Konsonanten oder auf *-(i)a, -ja, -la* endet: *wieś* → *wsi, sala* → *sali, redakcja* → *redakcji*
3. **-y**, wenn weicher Konsonant: *podróż* → *podróży*
Dativ: -(i)om: *matka* → *matkom* (den Müttern), *pani* → *paniom* (den Damen)
Akkusativ = Nominativ
Instrumental: -(i)ami: *matka* →*z matkami* (mit den Müttern), *pani* → *z paniami* (mit den Damen)
Lokativ: -(i)ach: *matka* → *o matkach* (über die Mütter), *pani* → *o paniach* (über die Damen)

Neutra (sächliche Hauptwörter)

Singular (Einzahl)
Nominativ = Akkusativ: 1. harter Stammauslaut: **-o:** *miasto* (die Stadt)
2. weicher Auslaut: **-(i)e:** *picie* (das Trinken) *(-ć + -e = -cie)*
3. **-e**, nach historisch weichen Konsonanten und **-l:** *miejsce* (Platz), **-ę:** *zwierzę* (Tier),
4. **-um** (Fremdwörter) ändern sich nicht im Singular: *muzeum*
Genitiv: -(i)a: *miasto* → *miasta* (der Stadt), ***do*** *picia* (zum Trinken)
Dativ: -(i)u: *dziecko* → *dziecku* (dem Kind)
Akkusativ = Nominativ
Instrumental: -(i)em: *mleko* → *z mlekiem* (mit Milch)
Lokativ: (viele Konsonantenveränderungen!)
1. **-(i)e**, alle mit hartem Auslaut: *okno* → *przy oknie* (am Fenster), *miasto* → *w mieście* (in der Stadt)
2. **-e**, alle auf *-ro (-rze)* und *-ło (-le): krzesło* → *na krześle* (auf dem Stuhl)
3. **-iu,** alle mit weichem Auslaut: *skrzyżowanie* → *przy skrzyżowaniu* (an der Kreuzung)
4. **-u**, alle mit historisch weichem Auslaut, *-g, -k, -ch, -l* oder *-j: morze* → *na morzu* (auf dem Meer), *miejsce* → *na miejscu* (am Platz, hier)

Plural (Mehrzahl)
Nominativ = Akkusativ: 1. **-(i)a** (auch die auf *-um*): *miast**a*** (Städte), *muze**a*** (Museen)
2. ***-ę** → **-ęta*** oder ***-ona**: zwierzę → zwierz**ęta*** (Tiere), *imię → imi**ona*** (Vornamen)
Genitiv: 1. meist endungslos (bei Konsonantenhäufungen wird oft ein *-e-* eingeschoben): *okno → oki**e**n* (der Fenster), *krzesło → krzes**e**ł* (der Stühle)
2. **-ów:** alle, die im Nominativ Singular auf *-um* enden: *muzeum → muze**ów*** (der Museen)
Dativ: -om: *miast**om***
Akkusativ = Nominativ
Instrumental: -(i)ami: *miast**ami***
Lokativ: -(i)ach: *miasto → w miast**ach*** (in den Städten), *muzeum → w muze**ach*** (in den Museen)

Präpositionen Verhältniswörter

Nach Präpositionen steht das Nomen in bestimmten Fällen. Hier die oft benutzten:

Genitiv	**Akkusativ**	**Instrumental**	**Lokativ**
bez: ohne	*na:* nach, auf, in, zu	*o:* um, an, über	*na:* auf, in, zu
dla: für	*przez:* über, durch	*przed:* vor	*po:* nach
do: nach, bis, zu	*w:* nach, in, an	*z:* mit	*przy:* bei
od: von	*za:* für, auf, zu	*za:* hinter	*w:* in
u: bei (Personen)			

Adjektive Eigenschaftswörter

Singular (Einzahl)
Nominativ
Maskulina **(m): -y:** *dobr**y*** (gut), **-i** nach weicher Endung und *-g → -gi* oder *-k → -ki: polsk**i*** (polnisch)
Feminina **(f): -a:** *dobr**a***, nach weichem Auslaut **-ia:** *tan**ia*** (billig)
Neutra **(n): -e:** *dobr**e***, **-ie** nach weicher Endung und *-g (→ gie), -k (→ -kie): polsk**ie***
Genitiv (m): -ego: *dobr**ego** pana* (des guten Herren); **(f): -ej:** *dobr**ej** kawy* (des guten Kaffees); **(n): -ego:** *dobr**ego** piwa* (des guten Bieres)
Dativ (m): -emu: *dobr**emu** panu* (dem guten Herrn); **(f): -ej:** *dobr**ej** kawie* (dem guten Kaffee); **(n): -emu:** *dobr**emu** piwu* (dem guten Bier)
Akkusativ (m): belebt = Genitiv: *dobr**ego** pana* (den guten Herrn); unbelebt = Nominativ: **(m):** *dobr**y** grzyb* (den guten Pilz); **(f)**: *dobr**ą** ulicę* (die gute Straße); **(n):** *dobr**e** kino* (das gute Kino)
Instrumental (m): -ym: *z dobr**ym** panem* (mit dem guten Herrn); **(f): -ą:** *z dobr**ą** ulicą* (mit der guten Straße); **(n): -ym:** *z dobr**ym** kinem* (mit dem guten Kino)
Lokativ (m): -ym: *o dobr**ym** panu* (über den guten Herrn); **(f): -ej:** *o dobr**ej** ulicy* (über die gute Straße); **(n): -ym:** *w dobr**ym** kinie* (im guten Kino)

Plural (Mehrzahl)
Im Plural gibt es nur zwei Genusformen, eine Personalform und eine Sachform. Bei der Personalform wird das Adjektiv im Nominativ erweicht: *-dy → -dzi, -ty → -ci, -ły → -li, -szy → -si, -chy → -si, -gi → -dzy, -ki → -cy, -ry → -rzy,* ansonsten statt *-y → -i,* z. B. *-by → bi.*

	Personalform (männliche Personen)	**Sachform** (Frauen, Tiere und alles andere)
Nominativ:	**-y:** *dobr**zy** panowie*	**-e:** *dobr**e** czasy/kawy/piwa*
Genitiv:	**-ych:** *dobr**ych** panów*	**-ych:** *dobr**ych** czasów/kaw/piw*
Dativ:	**-ym:** *dobr**ym** panom*	**-ym:** *dobr**ym** czasom/kawom/piwom*
Akkusativ:	**-ych:** *dobr**ych** panów*	**-e:** *dobr**e** czasy/kawy/piwa*
Instrumental:	**-ymi:** *dobr**ymi** panami*	**-ymi:** *dobr**ymi** czasami/kawami/kinami*
Lokativ:	**-ych:** *dobr**ych** panach*	**-ych:** *dobr**ych** czasach/kawach/kinach*

Steigerung
Adjektiv (oft unregelmäßig):
Grundform → Komparativ: ***-szy/-a/-e*** → Superlativ: ***naj-*** + Komparativ
dobry/-a/-e (gut…) → *lep**szy**/-a/-e:* (besser…) → ***naj**lepszy/-a/-e* (best…)
Adverb: Grundform → Komparativ: ***-ej*** → Superlativ: ***naj*** + Komparativ
powoli (langsam) → *woln**iej*** (langsamer) → ***naj**wolniej* (am langsamsten)
dużo (viel) → ***więcej*** (mehr) → ***naj**więcej* (am meisten)

Pronomen Fürwort

Personalpronomen (persönliches Fürwort)
(Die Form nach dem Schrägstrich benutzt man am Satzanfang und nach Präpositionen, z. B.: *dla ciebie:* für dich)

Nominativ	**Genitiv**	**Dativ**	**Akkusativ**	**Instrumental**	**Lokativ**
wer?	wessen?	wem?	wen?	(mit) wem/was?	(bei) wem?
Singular					
ich *ja*	*mnie*	*mi/mnie*	*mnie*	*mną*	*mnie*
du *ty*	*cię/ciebie*	*ci/tobie*	*cię/ciebie*	*tobą*	*tobie*
er *on*	*go/niego*	*mu/niemu*	*go/niego*	*nim*	*nim*
sie *ona*	*jej/niej*	*jej/niej*	*ją/nią*	*nią*	*niej*
es *ono*	*go/niego*	*mu/niemu*	*je/nie*	*nim*	*nim*
Plural					
wir *my*	*nas*	*nam*	*nas*	*nami*	*nas*
ihr *wy*	*was*	*wam*	*was*	*wami*	*was*
sie *oni* (Personalform)	*ich/nich*	*im/nim*	*ich/nich*	*nimi*	*nich*
sie *one* (Sachform)	*ich/nich*	*im/nim*	*je/nie*	*nimi*	*nich*

Possessivpronomen (besitzanzeigendes Fürwort)
Singular

Nominativ:	(m) mój, (f) moja, (n) moje
Genitiv:	mojego/mojej/mojego
Dativ:	mojemu/mojej/mojemu
Akkusativ:	(m, belebt) mojego, (m/f/n, unbelebt) mój/moją/moje
Instrumental:	moim/moją/moim
Lokativ:	moim/mojej/moim

Ebenso: twój/twoja/twoje (dein), nasz/nasza/nasze (unser); wasz/wasza/wasze (euer)
Plural

Nominativ:	moi (Personalform), moje (Sachform)
Genitiv:	moich
Dativ:	moim
Akkusativ:	moich (Personalform), moje (Sachform)
Instrumental:	moimi
Lokativ:	moich

Ebenso: twoi/twoje (deine), nasi/nasze (unsere), wasi/wasze (eure)

Wie Personal- und Possessivpronomen werden dekliniert:
Relativpronomen (bezügliches Fürwort):
Singular: *który/która/które* (der/die/das, welcher/-e/-es)
Plural: *którzy/które* (die/welche)
Interrogativpronomen (Fragefürwort):
Singular: *który?/która?/które?* (welcher/-e/-es?); *jaki?/jaka?/jakie?* (was für ein/-e?)
Plural: *którzy?/które?* (welche?); *jacy?/jakie?* (was für?)
Demonstrativpronomen (hinweisendes Fürwort):
Singular: *ten/ta/to* (dieser/-e/-es); *taki/taka/takie* (so/solch ein/-e)
Plural: *ci/te* (diese); *tacy/takie* (solche)

Verb Tätigkeitswort

Der **Infinitiv** vieler Verben endet auf **-ć**: *mieszka**ć*** (wohnen), wenige auf **-c**: *mó**c*** (können).
Die Personalpronomen ich, du, er, sie ... können wegfallen. Die **Verb-Endung** macht klar, wer etwas tut. Die polnischen Verben gehören unterschiedlichen Konjugationsklassen an und haben (leider) viele verschiedene Formen. Dieses Buch kann nur die wichtigsten Verbklassen vorstellen. Eine Konjugationsklasse wird durch den Präsens-Stamm bestimmt, i. d. R. ist das die Endung der 3. Person Singular: z. B. Präsens-Stamm auf ***-a:*** *mieszk**a**-ć.*
Man unterscheidet zwei Hauptgruppen: 1. Verben, die in der 1. Person Singular auf ***-m*** enden, 2. Verben, die in der 1. Pers. Sing. auf **-ę** enden. Die typischen Verb-Endungen sind:

1. Person Singular	ich	**-m:** *mieszka**m*** (ich wohne)
2. Person Singular	du	**-sz:** *mieszka**sz*** (du wohnst)
3. Person Singular	er/sie/es	ohne Endung: *mieszka* (er/sie/es wohnt)
1. Person Plural	wir	**-my:** *mieszka**my*** (wir wohnen)
2. Person Plural	ihr	**-cie:** *mieszka**cie*** (ihr wohnt)
3. Person Plural	sie	**-ją/-(i)ą:** *mieszka**ją*** (sie wohnen)

Präsens-Stamm auf *-a/-e* (Infinitiv-Endung: meist *-ać*, auch: *-eć*)

	polecać (empfehlen)	***mieć*** (haben)	***wiedzieć*** (wissen)
ich	*polecam*	*mam*	*wiem*
du	*polecasz*	*masz*	*wiesz*
er/sie/es	*poleca*	*ma*	*wie*
wir	*polecamy*	*mamy*	*wiemy*
ihr	*polecacie*	*macie*	*wiecie*
sie	*polecają*	*mają*	*wiedzą*

Präsens-Stamm auf *-uj/-uje* (Infinitiv-Endung: *-ować/-iwać/-ywać*)

	pracować (arbeiten)	***przygotowywać*** (vor-/zubereiten)	***dziękować*** (danken)
ich	*pracuję*	*przygotowuję*	*dziękuję*
du	*pracujesz*	*przygotowujesz*	*dziękujesz*
er/sie/es	*pracuje*	*przygotowuje*	*dziękuje*
wir	*pracujemy*	*przygotowujemy*	*dziękujemy*
ihr	*pracujecie*	*przygotowujecie*	*dziękujecie*
sie	*pracują*	*przygotowują*	*dziękują*

Präsens-Stamm auf *-i* (Infinitiv-Endung: *-ić/-ieć*)

	robić (machen)	***mówić*** (sprechen)	***prosić*** (bitten)
ich	*robię*	*mówię*	*proszę*
du	*robisz*	*mówisz*	*prosisz*
er/sie/es	*robi*	*mówi*	*prosi*
wir	*robimy*	*mówimy*	*prosimy*
ihr	*robicie*	*mówicie*	*prosicie*
sie	*robią*	*mówią*	*proszą*

Präsens-Stamm auf *-y* (Infinitiv-Endung: *-yć/-eć*)

	cieszyć się (sich freuen)	***uczyć się*** (lernen)	***położyć*** (legen)
ich	*cieszę się*	*uczę się*	*położę*
du	*cieszysz się*	*uczysz się*	*położysz*
er/sie/es	*cieszy się*	*uczy się*	*położy*
wir	*cieszymy się*	*uczymy się*	*położymy*
ihr	*cieszycie się*	*uczycie się*	*położycie*
sie	*cieszą się*	*uczą się*	*położą*

Einsilbige Verben mit Infinitiv auf *-ić/-uć/-yć*

	pić (trinken)	**czuć się** (sich fühlen)	***żyć*** (leben)
ich	*piję*	*czuję się*	*żyję*
du	*pijesz*	*czujesz się*	*żyjesz*
er/sie/es	*pije*	*czuje się*	*żyje*
wir	*pijemy*	*czujemy się*	*żyemy*
ihr	*pijecie*	*czujecie się*	*żyjecie*
sie	*piją*	*czują się*	*żyją*

Konsonantischer Präsens-Stamm: meist auf *-ść* (viele Konsonantenwechsel)

	iść (gehen)	***nieść*** (tragen)
ich	*idę*	*niosę*
du	*idziesz*	*niesiesz*
er/sie/es	*idzie*	*niesie*
wir	*idziemy*	*niesiemy*
ihr	*idziecie*	*niesiecie*
sie	*idą*	*niosą*

Seltene Konjugationsklassen und unregelmäßige Verben:

	móc (können)	***być*** (sein)	***jechać*** (fahren)	***jeść*** (essen)	***chcieć*** (wollen)
ich	*mogę*	*jestem*	*jadę*	*jem*	*chcę*
du	*możesz*	*jesteś*	*jedziesz*	*jesz*	*chcesz*
er/sie/es	*może*	*jest*	*jedzie*	*je*	*chce*
wir	*możemy*	*jesteśmy*	*jedziemy*	*jemy*	*chcemy*
ihr	*możecie*	*jesteście*	*jedziecie*	*jecie*	*chcecie*
sie	*mogą*	*są*	*jadą*	*jedzą*	*chcą*

Aspekte

Das Polnische hat nur drei Zeiten: Präsens (Gegenwart), Präteritum (Vergangenheit) und Futur (Zukunft). Es gibt jedoch Aspekte, eine Eigenart slawischer Sprachen, die den Westeuropäern schwer fällt. Fast jedes Verb hat zwei: einen imperfektiven/unvollendeten Aspekt und einen perfektiven/vollendeten. Die Aspekte drücken den Verlauf einer Handlung aus.

Der **imperfektive Aspekt** steht nur bei der Wiedergabe unvollendeter Tätigkeiten, z. B. *jechać: jadę*: ich fahre (bin unterwegs, das Fahren ist noch nicht vollendet, das Ankommen steht nicht im Vordergrund).

Der **perfektive Aspekt** bezieht sich auf vollendete Handlungen der Vergangenheit bzw. als vollendet gedachte Handlungen der Zukunft, z. B. *pojechać: pojadę do XY:* ich werde nach XY fahren (das Unterwegssein ist unwichtig, im Vordergrund steht das Resultat, nämlich in XY anzukommen). Vergangenheit: *pojechałem/-łam do XY:* ich bin nach XY gefahren.

Für jedes polnische Verb müssen also zwei Formen gelernt werden. Die Aspekte können durch unterschiedliche Vorsilben gebildet werden *(pić → wypić)*, unterschiedliche Stämme haben *(wracać → wrócić)* oder völlig anders aussehen: *mówić* (imperfektiv) → *powiedzieć* (perfektiv). Auch die Bedeutung kann sich ändern, z. B. *robić* (imperfektiv – machen) und *wyrobić* (perfektiv – produzieren). Während von den imperfektiven Verben alle drei Zeiten (Präsens, Vergangenheit, Futur) gebildet werden können, haben die perfektiven Verben keine Präsensbedeutung. Das Präsens der perfektiven Verben drückt stattdessen (vollendetes) Futur aus, z. B. *piję*: ich trinke (gerade), aber: *wypiję*: ich werde (aus-)trinken.

Futur Zukunft

Es gibt zwei Arten Futur zu bilden:

1. eine Futurform von *być* + imperfektive Verben im Infinitv (*będę robić*: ich werde machen).
2. Präsens perfektiver Verben: *zrobię*: ich werde machen/ich werde gemacht haben.

Zukunft von *być* (sein):

będę	ich werde sein	*będziemy*	wir werden sein
będziesz	du wirst sein	*będziecie*	ihr werdet sein
będzie	er/sie/es wird sein	*będą*	sie werden sein

Präteritum Vergangenheit

Infinitiv-Stamm (Infinitiv ohne ***-ć***) imperfektiver oder perfektiver Verben + ***-ł-/-li-/-ły-*** + Personal-Endung. Im Singular gibt es unterschiedliche Formen für (m): *-łem, -łeś, -ł;* (f): *-łam, -łaś, -ła;* (n): *-łem, -łeś, -ło*. Im Plural unterscheidet man Personalform (*-liśmy, -liście, -li*) und Sachform (*-łyśmy, -łyście, -ły*).

ich	**-łem/-łam**	*miezka**łem**/mieszka**łam***	ich wohnte/habe gewohnt
du	**-łeś/-łaś**	*mieszka**łeś**/mieszka**łaś***	du wohntest/hast gewohnt
er/sie/es	**-ł/-ła/-ło**	*mieszka**ł**/mieszka**ła**/mieszka**ło***	er/sie/es wohnte/hat gewohnt
wir	**-liśmy/-łyśmy**	*mieszka**liśmy**/mieszka**łyśmy***	wir wohnten/haben gewohnt
ihr	**-liście/-łyście**	*mieszka**liście**/mieszka**łyście***	ihr wohntet/habt gewohnt
sie	**-li/-ły**	*mieszka**li**/mieszka**ły***	sie wohnten/haben gewohnt

Sonderregeln: Infinitiv-Stamm auf *-(i)e* wird vor *ł* zu *-(i)a* im Singular und in der Plural-Sachform (gilt nicht für die Personalform) (z. B. *mieć*: haben – Infinitiv-Stamm: *mie*)

ich	*mia**łem**/mia**łam***	ich hatte/habe gehabt
du	*mia**łeś**/mia**łaś***	du hattest/hast gehabt
er/sie/es	*mia**ł**/mia**ła**/mia**ło***	er/sie/es hatte/hat gehabt
wir	*mie**liśmy**/mia**łyśmy***	wir hatten/haben gehabt

ihr	*mie**liście**/mia**łyście***	ihr hattet/habt gehabt
sie	*mie**li**/mia**ły***	sie hatten/haben gehabt

unregelmäßig: *iść* (gehen)

ich	*szed**łem**/sz**łam***	ich ging/bin gegangen
du	*szed**łeś**/sz**łaś***	du gingst/bist gegangen
er/sie/es	*szed**ł**/sz**ła**/sz**ło***	er/sie/es ging/ist gegangen
wir	*sz**liśmy**/sz**łyśmy***	wir gingen/sind gegangen
ihr	*sz**liście**/sz**łyście***	ihr gingt/seid gegangen
sie	*sz**li**/sz**ły***	sie gingen/sind gegangen

Imperativ Befehlsform

(Es gibt viele unterschiedliche Formen, hier nur die wichtigsten Regeln.)
1. Verben mit Präsens-Stamm auf *-a:* 3. Pers. Sg. + *j: mieszka → mieszka**j**!* (wohne!)
2. Verben mit Präsens-Stamm auf *-i, -y, -(i)e:* Vokale schwinden: *mówi → mów!* (sprich!)

Konjunktiv Möglichkeitsform

3. Person Imperfekt (Singular oder Plural) + by + Personal-Endung des Imperfekts:
(z. B. *mieszkał + by + m → mieszkałbym*: ich würde wohnen/ich hätte gewohnt). Keine Unterscheidung von Präsens und Imperfekt:

ich	*mieszka**łbym**/mieszka**łabym***	ich würde wohnen/hätte gewohnt
du	*mieszka**łbyś**/mieszka**łabyś***	du würdest wohnen/hättest gewohnt
er/sie/es	*mieszka**łby**/mieszka**łaby**/mieszka**łoby***	er/sie/es würde wohnen/hätte gewohnt
wir	*mieszka**libyśmy**/mieszka**łybyśmy***	wir würden wohnen/hätten gewohnt
ihr	*mieszka**libyście**/mieszka**łybyście***	ihr würdet wohnen/hättet gewohnt
sie	*mieszka**liby**/mieszka**łyby***	sie würden wohnen/hätten gewohnt

Die Konjunktivelemente können auch frei stehen oder an Konjunktionen angehängt werden: *Zrobi**łbyś** to?* (Würdest du das tun?), *Kto **by** to zrobi**ł** ?* (Wer würde das tun?)

Numeralia Zahlwörter

Kardinalzahlen (auch die Zahlen werden dekliniert, wird hier aber nicht behandelt)

0: *zero*	10: *dziesięć*	20: *dwadzieścia*
1: *jeden/jedna/jedno*	11: *jedenaście*	21: *dwadzieścia jeden*
2: *dwa*	12: *dwanaście*	22: *dwadzieścia dwa*
3: *trzy*	13: *trzynaście*	23: *dwadzieścia trzy*
4: *cztery*	14: *czternaście*	24: *dwadzieścia cztery*
5: *pięć*	15: *piętnaście*	25: *dwadzieścia pięć*
6: *sześć*	16: *szesnaście*	26: *dwadzieścia sześć*
7: *siedem*	17: *siedemnaście*	27: *dwadzieścia siedem*
8: *osiem*	18: *osiemnaście*	28: *dwadzieścia osiem*
9: *dziewięć*	19: *dziewiętnaście*	29: *dwadzieścia dziewięć*
10: *dziesięć*	100: *sto*	1000: *tysiąc*
20: *dwadzieścia*	200: *dwieście*	2000: *dwa tysiące*
30: *trzydzieści*	300: *trzysta*	3000: *trzy tysiące*
40: *czterdzieści*	400: *czterysta*	4000: *cztery tysiące*
50: *pięćdziesiąt*	500: *pięćset*	5000: *pięć tysięcy*
60: *sześćdziesiąt*	600: *sześćset*	6000: *sześć tysięcy*

70: *siedemdziesiąt*	700: *siedemset*	7000: *siedem tysięcy*
80: *osiemdziesiąt*	800: *osiemset*	8000: *osiem tysięcy*
90: *dziewięćdziesiąt*	900: *dziewięćset*	9000: *dziewięć tysięcy*

nach 1 folgt Nominativ Singular: *jeden zło**ty**/jedna pocztówka*
nach 2, 3, 4 (u. 22–24, 32–34 ...) folgt Nominativ Plural: *dwa/trzy/cztery zło**te***
nach 5–21 (u. 25–31 ...) folgt Genitiv Plural: 5–21 *zło**tych***

Ordnungszahlen (funktionieren wie Adjektive)

1.: *pierwszy/-a/-e*	8.: *ósmy/-a/-e*	15.: *piętnasty/-a/-e*
2.: *drugi/-a/-ie*	9.: *dziewiąty/-a/-e*	16.: *szesnasty/-a/-e*
3.: *trzeci/-ia/-ie*	10.: *dziesiąty/-a/-e*	17.: *siedemnasty/-a/-e*
4.: *czwarty/-a/-e*	11.: *jedenasty/-a/-e*	18.: *osiemnasty/-a/-e*
5.: *piąty/-a/-e*	12.: *dwunasty/-a/-e*	19.: *dziewiętnasty/-a/-e*
6.: *szósty/-a/-e*	13.: *trzynasty/-a/-e*	20.: *dwudziesty/-a/-e*
7.: *siódmy/-a/-e*	14.: *czternasty/-a/-e*	

Uhrzeit
Für die Uhrzeiten benutzt man die Ordnungszahlen: *godzina* (Stunde) kann wegfallen:
Która jest (godzina)? (Welche ist (die Stunde)? = Wie viel Uhr ist es?)
Jest pierwsza/druga/trzecia ... (godzina). (Es ist die erste/zweite/dritte (Stunde) = Es ist ein/zwei/drei Uhr.)
Um ... Uhr: ***o*** + Ordnungszahl im Lokativ: *o ósmej (godzinie):* (um 8, um 8 Uhr)

Wochentage

poniedziałek (Montag)	*w poniedziałek* (am Montag)
wtorek (Dienstag)	*we wtorek* (am Dienstag, ***we*** weil *w* + *w-* schwer auszusprechen wäre)
środa (Mittwoch)	*w środę* (am Mittwoch)
czwartek (Donnerstag)	*w czwartek* (am Donnerstag)
piątek (Freitag)	*w piątek* (am Freitag)
sobota (Samstag)	*w sobotę* (am Samstag)
niedziela (Sonntag)	*w niedzielę* (am Sonntag)

Wörter von A-Ż

Diese Liste enthält neben der Grundform oft auch die deklinierten/konjugierten Formen *(być, był / autobus, autobusem)*. Dies soll vor allem bei der Suche nach jenen Wörtern helfen, bei denen sich die Grundform stark verändert. Bei Präpositionen sind besonders oft gebrauchte Formen ebenfalls aufgeführt *(hotel, do hotelu)*. Die Zahlen geben die Seite an, auf der das Wort zum ersten Mal vorkommt.

a und 37
albo oder 29
ale aber 27
apteka Apotheke 121
autobus Bus 98
autobusem mit dem Bus 101
babeczka Napfküchlein 40
bandyta Bandit 25
bar mleczny Milchbar 86
bar Bar 25
bardzo mi miło (mir) sehr angenehm 13
bardzo sehr 9
barszcz Borschtsch 87
barszcz czerwony roter Borschtsch 86
będę robić ich werde machen 107
będzie er/sie/es wird sein 61
benzyna Benzin 113
biały/-a/-e weiß 124
bigos Bigos 87
bilet Eintrittskarte, Fahrkarte 55
bilety Fahrkarten 98
biuro Büro 69
biznesmen Geschäftsmann 25
błąd Fehler 95
bluzka Bluse 124
bo weil 89
Bolesławiec Bunzlau 125
boli mnie es tut mir weh/schmerzt mich 119
boli er/sie/es tut weh 119
brakować fehlen 113
brakuje (+ Genitiv) es fehlt 113
brązowy/-a/-e braun 124
brzuch Bauch 118
budynek Gebäude 27
bułka Brötchen 34
butelka Flasche 25
buty (Pl.) Schuhe 124
być sein 15
był/-a er/sie war 79
byłem/-łam ich war 79
byłeś/-łaś du warst 79
było es war 89
cały/-a/-e ganz 89
centrum Zentrum 89
ceramika Keramik 125
chce mi się ... (+ Infinitiv) ich will ... 133
chcę ich will 17
chcesz du willst 43
chętnie gerne 67
chleb Brot 34
chwileczkę einen Moment/Augenblick 127
ci dir 41
ciągle ständig, andauernd 61
ciastko kleines Küchlein 40
ciasto Kuchen 41
cię dich 115
ciekawy/-a/-e interessant 27
cieszę się ich freue mich 21
cieszyć się na (imperf.) (+ Akkusativ) sich freuen auf 61
Co ci dolega? Was fehlt dir? 119
co słychać? was gibt's Neues?, wie geht's? 81
co to za ...? was ist das für ein ...? 27
co? was? 35
codziennie täglich 43
coraz (+ Komperativ) immer (+ Komparativ) 113
coraz lepiej immer besser 113
coś etwas 47
coś smacznego etwas Leckeres 89
cukiernia Konditorei 40
cytryna Zitrone 25
czapka Mütze 124
czarny/-a/-e schwarz 124
czas Zeit 67
czekolada Schokolade 25
czerwony/-a/-e rot 87
cześć hallo, tschüss 20
czterdzieści vierzig 73
czternaście vierzehn 47
czternasty/-a/-e vierzehnter 49
cztery dni vier Tage 29
cztery vier 29
czuję się ich fühle mich 119
czwartek Donnerstag 105
czwarty/-a/-e vierter 49
Czy pan/pani jedzie? Fahren Sie? 9
czy to nie ...? ist das nicht ...? 61
Czy tu jest wolne? Ist hier frei? 9
czy Fragepartikel, oder 9, 73
czyli also 17
czysty/-a/-e rein 127
czyta się man liest 69
czyta er/sie/es liest 69
daleko stąd weit von hier 23
dentysta Zahnarzt 118
deser Nachspeise 92
deszcz Regen 115
dla (+ Genitiv) für
dla dwóch osób für zwei Personen 131
dla mnie für mich 41
dla niepalących für Nichtraucher 73
dla palących für Raucher 73
dlaczego? warum? 17
długo lange 27
do (+ Genitiv) nach, in ... 9
do czwartku bis Donnerstag 105
do gazety für eine Zeitung 17
do hotelu zum/ins Hotel 23
do kawiarni ins Café/Kaffeehaus 41
do mnie mir/zu mir 49
do Niemiec nach Deutschland 133
do picia zum Trinken 63
do stolicy in die Hauptstadt 11
do widzenia! auf Wiedersehen! 133
do zobaczenia! auf Wieder-sehen! 133
dobry wieczór Guten Abend 20
dobry/-a/-e gut 41
dobrze pani w nim do twarzy er steht Ihnen gut 127
dobrze gut 21
dojechać (perf.) hinfahren 101
dokąd? wohin? 11
dokładnie genau, eben 53
dolega er/sie/es fehlt 119
dopiero erst 79
drewniana kolejka Holzeisenbahn 125
drewno Holz 125

drugi/-a/-ie zweiter 49
drugie danie Hauptgericht 92
duże miasto große Stadt 27
dużo błędów viele Fehler 95
dużo viel 95
duży budynek großes Gebäude 27
duży/-a/-e viel, groß 27
dwa/dwie zwei 29
dwadzieścia zwanzig 47
dwadzieścia cztery vierundzwanzig 47
dwadzieścia dwa zweiundzwanzig 47
dwadzieścia jeden einundzwanzig 47
dwadzieścia pięć złotych fünfundzwanzig Zloty 47
dwadzieścia trzy dreiundzwanzig 47
dwanaście zwölf 47
dworzec Bahnhof 101
dwunasty/-a/-e zwölfter 49
dżem Marmelade 25
dżentelmen Gentleman 25
dziękować za (imperf.) (+Akkusativ) danken für 55
Dziękuję bardzo! Danke sehr!/Vielen Dank! 9
dzień dobry guten Tag 9
Dzień Kobiet Internationaler Frauentag 112
Dzień Konstytucji Tag der Verfassung (3. Mai) 112
Dzień Matki Muttertag 112
Dzień Zaduszny Allerseelen (2. Nov.) 112
dziennikarka Journalistin 17
dziesiąty/-a/-e zehnter 49
dziesięć zehn 29
dziewiąty/-a/-e neunter 49
dziewięć neun 29
dziewięćdziesiąt neunzig 73
dziewiętnaście neunzehn 47
dżinsy (Pl.) Jeans 124
dzisiaj heute 61
dzwonić (imperf.) do (+ Genitiv) jemanden anrufen/telefonieren mit 99
fajnie prima, fein 89
filiżanka Tasse 92
flaki Kuttelsuppe 86
francuski/-a/-ie französisch 35
fryzjer Friseur 25
gardło Hals 118
garnitur Anzug 124
gazeta Zeitung 17
Gazeta Wyborcza Wahl-Zeitung, große Tageszeitung 47
Gdańsk Danzig 8
gdzie? wo? 53
głośno laut 63
głowa Kopf 118
go ihn 67
godzina Stunde 49
gołąbki Kohlrouladen 86
gorąca czekolada heiße Schokolade, Kakao 99
gościnność Gastfreundschaft 99
gotowy/-a/-e fertig 93
grzyb Pilz 87
herbata Tee 34
hotel Hotel 23
i und 11
idę do kina na film ich gehe ins Kino in einen Film 43
idę na koncert ich gehe ins Konzert 43
idę po ich hole 63
idziemy wir gehen 23
ile? wie viel? 47
im ihnen 115
imieniny Namenstag 107
impreza Feier, Party, Fest 107
inaczej anders 69
iść pieszo zu Fuß gehen 23
iść po (+ Akkusativ) holen 63
iść (imperf.) gehen 23
ja ich 21
jabłecznik Apfelkuchen 40
jadę ich fahre 9
jadłeś/-łaś du hast gegessen 89
jadłospis Speisekarte 131
jajko Ei 34
jak było? wie war es? 89
jak myślisz? was meinst du? 119
Jak się masz? Wie geht's dir? 21
jak? wie? 21
jaką miałaś podróż? wie war die Reise? 81
jechać (imperf.) fahren 101
jeden ein 29
jedenaście elf 47
jedenasty/-a/-e elfter 49
jedzie er/sie/es fährt 9
jedziesz du fährst 99
jeść (imperf.) essen 89
jest pani do twarzy steht Ihnen 127
Jest pierwsza godzina Es ist ein Uhr 49
jest tak ... es ist so ... 63
jest er/sie/es ist 15
jestem dziennikarką ich bin Journalistin 17
jestem umówiona (f) ich (f) bin verabredet 67
jestem ich bin 15
jesteś du bist 21
jesteśmy wir sind 23
jeszcze noch 29
jeździć fahren (regelmäßig/oft) 101
jeżeli wenn 23
język Sprache, Zunge 95
jutro morgen 49
już schon 61
kaczka pieczona Entenbraten 131
kaczka Ente 86
kapelusz Hut 124
kapitan Kapitän 25
kapusta Kraut 131
kaszel Husten 121
Katowice Kattowitz 8
kawa Kaffee 34
kawiarnia Café 41
kieliszek wódki ein Gläschen Wodka 115
kieliszek Gläschen, Schnapsglas 115
kierunek Richtung 53
Kim pani/pan jest z zawodu? Was sind Sie von Beruf? 17
kino Kino 43
klasa Klasse 73
kłaść (imperf.) legen 121
kłaść się (imperf.) sich (hin)legen 121
klub jazzowy Jazzklub 61
kluski Klöße 86
kocham ich liebe 93
kolacja Abendessen 92
kolorowy/-a/-e bunt 124
kolory Farben 124
kompot Kompott, Saft 93
komputer Computer 25
koncert Konzert 43
Kościół Mariacki Marienkirche 79
kosztuje er/sie/es kostet 47
koszula Hemd 124
kotlet wieprzowy Schweinekotelett 131
kraj Land 15
Kraków Krakau 8
Krakowskie Przedmieście Krakauer-Vorstadt-Straße 37
Krantor Krantor 79
krzesła Stühle 63
krzesło Stuhl 63
kserokopia Kopie 25
Kto pomoże? Wer hilft? 118
Która jest godzina? Wie viel Uhr ist es? 49
który?/która?/które? der/die/das, welcher/-e/-es? 47
kuchnia Küche 93

kultura Kultur 27
kultury der Kultur 27
kupić (perf.) kaufen 43
kupimy wir kaufen, lass uns kaufen 43
kurczak Huhn 86
kwiat Blume 93
ładny/-a/-e hübsch 37
lampa Lampe 69
lata Jahre 115
lekarz/lekarka Arzt, Ärztin 118
lepszy/-a/-e besser 99
lewo links 53
Łódź Lodsch 8
łóżko Bett 121
lub oder 101
lubić mögen 106
łyżeczka Teelöffel 92
łyżka Esslöffel 92
ma er/sie/es hat 21
macie ihr habt 21
mają sie haben 21
mam nadzieję, że ... ich hoffe, dass ... 15
mam ochotę na ... ich habe Lust auf ... 41
mam ich habe 21
mamy wir haben 21
marynarka Jackett 124
masz du hast 21
Matka Boska Muttergottes 118
matka Mutter 89
mecz Fußballspiel 25
mi mir 27
miałem/-łam ich hatte 89
miałeś/-łaś du hattest 81
miasta Städte 15
miasto Stadt 15
mieć haben 21
miejsce Ort, Platz 61
miejscówka Platzkarte 73
mieszkać wohnen 101
miło mi angenehm 101
miód Honig 34
miska Schüssel 92
mleko Milch 41
móc können 119
mocniej stärker 115
mogą sie können 121
mogę ich kann 67
mógł/mogła/mogło er/sie/es konnte 119
mógłby/mogłaby er/sie könnte 127
mój/moje/-a mein, meine 23
morze Meer 81
Most Poniatowskiego Poniatowski-Brücke 53

mówi er/sie/es spricht 81
mówić o (+ Lokativ) reden über ... 61
mówić po polsku Polnisch sprechen 95
mówić (imperf.) reden, sprechen, sagen 43
mówisz du redest, du sagst 61
może vielleicht, er/sie kann 27, 121
możemy wir können 23
musisz du musst 41
muszę ich muss 75
muzeum Museum 43
muzyka Musik 25
my wir 69
myślałem/-łam ich dachte 75
myśleć (imperf.) denken 75
myślisz du denkst/meinst/glaubst 119
na (+ Akkusativ) auf, nach, in, zum, für 121
na deser zum Nachtisch 93
na kiedy? für wann? 73
na kolację zum Abendessen 89
na koncert ins Konzert 43
na miejscu da, hier 61
na pewno sicher 61
na śniadanie zum Frühstück 35
na wieś aufs Dorf/Land 107
na wsi auf dem Land/Dorf 107
na wystawie im Schaufenster, in der Auslage 125
Na zdrowie! Zum Wohl!, Auf die Gesundheit! 115
najlepszy/-a/-e bester 99
najpierw zuerst 23
najważniejsze am wichtigsten 95
najwolniej am langsamsten 113
naleśniki (Pl.) Pfannkuchen 86
należy er/sie/es gehört 49
nam uns 115
napić się (perf.) trinken 115
napije się er/sie/es trinkt 67
naprawdę wirklich 95
nareszcie endlich 75
narodowy/-a/-e national 53
nas uns 69
następny/-a/-e nächster 133
nasz/-a/-e unser 87
nawet sogar 119
nazwisko Name 29
nazywa się er/sie/es heißt 11
nazywam się ich heiße 11
nie ma (+ Genitiv) es gibt nicht/kein ... 43
nie ma potrzeby es ist nicht nötig 99

nie ma problemu kein Problem 43
nie ma sensu es hat keinen Sinn 115
nie tylko ..., ale i ... nicht nur ..., sondern auch ... 75
nie nicht, nein 15
niebieski/-a/-e blau 124
niech żyje! er/sie soll (möge) leben! 115
niedługo nicht lange, bald 27
niedobrze nicht gut 119
niedziela Sonntag 105
Niemcy die Deutschen, Deutschland 105, 133
Niemiec Deutscher 105
nieść (imperf.) tragen 95
niestety leider 79
nieznany/-a/-e unbekannt 75
no nun 37
noga Bein 118
Nowe Miasto Neustadt 37
nowoczesny/-a/-e modern 55
nóż Messer 92
numer czterdziesty Nummer 40, Größe 40 127
numer Nummer 29
O Boże! Oh Gott! 95
o którym von dem, über den 61
o ósmej um acht 99
obchodzić (imperf.) feiern, begehen 107
obiad Mittagessen 92
oczywiście selbstverständlich 29
od (+ Genitiv) von 49
od (+ Genitiv) ... do (+ Genitiv) von ... bis 49
od dziesiątej godziny do piętnastej godziny von 10 Uhr bis 15 Uhr 49
od dziesiątej ab zehn (Uhr) 49
od kiedy do kiedy? von wann bis wann? 70
od której do której? von wann bis wann? 49
od poniedziałku von/seit Montag 105
od razu gleich, sofort 79
od roku seit einem Jahr 95
odjazd Abfahrt 72
odjeżdża er/sie/es fährt ab 75
ognisko Feuer 107
okno Fenster 131
oko Auge 118
okulista Augenarzt 118
on/ona er/sie 99
oni/one (Plural) sie (Pl.) 99
osiem acht 29
osiemdziesiąt achtzig 73

osiemnaście achtzehn 47
ósmy/-a/-e achter 49
osoba Person 131
otwarty/-a/-e geöffnet 49
pączek Krapfen 40
pada (deszcz) es regnet 115
padać (imperf.) regnen 113
Pałac Kultury Kulturpalast 27
pan Sie (Herr) 9
pan/pani jest Sie sind 15
pani Sie (Dame) 9
państwo Głowaccy Herr und Frau Głowacki 131
państwo Anrede für Damen und Herren (Sie), Herrschaften, Staat 131
parówki (Plural) Würstchen 34
paszport Pass 11
patrzyłem/-łam ich habe geschaut 81
peron Bahnsteig 75
pewnie klar doch 21
piątek Freitag 105
piąty/-a/-e fünfter 49
pić (imperf.) trinken 63
picie das Trinken 63
pięć fünf 29
pięćdziesiąt fünfzig 73
pieczeń Braten 86
piękny/-a/-e schön 15
pielęgniarka Krankenschwester 118
pieniądz Geldstück 127
pieniądze (Pl.) Geld 127
pierogi Piroggen 87
pierwszy/-a/-e erster 49
piętnaście fünfzehn 47
piętnasty/-a/-e fünfzehnter 49
pijemy wir trinken 115
piszę ich schreibe 17
piwo Bier 63
Plac Zamkowy Schlossplatz 37
płaszcz Mantel 124
po (+ Lokativ) nach 81
po niemiecku deutsch, auf Deutsch 81
po polsku polnisch, auf Polnisch 81
po południu nachmittags, am Nachmittag 81
po prostu einfach 43
po raz pierwszy zum ersten Mal 15
pociąg Zug 75
poczekaj! warte mal! 41
pocztówka Postkarte 47
pocztówki Postkarten 47
podoba się er/sie/es gefällt 15
podróż (f) Reise 81
pogoda Wetter 107
pójdzie er/sie/es geht/wird gehen 53
pojechać (perf.) fahren 81
pojechałem/-łam ich bin gefahren 81
pojedziemy wir werden hinfahren 107
pokażą sie werden zeigen 99
pokazać (perf.) zeigen 125
pokój Zimmer 29
Polacy die Polen 105
Polak Pole 11
polecać (imperf.) empfehlen 131
polecam ich empfehle 131
polecamy wir empfehlen 131
Polka Polin 11
położę się ich werde mich (hin)legen 121
położę ich werde legen 121
położy er/sie/es wird legen 121
położyć (perf.) legen 121
położyć się (perf.) sich (hin)legen 121
położysz du wirst legen 121
Polska Polen 11
polski/-a/-ie polnisch 35
południe Mittag, Süden 81
pomarańczowy/-a/-e orange 124
pomidor Tomate 25
pomnik Denkmal 79
pomóc (perf.) helfen 119
pomogę ich werde helfen 121
pomógł/pomogła/-ło er/sie/es hat geholfen 119
pomoże er/sie/es wird helfen 121
pomożesz du wirst helfen 121
pomysł Idee, Einfall 41
poniedziałek Montag 105
poniesiesz du trägst 23
poniesiesz moją walizkę du trägst meinen Koffer 23
popatrz! schau mal! 49
poproszę (+ Akkusativ) ich bitte (um ...) 35
porcelana Porzellan 25
porządek Ordnung 53
poszukać suchen 67
potem dann 53
potrzeba Bedürfnis, Not 99
potrzebować (imperf.) brauchen 127
powiedz! sag!, sag mal! 63
powiedział/-ła er/sie sagte 79
powiedziałem/-łam ich habe gesagt 79
powiedziałeś/-łaś du hast gesagt 79
powiedzieć (perf.) sagen 79
powoli langsam 113
Poznań Posen 8
pracować (imperf.) arbeiten 17
pracuję ich arbeite 105
prawdopodobnie wahrscheinlich 119
prawo rechts 53
president Präsident 25
problem Problem 43
program wieczorny Abendprogramm 49
prosto geradeaus 53
proszę bardzo bitte sehr 9
proszę pani bitte, die Dame 55
proszę pokazać bitte zu zeigen 125
Proszę, niech pan/pani to zrobi! Machen Sie das, bitte! 115
przed (+ Instrumental) vor 101
przed dworcem vor dem Bahnhof 101
przepraszam Entschuldigung 13
przez (+ Akkusativ) über 53
przez skrzyżowanie über die Kreuzung 53
przeziębienie Erkältung 119
przy (+ Lokativ) bei/beim, an/am 79
przygotowałem/-łam ich habe vorbereitet 93
przyjazd Ankunft 72
przyjdzie er/sie/es wird kommen 67
przyjechać (perf.) ankommen 79
przyjechał/-ła er/sie ist angekommen 79
przyjechałem/-łam ich kam an/bin eingetroffen 79
przyjechałeś/-łaś du bist angekommen 79
Przyjemnego pobytu! Angenehmen Aufenthalt! 29
Przyjemnej podróży! Angenehme Reise! 11
przyjść (perf.) kommen 67
przymierzyć (perf.) anprobieren 127
przynieś! hole! 95
przynieść (perfektiv) holen 95
psuje się er/sie/es geht kaputt 113
pytasz du fragst 89
rachunek Rechnung 133
ramię Schulter 118
rano morgens, am Morgen 81
razem zusammen 47
razy Male 47

ręczna robota Handarbeit 125
ręcznie von Hand, manuell 125
ręczny/-a/-e Hand ... 125
ręka Hand 118
rękawiczki (Pl.) Handschuhe 124
reklama Reklame 25
robić (imperf.) machen, tun 43
robiłeś/-łaś du hast gemacht 81
robiony/-a/-e gemacht 125
robota Arbeit 125
rok Jahr 95
romantycznie romantisch 107
rozgrzeje er/sie/es wärmt 115
rozpalimy wir werden anzünden 107
rozumiem ich verstehe 95
ruch Verkehr 27
ryba Fisch 86
Rynek Starego Miasta Altstadtmarkt 37
są sie sind 15
sądzi er/sie/es meint/denkt 127
sala Saal 55
sałatka Salat 131
samochód Auto 101
sękacz Baumkuchen 40
ser Käse 34
serce Herz 118
serdecznie herzlich 133
serek Frischkäse 34
sernik Käsekuchen 40
Szekspir Shakespeare 69
siedem sieben 29
siedemdziesiąt siebzig 73
siedemnaście siebzehn 47
siedziałem/-łam ich habe gesessen 81
siedzieć (imperf.) sitzen 81
siódmy/-a/-e siebter 49
skąd! Ach wo!; woher?, von wo? 101
skarpetki (Plural) Socken 124
sklep Geschäft, Laden 125
skręci er/sie/es biegt ab 53
skromny/-a/-e bescheiden 93
skrzyżowanie Kreuzung 53
słowo Wort 75
słucham ich höre, Bitte? 81
słyszałem/-łam ich habe gehört 87
smacznego! guten Appetit! 93
smaczny/-a/-e lecker 87
smakuje er/sie/es schmeckt 41
smutno traurig 133
śniadanie Frühstück 35
sobota Samstag 105
sok pomarararańczowy Orangensaft 34
spałeś/-łaś du hast geschlafen 105
specjalność (f) Spezialität 87
spódnica Rock 124
spodnie (Plural) Hose 124
spotkać (się) (perf.) (sich) treffen 133
spotkać (perf.) treffen 89
spotkałem/-łam ich habe getroffen 89
spotkałeś/-łaś du hast getroffen 89
spotkanie Treffen 133
spóźniony/-a/-e verspätet 75
spróbować (perf.) (+ Genitiv) versuchen, probieren 41
spróbuje er/sie/es probiert 41
spróbuję ich probiere 41
środa Mittwoch 105
stacja benzynowa Tankstelle 113
Stare Miasto Altstadt 37
stary/-a/-e alt 37
sto hundert 73
sto lat hundert Jahre 115
stoi er/sie/es steht 101
stół Tisch 63
stolica Hauptstadt 11
stolik dla dwóch osób ein Tisch für zwei Personen 131
stolik Tischchen, kleiner Tisch 63
stopa Fuß 118
strajk Streik 25
strona Seite, Richtung 73
styl Stil 127
suknia Kleid 124
sweter Pullover 124
świetnie (Adv.) ausgezeichnet 61
świetny/-a/-e ausgezeichnet 63
Święto Pracy Tag der Arbeit (1. Mai) 112
syrop na kaszel Hustensaft 121
syrop Sirup 121
szary/-a/-e grau 124
Szczecin Stettin 8
sześć sechs 29
sześćdziesiąt sechzig 73
szesnaście sechzehn 47
szklanka Glas 92
szkoda schade 75
szósty/-a/-e sechster 49
sztuka Kunst 55
szybko schnell 37
szyja Hals 118
szynka Schinken 34
ta diese/-r/-s 61
tabletki Tabletten 121
tak więc dann also 35
tak ja 9
taki/-a/-ie so ein/eine 37
talerz Teller 92
tam i z powrotem hin und zurück 73
tam dort 55
tego das, dessen 79
telewizja Fernsehen 25
telewizor Fernseher 69
ten diese/-r/-s 61
teraz jetzt, nun 37
też auch 15
to dla mnie das ist für mich 119
to może boleć das kann weh tun 118
to nic! macht nichts! 95
to samo dasselbe 41
to samo co ... dasselbe wie ... 63
to das ist, dieses, 15, 61
tort Torte 25
Toruń Thorn 8
tramwaj Straßenbahn 98
tramwajem mit der Straßenbahn 101
trudny/-a/-e schwierig, schwer 95
trzeci/-ia/-ie dritter 49
trzy drei 29
trzydzieści dreißig 73
trzymać (imperf.) halten 75
trzymaj się! mach's gut! 75
trzymaj! halte! 75
trzynaście dreizehn 47
trzynasty/-a/-e dreizehnter 49
tu jest wolne hier ist frei 9
tu hier 17
twój, twoja, twoje dein/-e 69
ty du 99
tylko nur 63
tym lepszy/-a/-e umso besser 133
u (+ Genitiv) bei 69
u nas bei uns 69
u was bei euch 69
u Wedla bei Wedel 99
ubranie Kleidung 124
ucho Ohr 118
uczę się (+ Genitiv) ich lerne 95
ulica Straße 37
umówić (perf.) verabreden 67
umówiony/-a/-e verabredet 67
usiąść (perf.) sich setzen 67
w (+ Lokativ) in 21
w (+ Wochentag, Akkusativ) am ... 105
w jedną stronę einfach, hin 73
w kierunku in Richtung 53
w końcu am Ende, schließlich 69
właśnie gerade, eben 79
w lewo nach links 53
w Polsce in Polen 11

w porządku in Ordnung 23
w prawo nach rechts 53
w tym czasie in dieser Zeit, währenddessen 67
w Warszawie in Warschau 21
wam euch 115
Warszawa Warschau 8
was euch 69
wasz/-a/-e euer/eure 87
wcale nie überhaupt nicht 133
wczoraj gestern 119
weekend Wochenende 25
wejść (perf.) eintreten 93
wejście Eingang 55
wełna Wolle 127
wezmę ich werde nehmen 87
weźmie er/sie wird nehmen 87
weźmiesz du wirst nehmen 87
widać es ist zu sehen, man sieht 63
widelec Gabel 92
widziałem/-łam ich habe gesehen 89
widziałeś/-łaś du hast gesehen 89
widzieć (imperf.) sehen 89
więc also 35
więcej mehr 95
wieczór Abend 27
wieczorem abends 27
wieczorny/-a/-e Abend... 49
wiem ich weiß 29
wieś (f) Dorf, Land 107
wino Wein 25
witam/witamy willkommen 11
wjeżdża er/sie/es fährt ein 75
wolę ich bevorzuge 101
wolniej langsamer 113
wolny/-a/-e frei 29
Wolter Voltaire 69
wracać (imperf.) zurückkehren 133
wracamy wir fahren zurück 115
Wrocław Breslau 8
wsiadać (imperf.) einsteigen 75
wspaniale herrlich 133
wszyscy alle (Personen) 105
Wszystkich Swiętych Allerheiligen (1. November) 112
wszystkiego najlepszego! alles Beste! 115
wszystko alles 47
wtorek Dienstag 105
wy ihr 69
wydaje mi się mir scheint 113
wydział Abteilung 55
wygląda na to es sieht danach aus 113
wygląda er/sie/es sieht aus 69
wynosi das beträgt/macht 47
wypić (perf.) austrinken 115
wystarczy er/sie/es genügt/reicht 127
wystawa Schaufenster, Auslage 125
wziąć (perf.) nehmen 87
z (+ Genitiv) aus 95
z (+ Instrumental) mit 41
z nim mit ihm 67
za (+ Akkusativ) für 55
za informację für die Information 55
za zdrowie auf die Gesundheit 115
ząb/zęby Zahn/Zähne 118
zacznie (perf.) er/sie/es beginnt/wird beginnen 113
zadzwonić (perf.) do (+ Genitiv) jemanden anrufen, telefonieren mit ... 99
zadzwoniłem/-łam ich habe angerufen 99
zajęty/-a/-e beschäftigt 81
zapraszać (imperf.) einladen 93
zaprosić (perf.) einladen 93
zaprosił/-ła er/sie hat uns eingeladen 89
zaproszenie Einladung 93
zaraz gleich, sofort 67
zatrzymać się (perf.) anhalten 113
zatrzymamy się wir halten an 113
zawsze immer 27
zawsze jeżdżę pociągiem ich fahre immer mit dem Zug 101
że dass 21
że wystarczy mi pieniędzy ..., dass mir das Geld reicht 127
zero null 29
zgadzam się ich bin einverstanden 29
zgoda einverstanden 29
zielony/-a/-e grün 124
ziemniaki Kartoffeln 131
zimno kalt 115
zjemy wir werden essen 93
zjeść (perf.) essen 93
źle schlecht 119
złoty Zloty (Währung), golden 47
znaczek Briefmarke 47
znaczki Briefmarken 47
znajduje się er/sie/es befindet sich 55
znaleźć finden 67
zobaczyć (perf.) sehen 133
zobaczymy wir werden sehen, mal sehen 113
żółty/-a/-e gelb 124
zostanie er/sie/es bleibt 29
zrobię ich werde fertig machen 107
zupa pomidorowa Tomatensuppe 131
zupa Suppe 87
żurek saure Mehlsuppe 87
zwiedzać (imperf.) besichtigen 17
zwiedzić (perf.) besichtigen 79
zwiedziła sie hat besichtigt 79
zwiedziłam ich (w) habe besichtigt 79
zwiedziłaś du (w) hast besichtigt 79
zwiedziłem/-łam ich habe besichtigt 89
zwiedziłeś/-łaś du hast besichtigt 89
zwierzę Tier 125
zwierzęta Tiere 125
zwykły/-a/-e gewöhnlich 99
życzy sobie er/sie/es wünscht sich 35